Philipp Rode · Bettina Wanschura · Christian Kubesch

Kunst macht Stadt

VS RESEARCH

Quartiersforschung

Herausgegeben von
Dr. Olaf Schnur, Humboldt-Universität zu Berlin
Dr. Dirk Gebhardt, Eurocities, Brüssel

Das Wohn- oder Stadtquartier hat in unterschiedlichsten Bereichen der Stadtforschung einen wachsenden Stellenwert. Neue Schwerpunkte auf Quartiersebene sind sowohl in der Praxis, etwa in Stadtentwicklung und Immobilienwirtschaft, als auch in stärker theoretisch orientierten Bereichen zu finden. In der dazwischen liegenden Grauzone hat die wissenschaftliche Begleitforschung Konjunktur, die sich mit den immer vielfältigeren planungspolitischen Interventionen in Quartieren beschäftigt. Diese Reihe möchte sich den inzwischen existierenden pluralistischen, oft auch kritisch geführten Diskurslinien der Quartiersforschung mit ihren zahlreichen Überschneidungen und Widersprüchen widmen. Sie bietet Raum für Quartiersforschung im weitesten Sinn – von Arbeiten mit theoretisch-konzeptionellem Schwerpunkt über empirisch-methodisch orientierte Studien bis hin zu explizit praxisorientierten Arbeiten über Quartiers-Themen aus dem Blickwinkel verschiedener Paradigmen der Quartiersforschung. So soll ein Forum entstehen, in dem sich Interessierte aus allen Bereichen – vom Quartiersmanager bis zum Wissenschaftler – über das Themenfeld „Quartier" auch über den eigenen Horizont hinaus informieren können. Quartiersforschung wird innerhalb dieser Reihe interdisziplinär und multidisziplinär verstanden, wobei geographische und sozialwissenschaftliche Ansätze einen Schwerpunkt darstellen.

Philipp Rode
Bettina Wanschura
Christian Kubesch

Kunst macht Stadt

Vier Fallstudien zur Interaktion
von Kunst und Stadtquartier

2. Auflage

Mit Geleitworten von Mag. Dr. Wolfgang Förster,
DI Thomas Madreiter und Univ.-Prof. DI Lilli Lička

Bibliografische Information der Deutschen Nationalbibliothek
Die Deutsche Nationalbibliothek verzeichnet diese Publikation in der
Deutschen Nationalbibliografie; detaillierte bibliografische Daten sind im Internet über
<http://dnb.d-nb.de> abrufbar.

Die vorliegende Studie entstand im Rahmen eines Forschungsprojekts des Instituts
für Landschaftsarchitektur / BOKU Wien. Projektleitung: Philipp Rode; Projektmitarbeit:
Christian Kubesch, Julia Schmölzer.

Universität für Bodenkultur Wien

Weitere Angaben zu Philipp Rode unter: www.zwopk.at / www.rali.boku.ac.at

Weitere Angaben zu Bettina Wanschura unter: www.plansinn.at

1. Auflage 2009
2. Auflage 2010

Lektorat: Verena Metzger / Britta Göhrisch-Radmacher

VS Verlag für Sozialwissenschaften ist eine Marke von Springer Fachmedien.
Springer Fachmedien ist Teil der Fachverlagsgruppe Springer Science+Business Media.
www.vs-verlag.de

Umschlaggestaltung: KünkelLopka Medienentwicklung, Heidelberg
Gedruckt auf säurefreiem und chlorfrei gebleichtem Papier
Printed in Germany

ISBN 978-3-531-17408-2

Vorwort der AutorInnen zur zweiten Auflage

Der Themenkomplex Kunstprojekte und Stadtentwicklung stellt ein Forschungsfeld dar, das aktuell nicht nur in Wien viel diskutiert wird. Seit der Präsentation
der ersten Auflage von *Kunst macht Stadt* haben zahlreiche Diskussionsveran-
staltungen zum Thema stattgefunden, in denen das Verhältnis von Kunst und
Stadtentwicklung in seiner widersprüchlichen Breite thematisiert wurde. In der
Auseinandersetzung fallen die oftmals sehr subjektiven und individuellen Sichtweisen auf, deren Emotionalität die Diskussion bereichert.

Die Intention der vorliegenden Publikation besteht in der Versachlichung
der Debatte, die nicht nur angesichts der gesteigerten Erwartungen an die „kreative Klasse" im Zuge von Stadtentwicklungsprozessen notwendig erscheint. In
Anlehnung an den Ausspruch des Musikers Oskar Aichinger, dass Kunst immer
etwas mit Distanz zu tun habe, versuchen wir Blicke auf die Wechselwirkungen
von Kunst und Stadt zu etablieren, die verschiedene fachliche und persönliche
Distanzen der AutorInnen auf den Forschungsgegenstand widerspiegeln.

Die Tätigkeit als Erneuerungsexperte in der Gebietsbetreuung Ottakring
durch Philipp Rode, die Auseinandersetzung mit Planung als kommunikativer
Prozess durch Bettina Wanschura sowie die Konzeption und Durchführung von
künstlerischen Projekten im öffentlichen Raum durch Christian Kubesch stellen
einige unserer Erfahrungshorizonte dar. Die Bearbeitung des Forschungsprojekts
ist demnach in einem Prozess der Annäherung an den Forschungsgegenstand
gleichwohl wie des Distanzaufbaus erfolgt, wodurch für uns neue Perspektiven
und Sichtweisen eröffnet wurden.

Die Neuauflage von Kunst macht Stadt wurde aufgrund von Versäumnissen
in der Erstauflage notwendig und über die gute Verkaufsnachfrage möglich –
dem Verlag sei hiermit für sein Entgegenkommen gedankt. Das AutorInnenteam
wurde um Christian Kubesch erweitert, dessen Projektmitarbeit wesentlich für
die Qualität der Forschungsergebnisse war. Auch für die Mitarbeit von Julia
Schmölzer und Sabine Papst sei an dieser Stelle gedankt. In den Darstellungen
von Kapitel 4.3 wurde eine Differenzierung vorgenommen, die im Laufe einer
Diskussionsveranstaltung artikuliert wurde – Dank an Angela Heide für ihre
Hinweise. Außerdem bietet die Neuauflage die willkommene Möglichkeit, die
Mitglieder der Resonanzgruppe, die wesentlich zur Qualität des Inhalts der Stu-
die beigetragen haben, um Kurt Smetana und Nelin Tunc zu vervollständigen.

Wir danken allen Beteiligten für das Zustandekommen dieses Buches und wünschen eine interessante Lektüre!

Philipp Rode, Bettina Wanschura, Christian Kubesch

Wien, im März 2010

Geleitwort der Auftraggeber

Die Wiener Wohnbauforschung hat sich bereits mehrmals mit sozialen und kulturellen Aspekten der Stadterneuerung beschäftigt. Ebenso stellen Kenntnisse über Veränderungsprozesse im Stadtraum wichtige und wertvolle Grundlagen für die Stadtentwicklung dar. In diesem Sinne sind auch Kunst- und Kulturprojekte, deren Aktivitäten in den umgebenden Stadtraum ausstrahlen, im besonderen Blickfeld unserer Forschungstätigkeit.

Gerade im Wiener Brunnenmarktviertel haben kulturelle Initiativen zu einer starken (Image-)Aufwertung geführt. Das einstige Problemgebiet wurde zum durchschlagenden Erfolg einer umfassenden Stadterneuerung: sanierte Wohnhäuser, Attraktivierung des Marktes, sozial durchmischt, multikulturell und multifunktional. Der massive Einsatz öffentlicher Mittel in den öffentlichen Räumen – aber auch im Wohnbau und in der Sanierungsförderung – trägt außerdem dazu bei, dass negative Folgen einer Gentrifizierung, wie sie im Gegensatz zu Wien in anderen Städten beobachtet werden kann, weitgehend gebremst werden konnten.

Auch der Stadtentwicklung kommt in diesem Zusammenhang eine besondere Rolle zu: Grundlagen und Möglichkeiten im Stadtraum für vielfältige Initiativen zu schaffen, die positive lokale Trends fördern. Die Strategischen Abteilungen versuchen gleichzeitig in der Gesamtstadt ausgleichend zu wirken und Ungleichgewichte, wie mehrfach benachteiligte Gruppen und Viertel zu vermeiden.

Angesichts des Erfolgs des Brunnenmarktviertels stellt sich die Frage nach dem konkreten Beitrag der Kultur – insbesondere des über Wiens Grenzen hinaus bekannt gewordenen Kunstfestivals SOHO OTTAKRING.

Welche Rahmenbedingungen bedingen den Einfluss von Kunst und Kultur auf die Gebietsstruktur? Wie beeinflussen sich Kunstprojekte und bauliche Sanierung gegenseitig? Führt dies nicht auch zur Instrumentalisierung der Kunst? Geht es vielleicht eher darum, neue Aktivitäten zuzulassen und planerische Rahmenbedingungen dafür zu schaffen, als sie bewusst zu initiieren? Auch ist es schwierig, Entwicklungen an einzelnen statistischen Parametern festzumachen. Für Aufwertungsprozesse gibt es nicht nur eine Erklärung. Und es kann durchaus etwas als „schick" gelten, obwohl sich statistisch wenig verändert hat.

Dies führt zur Frage der Mess- und Vergleichbarkeit dieser Muster auf andere Sanierungsgebiete. Daher wurden den Ergebnissen der SOHO-Evaluierung weitere Kulturprojekte gegenübergestellt, die sich in unterschiedlicher Weise der Frage der Gebietsaufwertung im dichtbebauten Stadtraum Wiens nähern. Bei allen Gemeinsamkeiten – resultierend aus dem starken Bezug zum konkreten Ort – bedienen sich diese Projekte unterschiedlicher Strategien und künstlerischer Mittel, um die Bevölkerung und alle lokalen AkteurInnen mit einzubeziehen.

Eine Forschungsarbeit wie die vorliegende bedarf auch – wie die Stadtentwicklung und die Stadterneuerung insgesamt – der Kooperation, für die an dieser Stelle allen Beteiligten gedankt sei: vor allem der projektbegleitenden „Resonanzgruppe", den beteiligten Kunstinitiativen und Gebietsbetreuungen, den VertreterInnen der involvierten Bezirke und der Geschäftsgruppen sowie natürlich dem gesamten AutorInnenteam.

Mag. Dr. Wolfgang Förster
Leiter der Wiener Wohnbauforschung

DI Thomas Madreiter
Leiter der MA 18 – Stadtentwicklung und Stadtplanung

Kunst macht Stadtlandschaft? –
Landschaftsarchitektonische Vorbemerkung

Zustand und Dynamik der Stadt wird im Freiraum augenfällig. Dieser Außenraum ist gleichermaßen der Innenraum der Stadt. Somit schlagen sich strukturelle Veränderungen innerhalb von Stadtteilen, wie sie im Brunnenviertel vor sich gehen, in den Straßen, Plätzen und (wenigen) Grünräumen nieder. Sie werden gestaltet, unterhalten und bespielt. Dieser Prozess wirkt auch umgekehrt: Aufbesserungen des öffentlichen Raums bewirken eine Aufwertung des Stadtviertels. Das in Europa bekannteste Beispiel dafür ist das Freiraumkonzept Barcelonas der 1980er und 1990er Jahre.

In der Landschaftsarchitektur spielt die urbane Landschaft eine zentrale Rolle. Einerseits leben wir nach dem Architekturkritiker Deyan Sudjic - im ‚urban age', also in einer Zeit in der die Urbanisierung global schlagend wird. Andererseits wird der Freiraum als Agens der Entwicklung stadträumlicher Verbesserungen angesprochen. Hier fügt sich die Fragestellung ein, inwiefern Kunst den Stadtraum fördern kann.

Landschaftsarchitektur als Feld kultureller Produktion überschneidet sich mit künstlerischen Ansätzen, auch wenn sie selbst nicht als Kunst gelten mag. Die Konzeption von Raum und Geschehen, von gestalterischer Komposition von Möglichkeitsräumen und Wahrnehmungen kommen in beiden Feldern vor. Ihre Umsetzung und Ausformung unterscheiden sich. Manche der aktuellen Strömungen der Landschaftsarchitektur bedienen sich künstlerischer, experimenteller Vorgangsweisen in der Konzeptionsphase sowie performativer Entwurfsstrategien und aktionistischer Anstöße zur Neuinterpretation von (Stadt-)Raum.

Den Zusammenhang zwischen künstlerischer Aktivität und Stadtentwicklung zu untersuchen, bedeutet daher auch, der eigenen Handlungsweise auf den Grund zu gehen, sie zu reflektieren.

Am Institut für Landschaftsarchitektur (ILA) der Universität für Bodenkultur wird Landschaft erforscht, bebaute und nicht bebaute Landschaft, urbane und weniger urbane Landschaft. Die Zusammenhänge zwischen den Wirkkräften der Stadtentwicklung und ebendieser urbanen Landschaft – oder eben dem städtischen Freiraum – bilden daher ein zentrales Forschungsfeld am ILA.

In der vorliegenden Forschungsarbeit ‚Kunst macht Stadt' wird die Vielzahl der Faktoren deutlich herausgearbeitet, die eine Aufwertung mittragen. Eine eindeutige, einfache Kausalität zwischen verstärkter künstlerischer Aktivität und Stadtteilaufwertung ist nicht nachweisbar. Ihr Beitrag lässt sich jedoch nachweisen ebenso wie die Voraussetzung derer es bedarf, um diesen Beitrag zu leisten.

Ich bedanke mich bei den interessierten und kooperativen Auftraggebern der Stadt Wien, Dr. Wolfgang Förster, Wohnbauforschung und bei DI Thomas Madreiter, Stadtplanung Wien. Forschern und Forscherinnen sowie den begleitenden MitarbeiterInnen gilt gleicher Dank.

Univ. Prof. DI Lilli Lička

Inhaltsverzeichnis

Kurzfassung ‚Kunst macht Stadt'

Die vorliegende Publikation beschäftigt sich mit Kunst- und Kulturprojekten in Wien, die sich in ihren Aktivitäten auf den umgebenden Stadtraum beziehen. Mit dem Begriff der ‚*new public genre art*' werden diese Projekte als Stadtteilprojekte verstanden, die in ihrer Umgebung Aufwertungsimpulse generieren und vorhandene Ressourcen nutzen bzw. Potenziale aktivieren. Die Interaktion von Kunst- und Kulturprojekten mit dem Quartier steht im Kontext von städtischen Aufwertungsdiskursen über Stadträume, die von einer Phase der Desinvestition gekennzeichnet sind. Die ‚kreative Klasse' (vgl. Florida 2005) spielt sowohl für soziostrukturelle Verdrängungsprozesse im Rahmen von Gentrificationprozessen, als auch für den sozio-ökonomischen und stadträumlichen Umbau zur kreativen Stadt eine Hauptrolle.

Die Stadt Wien hat die spezifische Stellung von Kunst- und Kulturprojekten in Prozessen der Quartiersentwicklung und -erneuerung erkannt und misst ihr einen wesentlichen Stellenwert für die Realisierung nachhaltiger Aufwertungsbestrebungen bei. Die Interaktion zwischen Kunst und Kultur auf der einen Seite und dem städtischen Raum auf der anderen Seite wurde auf Projektebene bzw. auf Stadtteilebene bisher nicht systematisch zusammen gefasst und zueinander in Beziehung gesetzt, sodass bisherige Erfahrungswerte unerschlossen geblieben sind.

Forschungsfragen

Die Studie ‚Kunst macht Stadt?!' nähert sich der wechselseitigen Interaktion von Stadt und Kunst von zwei Seiten:

1. Welche Auswirkungen haben Kunst- und Kulturprojekte auf die Quartiersstruktur? - Am Beispiel des Brunnenviertels werden die Auswirkungen des Kunstfestivals SOHO IN OTTAKRING dargestellt, wobei die Komplexität von Aufwertungsprozessen - und die Interaktion und Gleichzeitigkeit verschiedener Faktoren und Bestrebungen ein Ursache-Wirkung-Denken hinfällig macht.

2. Welche Rahmenfaktoren bedingen den Einfluss von Kunst / Kultur auf die
    Quartiersentwicklung? - Anhand der Kunstprojekte SOHO IN OTTA-
    KRING, Aktionsradius Augarten, cultural sidewalk und WOLKE 7 werden
    die Rahmenbedingungen untersucht, unter denen sich diese Projekte entwi-
    ckeln konnten, gehemmt oder gefördert wurden.

Aus der Beantwortung dieser Forschungsfragen soll Wissen und Verständnis für
zukünftige Prozesse in vergleichbaren Städten generiert werden. Die vorliegende
Studie bietet allerdings keine Handlungsanleitung für die ‚Installation‘ von
Kunst- und Kulturprojekten als Lösung für aus Sicht der Stadtteilplanung problematische Quartiere, sowie deren Nutzbarmachung für Zwecke der Stadtteilplanung.

Methodik

Die Forschungsfragen erfordern die Erschließung und Bearbeitung qualitativer
und quantitativer Daten, wobei aufgrund des anwendungsorientierten, transdis-
ziplinären Erkenntnisinteresses des Auftraggebers ein Schwerpunkt auf dialogische Elemente gelegt wurde. Einen zentralen Stellenwert nimmt dabei die Generierung von personenbezogenem Wissen ein. Gemeinsam mit einer Resonanzgruppe wurden vier Fallstudien (SOHO IN OTTAKRING, Aktionsradius Augarten, cultural sidewalk und WOLKE 7) ausgewählt, anhand derer die Forschungsfragen beantwortet werden.
    Zur Darstellung möglicher Wirkungsgefüge zwischen SOHO IN OT-
TAKRING und dem Brunnenviertel wurden die Nutzung der Erdgeschoßzonen
sowie die bauliche Substanz kartiert. Die Darstellung der Daten erfolgt in Form
von Gebietskarten, die als Ausgangspunkt für weitere Untersuchungen zur baulich-räumlichen Entwicklungsdynamik dienten. Die Datengrundlage für die
Analyse soziodemografischer Daten bildeten primär quantitativ-statistische Daten, die von der Magistratsabteilung 18 für Stadtentwicklung und Stadtplanung
(MA 18) zur Verfügung gestellt wurden. Eine zentrale Datengrundlage bildeten
die Interviews mit den ExpertInnen: insgesamt 14 ExpertInnen wurden im Brunnenviertel an ihrem Arbeitsort interviewt, zusätzlich wurden sieben ProjektbetreiberInnen bzw. -initiatorInnen von Kunst- und Kulturprojekten interviewt.
Mittels Netzwerkanalysen wurde die Struktur und die soziale Interaktion der
Kunstprojekte untersucht und mit einer Interaktionsmatrix dargestellt. Medienbe-
richte bildeten die Grundlage für eine Medienberichtsanalyse, die den Imagewandel des Brunnenviertels in den letzten zehn Jahren darstellt.

Kunst macht Stadt – Wechselwirkungen

In insgesamt sechs Dimensionen werden die Wechselwirkungen zwischen dem Brunnenviertel und SOHO IN OTTAKRING dargestellt. Das Brunnenviertel ist seit den späten 1990er Jahren von einem umfassenden Aufwertungsprozess gekennzeichnet, der durch ein intensives und komplexes Zusammenwirken unterschiedlicher Verwaltungs- und Politikebenen, Institutionen, Interessensvertretungen und AkteurInnen charakterisiert ist. Die erkennbaren Veränderungen aus diesem kontinuierlichen Prozess bestehen in einer Erneuerung der baulichen Struktur (das Brunnenviertel weist eine der höchsten Sanierungsquoten Wiens auf), der Investition der öffentlichen Hand in die Neugestaltung des öffentlichen Raums, einer kleinteiligen Umstrukturierung der lokalen Ökonomie in Richtung *Creative Industries,* sowie ein Imagewandel vom städtebaulichen Problemgebiet zum nachgefragten KünstlerInnenviertel. Eine signifikante Änderung der bevölkerungsstrukturellen Zusammensetzung im Sinne des Gentrifizierungsparadigmas kann mittels quantitativer Daten nicht erkannt werden. Die qualitativen Daten zeichnen eine doppelte Dynamik in der Veränderung der Wohnbevölkerung: den Zuzug gut gebildeter, junger und kaufkräftiger Schichten und einen weiteren Zuzug migrantischer Bevölkerungsgruppen. Deren räumliche Verteilung und schwache soziale Interaktion zeigt Charakteristika von Inselurbanismus. Zur weiteren Bearbeitung dieser Entwicklung wäre eine Untersuchung auf der Ebene von Parzellen und darunter durch zu führen, was im Rahmen dieser Arbeit nicht möglich war.

Für den Einfluss von SOHO IN OTTAKRING auf die beschriebenen Entwicklungen gibt es keine eindimensionale Wirkungsrichtung. Stattdessen ist von einem vielfältigen Wirkungsgefüge zwischen Kunst und Stadt auszugehen, das durch die spezifische Arbeitsweise von SOHO IN OTTAKRING - mit dem vorgefundenen Stadtraum zu arbeiten - verstärkt wird. SOHO IN OTTAKRING wurde durch seine Integration in die Aufwertungsbestrebungen seit 1999 sukzessive als Label entwickelt, das dem Viertel eine thematische Fokussierung verleihen konnte. Allerdings versuchte das Projekt stets, innerhalb dieses Diskurses beweglich zu bleiben und kritische Diskurse anzuregen, die die Art und Weise der Aufwertungsprozesse und deren öffentliche Wahrnehmung beeinflussten. Die jährliche Durchführung des Kunstfestivals und seine Konzeption als lokale Plattform haben SOHO IN OTTAKRING zu einem selbstverstärkenden Netzwerkknoten werden lassen, der die Sphären der Kunst, Wirtschaft, der Politik und der lokalen Bevölkerung integriert. Die Temporalität des Projektes auf zwei Wochen im Jahr ermöglicht eine Bündelung von Kräften und produziert einen ‚Ausnahmezustand', wodurch das Brunnenviertel zu einem Möglichkeitsraum wird. Verbunden damit ist auch eine hohe mediale Aufmerksamkeit, die sich in einer starken Konnotation des Imagewandels mit SOHO IN OTTAKRING manifestiert. Das Projekt leistet mit einem dezentralen Raumkonzept und der künstlerischen Bearbeitung des öffentlichen Raums eine wesentliche Vorleistung zur Attraktivierung des öffentlichen Raums. Seine intensive Nutzung während des Kunstfestivals führt nicht nur zu einer verstärkten Wahrnehmung, sondern auch zu einer Vermittlung darüber, was öffentlicher Raum sein könnte. Für die Positionierung des Brunnenviertels als Kreativstandort ist der Aufhänger SOHO als ebenso wichtig einzuschätzen wie die bereits etablierte Kunst- und Kulturszene. Die Effekte davon bestehen in der Etablierung von aufwertungsrelevanten Leitbetrieben. Für den baulichen Erneuerungsprozess wurde SOHO als Imageträger verwendet, dessen Vermarktung gemeinsam mit dem Brunnenmarkt eine attraktive Investitionsatmosphäre schaffen konnte. Wesentliche Vorleistungen dafür wurden durch die kontinuierliche Abfolge unterschiedlicher Erneuerungs- und Aufwertungsprogramme seitens der öffentlichen Hand geleistet.

Kunst in der Stadt – drei Blitzlichter

Zur Vertiefung der Wissensbasis um die Entstehung und Entwicklung von Kunst- und Kulturprojekten im dicht bebauten Stadtraum von Wien werden drei ausgewählte Kunstprojekte dargestellt:

Der *Aktionsradius Augarten* wurde im Jahr 1989 gegründet und ging aus Initiativen von AnrainerInnen des Augartens hervor. Die Initiativen wurden von der Gebietsbetreuung aufgenommen und unterstützt, später wurde der Aktionsradius Augarten gegründet. Der Wunsch nach einer positiven Veränderung im Viertel wurde durch eine Vielzahl von Aktivitäten transportiert, wobei ein Schwerpunkt im öffentlichen Raum und in der Etablierung des Stadtteilzentrums in einem Erdgeschoßlokal am Gaußplatz zu erkennen ist. Charakteristisch für die einzelnen Projekte und Aktionen ist ein grundlegend gesellschaftspolitischer Anspruch, der einen kritischen Blick auf das Augartenviertel wirft. Die Finanzierung erfolgte über verschiedene Ebenen und Einrichtungen der öffentlichen Hand. Die Aktivitäten des Aktionsradius haben dem Stadtteil Aufmerksamkeit und dem Augarten ein Image des modernen Kulturparks verschafft.

Cultural sidewalk - eine Aktion mit zeitgenössischer Kunst - wurde einmalig im Herbst 2000 in der unteren Gumpendorferstraße umgesetzt. Die beiden Initiatorinnen wollten einen kritischen Diskurs über die Situation der Gumpendorferstraße anregen und konzipierten ein Projekt zur Belebung des Straßen- und Stadtraums. Die Finanzierung des Projekts wurde nach mühsamen Überzeugungsgesprächen mit der Zusage eines ansässigen Wirtschaftsbetriebes sichergestellt. In weiterer Folge konkretisierten weitere FördergeberInnen (Bezirk, Stadt, Wirtschaftskammer Wien) und private SponsorInnen ihre Unterstützung. Das Projekt war als ‚Sternschnuppe‘ konzeptioniert, in dem 35 Veranstaltungen mit etwa 80 KünstlerInnen an zwölf Veranstaltungsorten im öffentlichen Straßenraum, in Geschäftslokalen und an privaten Orten durchgeführt wurden.

Das Projekt *WOLKE 7* wurde 2002 auf Bezirksebene initiiert und mit der Finanzierungszusage durch die Europäische Union (EU) als INTERREG-Projekt mit einer Laufzeit von 2004 bis 2006 realisiert. Seit 2007 wird das Projekt weiter vom Bezirk unterstützt. WOLKE 7 ist als Stadtteilprojekt zu bezeichnen, das auf unterschiedlichen Ebenen versucht, das Viertel um die Kaiserstraße aufzuwerten. Kunst und Kultur wird dabei als Beteiligungsstrategie verstanden, die Netzwerkbildung, Image- und Diskursbildung unterstützt und ermöglicht. Das interdisziplinäre Bearbeitungsteam wurde von der Stadt Wien beauftragt. Einzelne Personen des Teams wurden aus Eigeninitiative bereits in der Frühphase des Projekts aktiv und hatten die Möglichkeit, den Arbeitsauftrag selbst zu definieren.

Fazit – Macht Kunst Stadt?

Die Beziehungen zwischen Kunst und Quartier sind in thesenhaften Generalisierungen darstellbar. Bezüglich des Gentrificationdiskurses ist von einem unterstützenden Charakter von Kunstprojekten auszugehen, der sich bei stärkerer Einbindung in Prozesse der baulich-verwertungsgeleiteten Aufwertung intensivieren kann. Für die Verstärkung des sozialen Kapitals kann ein Kunstprojekt als Netzwerkknoten fungieren, der auf das professionelle und künstlerische Umfeld im Quartier fokussiert. In der Umsetzung sind unterschiedliche Beteiligungspraktiken hilfreich, die je nach Kunstform und Konzept variieren. Tendenziell zeigt sich, dass die Einbeziehung von migrantischen Gruppen und der Quartiersbevölkerung Schwachpunkte sind. Als direkter Einflussfaktor von Kunstprojekten wird die Änderung der Außenwahrnehmung eines Quartiers erkannt. Insbesondere die mediale Darstellung kann durch die temporäre Realisierung von Kunstprojekten beeinflusst werden und bilden einen Ansatzpunkt für die Entwicklung einer *branding* Strategie. Damit verbunden ist eine Impulssetzung durch Kunstprojekte für den Umbau der Quartiersökonomie zur kreativen Stadt. Die temporäre Bespielung von leer stehenden Raumressourcen und das Vorhandensein einer lokalen Kunstszene wirken als Anreiz für die Etablierung marktorientierter Kreativökonomien. Der Einfluss von Kunstprojekten auf die bauliche Struktur stellt sich in drei Kategorien dar: widerständige Kunst, Festivalkunst und Kunst als Strategie in Erneuerungsprojekten.

Schlussfolgerungen - Stadt macht Kunst

Bei allen untersuchten Projekten war ein starker Bezug zum konkreten Ort erkennbar. Die spezifischen Eigenschaften dieser Orte waren die Basis für deren Entwicklung und ermöglichten die Interaktion mit den Kunstprojekten. Das Vorhandensein unter- oder ungenutzter Räumlichkeiten stellt einen ersten Ankerpunkt dar, der einerseits Spielräume erwarten lässt, deren mangelnde Verfügbarkeit aber schließlich limitierend für die Projektentwicklung ist. Eine hohe soziale Dichte und eine räumliche Konzentration einzelner bevölkerungsstruktureller Merkmale stellen Ansatzpunkte für die künstlerische Bearbeitung dar, die das ‚Wie' der Einbeziehung thematisiert. Dabei spricht die Kombination unterschiedlicher Kunstformen und -formate unterschiedliche Bevölkerungsgruppen an. Die Struktur des öffentlichen Raums bildet eine wesentliche Ressource, da wesentliche Arbeits- aber auch Aushandlungsprozesse im Rahmen der untersuchten Projekte im öffentlichen Raum stattfinden. Weiters stellt das Zulassen von Aktivitäten und Impulsen, ohne deren genaue Wirkung im Vorfeld abschätzen zu können, eine wesentliche Vorbedingung für die Etablierung der Projekte dar. Es geht vorerst darum, eine Initiative nicht zu behindern.

Auf Projektebene stellt die lokale Verwaltungsebene die zentrale Anlaufstelle dar, deren Kunstverständigkeit daher von großer Bedeutung ist. Eine geschäftsgruppenübergreifende Koordination der Querschnittsmaterie Kunst wird zum Erfolgsfaktor, wenn verschiedene Politik- und Verwaltungsebenen ‚hinter einem Projekt' stehen. Insbesondere am Projektbeginn sind mangelnde Finanzierungszusagen, unsichere und prekäre Arbeitsverhältnisse ein zentraler Hemmfaktor für die weitere Entwicklung der Projekte. Weiters bildet die Vereinnahmung durch externe Interessen bzw. Eigeninteressen der fördernden Stellen ein Hemmnis. Klare, definierte Konzepte mit einer Offenheit bezüglich der Projektergebnisse einerseits und einer offenen Auftragsstruktur andererseits haben sich dagegen als fördernd erwiesen.

Das soziale Netzwerk bildet einen wesentlichen Erfolgsfaktor. Insbesondere die Einbeziehung der lokalen Wirtschaft und der lokalen AkteurInnen sind von Bedeutung. Der zentrale Faktor für das Gelingen oder Scheitern eines Projektes wird den ProjektinitiatorInnen zugewiesen: das Qualifikationsprofil besteht in außergewöhnlicher Kommunikations- und Netzwerkfähigkeit, Frustrationstoleranz, Ausdauer und Selbstbewusstsein. Laut ProjektwerberInnen sind die Unterstützung bei Marketing, Medienarbeit, Sponsoring und vor allem die Verbindung zu lokalen *Playern* wie einer Gebietsbetreuung sehr vorteilhaft.

1 Kunst macht Stadt: Was heißt das?

Kunst- und Kulturprojekte übernehmen im stadtteilplanerischen Diskurs das Potential, als Impulsträger für quartiersbezogene Erneuerungsprozesse zu fungieren. Aktuell werden Überlegungen zur Übertragbarkeit von einzelnen Kunstprojekten auf andere stadträumliche Zusammenhänge angestellt. So wird beispielsweise von der Stadt Wien das Ausgreifen des Kunstfestivals SOHO IN OTTAKRING auf das benachbarte Bezirksgebiet von Rudolfsheim / Fünfhaus thematisiert. Das dafür vorgesehene Quartier kann als benachteiligter Stadtteil mit hoher baulicher Dichte, schlechtem Zustand der Gebäude und Wohnungen, einem hohem Anteil an migrantischen Bevölkerungsgruppen und einer schlechten infrastrukturellen Ausstattung beschrieben werden.

Diese Diskussion steht im Kontext der Aufwertung benachteiligter Stadtgebiete, die in Wien seit 35 Jahren mit unterschiedlichen Instrumenten und Ansätzen im Rahmen der ‚sanften Stadterneuerung‘ geführt wird. Die dabei eingesetzten Instrumentarien wurden mit der Zeit verfeinert und auch verändert. Kunstprojekte wurden in diese Diskussion erst relativ spät eingeführt, thematisch zu weit entfernt und wenig steuerbar muteten sie möglicherweise für stadtteilplanerische Herangehensweisen an. Mit dem Erfolg von SOHO IN OTTAKRING und anderer Kunstprojekte in Wien werden seit den 2000er Jahren diese Ansätze auch für die Stadtteilplanung als relevant erachtet. Die Stadt Wien sucht nunmehr nach innovativen Mitteln und Wegen, um benachteiligte Quartiere aufzuwerten. Allerdings fehlte bisher sowohl eine querschnittorientierte Bearbeitung der Interaktion von Kunstprojekten und dem Stadtraum auf Quartiersebene, als auch eine Darstellung möglicher Faktoren, die die Etablierung und Entwicklung von Kunstprojekten beeinflussen. Von der Stadt Wien wurde deshalb die vorliegende Forschungsarbeit beauftragt, um aus bisher gemachten Erfahrungen zu lernen und bereits realisierte Entwicklungszusammenhänge besser zu verstehen. Den Ausgangspunkt für die vorliegende Arbeit bilden folgende Fragestellungen:

Was hat SOHO IN OTTAKRING bewirkt? Wie profitiert die Quartiersbevölkerung von diesem Kunstprojekt? Wie interagieren andere Wiener Kunst- und Kulturprojekte mit Quartiersentwicklung? Welche Förder- und Hemmfaktoren können aus der Beispielanalyse für die Quartiersentwicklung und Kulturförderung abgeleitet werden?

Am Beispiel von SOHO IN OTTAKRING und drei anderer Wiener Kunstprojekte werden diese Fragen in Fallbeispielen beantwortet. Der Fokus der Untersuchung liegt auf Prozessen der Quartierserneuerung im dicht bebauten Stadtraum. Mit der Darstellung dieser vielschichtigen Prozesse wird sichtbar, welche Wechselwirkungen zwischen Kunst-/Kulturprojekten, Quartiersstruktur, Förderinstrumenten und *Community-Building* bestehen. Daraus soll Wissen und Verständnis für zukünftige Prozesse in Quartieren vergleichbarer Städte generiert werden.

Ziele und Nicht-Ziele

Die vorliegende Publikation beschränkt sich auf die Darstellung von Phänomenen und der Formulierung von Hypothesen als Anregung für weitere Studien und Umsetzungsprojekte sowie auf die Darstellung hemmender und fördernder Faktoren für Kunst- und Kulturprojekte, die mit dem Quartier interagieren. Das Ziel der Forschungsarbeit liegt in der Erarbeitung eines fundierten Beitrags zum Diskurs über Rolle und Potenziale von Kunst und Kultur in Prozessen der Quartiersentwicklung.

Die vorliegende Publikation bietet keine Handlungsanleitung an, mit der Kunst- und Kulturprojekte ‚installiert‘ und für Zwecke der Stadt(teil)planung nutzbar gemacht werden kann. Im Gegenteil kann es gerade nicht um die Formulierung einer Rezeptur gehen, die in unterschiedlichen Stadträumen angewandt wird. Ebenso unterschiedlich wie die dargestellten Projekte sind deren stadträumliche und sozio-kulturelle Kontexte, deren jeweilige spezifische Bearbeitung einen wesentlichen Erfolgsfaktor darstellt. Die vorliegende Arbeit versucht zwar, Faktoren zu artikulieren, die ein erfolgreiches Kunst- und Kulturprojekt wahrscheinlicher machen, dies ersetzt jedoch nicht die Auseinandersetzung mit dem konkreten Ort und dessen Bedürfnisse nach eingesetzten Strukturen, Ressourcen und Kunstformen.

1.1 Arbeitsweise und Gliederung

Die vorliegende Untersuchung versteht sich als wissenschaftliche Arbeit, die auf der Basis des ‚dialogischen Forschens‘ (vgl. Kap. 3.2) agiert. Dieses nimmt als zentrales Element den Dialog mit AuftraggeberInnen, den beteiligten (‚beforschten‘) AkteurInnen vor Ort und dem Zielpublikum auf. Damit dieses Ansinnen umgesetzt werden konnte, war es notwendig, eine bestimmte Arbeitsweise und einen Projektablauf zu etablieren, der nachfolgend beschrieben wird:

Die Vorarbeiten am Projekt begannen im Jänner 2008, in dem sich die ProjektpartnerInnen Universität für Bodenkultur / Institut für Landschaftsarchitektur und PlanSinn GmbH gemeinsam mit den AuftraggeberInnen (Magistratsabteilung 50 – Referat Wohnbauforschung, Magistratsabteilung 18 – Referat Stadtforschung und dem Büro des Kulturstadtrates Mailath-Pokorny) auf die Arbeitsweise einigten. Bereits in dieser Anfangsphase konnte die TU Wien / Institut für Städtebau für eine Kooperation gewonnen werden.

Parallel zur Einarbeitung in die Thematik wurde eine so genannte Resonanzgruppe (vgl. Anhang) etabliert, die sich im März 2008 erstmals traf. Das Bearbeitungsteam stellte das Forschungsansinnen vor, gemeinsam wurden erste Arbeitsthesen diskutiert. Die Erfahrungen und das Wissen der Resonanzgruppe wurden in diesem *Setting* in Bezug auf die untersuchten Kunst- und Kulturprojekte aktiviert. Ungefähr zeitgleich nahmen die TU StudentInnen ihre Arbeit im Rahmen einer Kick-Off Veranstaltung auf, bei der u.a. das gegenständliche Forschungsprojekt vorgestellt und erste Inputs geliefert wurden.

Ein zweites Treffen der Resonanzgruppe erfolgte im Mai 2008, in der schwerpunktmäßig der Bearbeitungsstand des ersten Forschungsschwerpunktes diskutiert wurde. Wieder etablierte sich ein wechselseitiger Informationsaustausch und Wissenstransfer, der in die Differenzierung einiger Arbeitsthesen, aber auch in die Erschließung zusätzlichen Datenmaterials mündete.

Schließlich wurde im Juni 2008 in einer öffentlichen Veranstaltung der Bearbeitungsstand des Projektes einem interessierten Publikum präsentiert. Im Rahmen dieser Veranstaltung wurden auch die Ergebnisse der TU - Lehrveranstaltung präsentiert. Aus den folgenden Diskussionen konnten wiederum zahlreiche Anregungen, Differenzierungen und Schärfungen gezogen werden.

Gliederung der Arbeit

Die Gliederung der vorliegenden Untersuchung folgt den beiden Forschungsschwerpunkten, die sich einerseits auf die Interaktion von Kunst- und Kulturprojekten mit dem umgebenden Quartier und andererseits auf die Entstehung und Entwicklung von Kunst- und Kulturprojekten beziehen. Der Aufbau der Studie folgt dem einer wissenschaftlichen Untersuchung:

Im gegenständlichen Kapitel werden die Ziele, die Arbeitsweise und die zentralen Begriffe des aktuellen wissenschaftlichen Kontextes dargestellt. In Kapitel 2 sind die Forschungsfragen nach den beiden Forschungsschwerpunkten differenziert und deren methodische Bearbeitung wird erläutert.

In Kapitel 3 wird der erste Schwerpunkt der Interaktion zwischen Kunst und Stadt bearbeitet. Der Titel dieses Kapitels ‚Kunst macht Stadt' verdeutlicht den Fokus der Auswirkungen eines Kunstprojektes auf das umgebende Quartier. Es werden insgesamt sechs Dimensionen beleuchtet, die mit unterschiedlichen Quellen und Methoden bearbeitet wurden. Am Schluss jeder Dimension gibt es einen Rückbezug auf die eingangs gestellten Forschungsfragen, um trotz der Komplexität des Themas eine Stringenz einhalten zu können. Geschlossen wird dieses Kapitel mit einer zusammenfassenden Diskussion der direkten und indirekten Effekte eines konkreten Kunstprojektes auf das Quartier.

Das Kapitel 4 ,Kunst in der Stadt' stellt drei weitere Kunst- und Kulturprojekte nach einem einheitlichen Schema blitzlichtartig vor, welches sich entlang der Forschungsfragen strukturiert. Als Resumée aus jedem Fallbeispiel werden die wahrgenommenen Effekte und die abgeleiteten Förder- und Hemmfaktoren für die einzelnen Projekte zusammengefasst.

Das Kapitel 5 ,Stadt macht Kunst' unternimmt eine Zusammenschau der Ergebnisse aus den Kapiteln 3 und 4. Der Titel deutet eine handlungsorientierte Intention an, die jedoch nicht als Rezeptur zu verstehen ist. Tatsächlich wird hier versucht, aus den bearbeiteten Projekten generalisierende Hypothesen und Zusammenhänge darzustellen, die das Verhältnis von Quartier und Kunst beleuchten. Es wird in einem weiteren Schritt die Integration von Kunstprojekten in Strategien der Quartiersentwicklung diskutiert und zuletzt werden aus den untersuchten Fallbeispielen Faktoren destilliert, die ein erfolgreiches Entstehen und Entwickeln von Kunst- und Kulturprojekten wahrscheinlich machen. Die Diskussion darüber wird auf Quartiers- und Projektebene geführt.

1.2   Kunstproduktion mit Bezug zum Quartier – Begriffsklärung

Kunstbegriff

Die vorliegende Untersuchung beschäftigt sich mit Kunst- und Kulturprojekten, die sich in ihrer Aktivität auf den umgebenden Stadtraum beziehen. Deren Einordnung in den kunsttheoretischen Diskurs erfolgt mit den Begriffen der *,new public art'* und der *,new genre public art'* - als Kunstrichtungen, die über die Involvierung des Betrachters / der Betrachterin in Prozesse der Stadtentwicklung einzugreifen versuchen. Zentral dafür ist das Verständnis, dass Kunst nicht als Resultat, sondern als Prozess, als Konzept und als Intervention verstanden wird. Mit dieser Initiative wurde nicht nur der *,white cube'* der Galerien und der Museen verlassen, sondern auch der konkrete Ort in die künstlerische Bearbeitung integriert. Dieser Ort wird sowohl räumlich-physisch, als auch sozial-kulturell verstanden. Kunst „richtet sich (...) direkt an die BewohnerInnen und möchte ihnen selbst eine stärkere Identifikation mit ihrem Wohnumfeld ermöglichen"

(Amann / Ruis 2006: 5). Wichtig erscheint, dass diese Kunst- und Kulturprojekte im nicht-institutionalisierten Raum statt finden.

Die Vereinnahmung und Reduktion der Kunst im öffentlichen Raum auf einen bloßen Imagefaktor für den umgebenden Stadtraum bildet eine zentrale Kritik an Projekten der *new public art* (vgl. Jacob / Brenson / Olson 1995). Auf den Missbrauch künstlerischer Projekte als Vermarktungsinstrument und Aufwertungsvehikel wird dabei fokussiert. Die künstlerische Bearbeitung des Ortes gerät demzufolge zur dekorativen Behübschung, deren (gesellschafts-)kritisches Potenzial wenig Bedeutung erlangt. Mit der *new genre public art* wird versucht, dieses Potenzial zu aktivieren, indem der Künstler / die Künstlerin zum / zur KulturarbeiterIn wird, wodurch über Kommunikation und Diskursstimulierung zur Produktion sozialer Räume, Identitäten und Netzwerke beigetragen wird (vgl. Lewitzky 2005). In dieser Lesart kann ein künstlerisches Projekt wie SOHO IN OTTAKRING auch als Stadtteilprojekt interpretiert werden[1].

In dieser Diskursabgrenzung werden die Kunst- und Kulturprojekte verstanden, die in der gegenständlichen Untersuchung bearbeitet werden. Die Selbstdarstellung der Projekte folgt nicht immer dieser Abgrenzung, jedoch sind alle dargestellten künstlerischen Ansätze mit dem Diskurs um *new genre public art* verbunden.

Aufwertungsdiskurse

Die Forschungsfragen der vorliegenden Arbeit beschäftigen sich mit der Verbindung von Kunst- und Kulturprojekten und deren Interaktion mit dem umgebenden Stadtraum. Die Stadtteilplanung und -entwicklung erkennt in Kunst- und Kulturprojekten potenzielle AkteurInnen, die für Aufwertungsprozesse wesentliche Impulse setzen können. Das Spannungsfeld von künstlerischer Produktion und der Aufwertung des umgebenden Stadtraumes ist in seinen unterschiedlichen Aspekten im fachlichen Diskurs mit dem Begriff der Gentrification verbunden. Mit dem Fokus auf Kunst- und Kulturprojekte stellt die Rolle der 'Kreativen' im Aufwertungsprozess ein zentrales Forschungsinteresse dar.

Im Folgenden werden die drei Schlüsselbegriffe der Aufwertung, der Gentrification und der kreativen Stadt in ihrer inhaltlichen und konzeptiven Bedeutung vorgestellt und in der Art ihrer Verwendung in der vorliegenden Arbeit definiert.

---

[1] Auf der Projekthomepage wird mit der Überschrift „Vom Kunstfestival zum Stadtteilprojekt" auf diesen Diskurs Bezug genommen [vgl. http://www.melt-europe.eu/verein-soho-in-ottakring.html, letzter Zugriff am 20.11.2008].

Aufwertung

Der Begriff der Aufwertung wird in Wien seit Mitte der 1990er Jahre verwendet und ersetzt seitdem zunehmend den Begriff der Erneuerung. Darin bildet sich ein Wandel der Stadtentwicklungspolitik ab (vgl. Gebhardt 2008), der mit der Durchsetzung des Konzepts der unternehmerischen Stadt einhergeht. Der Prozess der Aufwertung wird als Revitalisierungsstrategie für entwertete Stadtgebiete verstanden. Ein Erneuerungsprozess geht unter marktwirtschaftlichen Bedingungen immer mit einer Inwertsetzung des erneuerten Stadtraums einher. Mit einer Auf-Wertung ist die Steigerung des Werts eines Stadtraums verbunden. Ein Anstieg der Bewertung kann dabei mehrere Ebenen umfassen und auch monetäre Auswirkungen haben. Die Faktoren, die die Produktion aufgewerteter Räume beeinflussen, können in vier Feldern differenziert werden: 1. physische / materielle Bedingungen, 2. AkteurInnen, 3. Regulation, 4. soziale Struktur und Interaktion. In der Betrachtung dieser verschiedenen Felder wird die Komplexität eines Aufwertungsprozesses deutlich (vgl. Grimm-Pretner / Rode 2005).

Die Dichte und Art der städtebaulichen Struktur bilden das materielle Ausgangssubstrat für die Aufwertung. Wie sind Gebäude angeordnet, welche Freiräume werden gebildet, wie passiert die Interaktion zwischen Gebäuden und Freiräumen? – sind Fragen, die für die Art der Aufwertungsprozesse relevant sind. Die räumliche Struktur und infrastrukturelle Ausstattung der Gebäude stellen einen wesentlichen Faktor für deren Nutzungsart und für die Zusammensetzung der Wohnbevölkerung dar.

Die Struktur der GrundstückseigentümerInnen spielt für die Geschwindigkeit und die Intensität eines Aufwertungsprozesses eine wesentliche Rolle. Der Wiener Grundstücksmarkt beispielsweise ist im Bereich der gründerzeitlichen Bebauung durch eine starke Zersplitterung auf private AkteurInnen gekennzeichnet. Diese Situation wurde u.a. zum Anlass für die Einrichtung der Gebietsbetreuungen genommen, die die unterschiedlichen Interessen koordinieren und damit eine Erneuerung ermöglichen sollen. Zusätzlich bildet der lokale Staat als Eigentümer von Grundstücken und Gemeindebauten eine wichtige Rolle für das Ausmaß und die Auswirkungen von Aufwertungsprozessen.

Unter Regulation wird der institutionelle und strukturelle Rahmen verstanden, in dem ein Aufwertungsprozess stattfindet. Es sind dabei verschiedene Politiken und Strategien relevant, die auf den vier regulativen Ebenen (vgl. Dangschat 1998) wirken. Auf lokaler Ebene sind beispielsweise die Förderbestimmungen der Wiener Strategie der 'sanften Stadterneuerung' ausschlaggebend, welche Art der Erneuerung unterstützt wird. Die Prozessstruktur der Aufwertung wird ebenfalls auf lokaler Ebene bestimmt: die Offenheit bzw. die Art der Einbeziehung unterschiedlicher AkteurInnen ist hier entscheidend. Dieser

Aspekt behandelt den Übergang von *Government* zu *Governance* und die Unterscheidung zwischen *,bottom-up'* und *,top-down'* Prozessen.

Die gesellschaftliche Struktur und Interaktion stellt die Nachfrageseite nach aufgewertetem Stadtraum dar. Die Frage, wer, wo unter welchen Bedingungen wohnt oder arbeitet bildet den Ausgangspunkt des diesbezüglichen fachlichen Diskurses. Verschiedene Faktoren beeinflussen diese Entscheidungen, unter anderem das Image eines Gebietes, das von Medien, PolitikerInnen und EntscheidungsträgerInnen produziert wird. Inwieweit es durch einen Aufwertungsprozess zu einer Neustrukturierung der Wohn- und Arbeitsbevölkerung kommt, wird in der Diskussion um die Gentrification betrachtet.

Gentrification

Der Diskurs über Gentrification steht in einer langen angloamerikanischen Tradition und beschreibt den Bevölkerungsaustausch, der im verwertungsgeleitetem Erneuerungsprozess alter Quartiere stattfindet. Gentrification wird dabei als gleichzeitig physisches, ökonomisches, soziales wie auch kulturelles Phänomen begriffen, welches aufgrund seiner Symptome die Aufmerksamkeit auf den Einfluss der sozialen AkteurInnen lenkt (vgl. Meinharter / Rode 2001).

Als Erklärungsmuster sieht die *rent-gap* Theorie (vgl. Smith 1996) die Grundlage eines Aufwertungsprozesses in der Dynamik aus Desinvestition und Reinvestition in einem Stadtgebiet. Eine Investition wird erst dann lohnend, wenn die Lücke (*,gap'*) zwischen den aktuell zu erwirtschaftenden und den zukünftigen Erträgen groß genug ist. Der *rent gap* fokussiert auf den Wert von Grundstücken, während der *value gap* auf den Wert von Wohngebäuden abzielt. Letzterer ist relevant für die Situation im dicht bebauten Stadtraum von Wien, da die rechtliche Mietpreisbindung die Umwandlung eines sanierten Gebäudes in Eigentumswohnungen wesentlich lukrativer macht. Damit bezieht sich diese Theorie stark auf die Art und Intensität der urbanen Nutzung. Je dichter und hochpreisiger eine Nutzung angeboten wird, desto höher können die späteren Erträge sein. Prozesse der Immobilienspekulation, der Nachverdichtung und der Tertiärisierung können mit diesem Theorem erklärt werden. Der Fokus der Betrachtung liegt auf der Herstellung eines Angebotes und darauf, nach welchen Gesetzmäßigkeiten und Logiken die jeweiligen AkteurInnen agieren.

Die stadtsoziologische Betrachtung des Austausches der Wohn- und Arbeitsbevölkerung im Rahmen von Aufwertungsprozessen erkennt eine Abfolge unterschiedlicher Bevölkerungsgruppen im Verlauf eines Aufwertungsprozesses (vgl. Blasius / Dangschat 1990). Den Beginn bilden die 'Pioniere' – mit hohem kulturellem und sozialem, aber geringem ökonomischen Kapital (vgl. Bourdieu

1982) ausgestattete Gruppen wie StudentInnen und KünstlerInnen, die das geringe Mietniveau und die meist hohe Leerstehungsrate eines abgewerteten Stadtraums für ihre Aktivitäten nutzen. Darauf folgen die *'Gentrifier'* mit etwas höherem ökonomischem Kapital, die das Flair und die Atmosphäre eines Viertels strategisch nutzen, ihre Aktivitäten hierher verlegen und bereit sind, bereits höhere Mieten zu zahlen. Es erfolgt eine Professionalisierung und Verwertungsorientierung der Aktivitäten. Den Endpunkt dieser Entwicklung bilden jene Bevölkerungsgruppen, die sich hohe Mieten und Grundstückspreise leisten können und auf die Qualität sowohl des Stadtraums wie auch seiner Konsum- und Erholungsmöglichkeiten Wert legen. Diese idealtypische Abfolge ist mit einer Veränderung der strukturellen Zusammensetzung der städtischen Ökonomie, sowie der Wohnbevölkerung verbunden. Jene, die sich die gestiegenen Preise nicht mehr leisten können, werden allerdings verdrängt. Davon können auch jene Gruppen betroffen sein, die am Beginn des Gentrificationprozeses gestanden sind. So sind beispielsweise im KünstlerInnenviertel von South Houston in New York kaum mehr jene kleinteiligen künstlerischen Initiativen anzutreffen, die den Beginn des Prozesses initiiert haben. Dieser Idealtypus eines Invasions-Sukzessionsmodells besitzt primär heuristischen Wert, um die sozialen Dynamiken im Zuge von Aufwertungsprozessen strukturell zu verstehen.

Kreative Stadt

Den 'Kreativen' wird für das wirtschaftliche Wachstum von Stadtregionen im Diskurs um die kreative Stadt besondere Bedeutung zugemessen. Der Hintergrund für diese Diskussion liegt im Übergang von der Industrie- zur Dienstleistungs- bzw. Wissensgesellschaft. Wie bereits in der Diskussion um die Gentrification erkennbar, spielen jene Bevölkerungsgruppen mit einem hohen Bildungsgrad eine besondere Rolle in den Prozessen. Richard Florida fasst jene Bevölkerungsgruppen, die einen hohen Bildungsgrad besitzen und in ihrer Arbeit kreativ tätig sind als 'kreative Klasse' zusammen. Dabei wird zwischen einem 'super-kreativen' Kern - wie KünstlerInnen, UniversitätsprofessorInnen, WissenschaferInnen, Designern, ArchitektInnen - und 'kreativen Professionellen' - wie hochqualitative DienstleisterInnen im unternehmensbezogenen Bereich, TechnikerInnen – unterschieden (vgl. Florida 2005: 34). Er stellt einen Zusammenhang zwischen dem Vorhandensein der 'kreativen Klasse' und der wirtschaftlichen Entwicklung einer Stadtregion her. Aufgrund der hohen Mobilitätsbereitschaft, der sozialen sowie kulturellen Vorlieben der 'Kreativen' entwickelt Florida den *'Gay-'* und den *'Bohemian-'* Index, die auf die kulturelle Offenheit und die kulturelle Aktivität eines Stadtraums hinweisen. Die 'kreative Klasse' wird als Hauptakteur der ‚kreativen Stadt' verstanden und bildet das Substrat für die weitere erfolgreiche ökonomische Entwicklung. Aus diesem Grund ist es relevant, attraktive Stadträume zu schaffen, die den Ansprüchen der ‚kreativen Klasse' entgegen kommen:

> „they want to work in progressive environments, frequent upscale shops and cafes, enjoy museums and fine arts and outdoor activities, send their children to superior schools, and run into people, at all these places, from other advanced research labs and cutting edge companies in their neighbourhood" (Florida 2005: 151).

Die Ansprüche der ‚kreativen Klasse' werden so zur Leitlinie für die Entwicklung städtischer Räume. Florida versteht den Begriff der 'Kreativität' als genuin menschliche Eigenschaft und interpretiert kreative Tätigkeiten dementsprechend weit. Seine Betrachtungsebene liegt auf Stadtregionen und fokussiert auf die Entwicklungen in den USA. Eine Differenzierung der Aktivitäten der unterschiedlichen Teile der *creative class'* wird nicht unternommen, ebenso wie Handlungen, Entscheidungen und Auswirkungen auf mikropolitischer Ebene ausgeblendet bleiben.

Für die vorliegende Arbeit wird der Diskurs über die Entwicklung der kreativen Stadt mit jenem der Gentrification Forschung ergänzt. Da sowohl die AkteurInnen der Gentrification der 'kreativen Klasse' zuzurechnen sind, wie auch der Umbau zur kreativen Stadt als Gentrification verstanden werden kann, erscheint diese Vorgehensweise schlüssig. Der Fokus der Untersuchung liegt auf quartiersbezogener Ebene und beleuchtet die konkreten Aktivitäten und möglichen Auswirkungen von Kunst- und Kulturprojekten. Die Komplexität von Aufwertungsprozessen und die Interaktion, Gleichzeitigkeit und Parallelität unterschiedlicher Bestrebungen und Faktoren macht ein Ursache-Wirkung Denken hinfällig. Es können daher Faktoren und möglichen Wirkungen benannt werden, eine quantitative Messung ist nur in Einzelfällen möglich.

2 Forschungsfragen und Methodik

2.1 Forschungsfragen

Die Forschungsfragen werden in zwei Schwerpunkte differenziert: Der erste Schwerpunkt zielt auf die Interaktion zwischen Kunst- und Kulturprojekten und ihrem stadträumlich-sozialen Umfeld auf Quartiersebene. Der zweite Schwerpunkt fokussiert auf die Entwicklungs- und Realisierungsaspekte von konkreten Kunst- und Kulturprojekten und die daraus zu ziehenden Lernerfahrungen.

Welche Auswirkungen haben Kunst- und Kulturprojekte auf das Quartier?

Anhand des Beispiels von SOHO IN OTTAKRING und des umliegenden Quartiers des Brunnenviertels wird der Wandel des sozialen Gefüges, des Images, der ökonomischen Situation und des Raumes untersucht.

- *Hat sich die soziale Zusammensetzung der Wohnbevölkerung des Bearbeitungsgebiets durch SOHO IN OTTAKRING signifikant verändert?*

- *Wie funktioniert das System SOHO als soziales Netzwerk? Welche AkteurInnen, Institutionen und Strukturen sind darin eingebunden? Welche Formen der Partizipation / Mitsprache / Information der Menschen vor Ort wurden angewandt?*

- *Wie hat sich das Image des Quartiers durch SOHO IN OTTAKRING gewandelt? Gibt es in der Außenwahrnehmung eine Wechselbeziehung zwischen SOHO IN OTTAKRING und dem Quartier, in dem die Aktion stattfindet? Wie ist das neue, wie war das alte Image? Welche Widersprüche sind zu erkennen?*

- *Welche praxisnahen Indikatoren sind für das Anzeigen von Gentrificationprozessen relevant?*

- *Wie hat sich SOHO IN OTTAKRING auf die ökonomische Struktur des Bearbeitungsgebiets ausgewirkt? Hat das Quartier eine ökonomische Aufwertung erfahren?*

- *Wie hat sich SOHO IN OTTAKRING auf die bauliche und stadtstrukturelle Erneuerungsdynamik im Quartier ausgewirkt? Hat SOHO IN OTTAKRING eine Verbesserung der städtebaulichen Struktur bewirkt oder zu Verdichtungsprozessen geführt? Wie hat sich SOHO IN OTTAKRING im öffentlichen Raum manifestiert?*

Welche Rahmenfaktoren bedingen den Einfluss von Kunst/Kultur auf die Quartiers- bzw. Stadtteilentwicklung? Welche Stadtstruktur und welche sozialen Bedingungen müssen vorhanden sein, damit Kunst- und Kulturprojekte entstehen können und auf das Quartier wirken?

Dieser Forschungsschwerpunkt wird anhand der vier Kunstprojekte SOHO IN OTTAKRING, Aktionsradius Augarten, cultural sidewalk und WOLKE 7 in ihrer AkteurInnenstruktur, in Ziel und Intention, in der Prozessentwicklung und den beeinflussenden Rahmenfaktoren untersucht.

- *Welche AkteurInnen sind an den Kunst- und Kulturprojekten beteiligt? Wie unterscheiden sich die einzelnen AkteurInnen in Rolle und Position?*

- *Welche Art von Kunst/Kultur wurde im Prozess/Projekt artikuliert? Was war die Zieldefinition des Prozesses/Projekts? Welche Form der Kunstproduktion wurde im Kontext räumlich wirksam?*

- *Wie hat sich der Prozess entwickelt?*

- *Wie entscheidend ist das baulich-räumliche Umfeld für die Entwicklung des Prozesses?*

- *Welche anderen Faktoren haben zeitgleich ihren Einfluss ausgeübt?*

- *Wie entscheidend waren finanzielle und/oder institutionelle Unterstützungen für die Entwicklung des Prozesses? Welche regulativen Rahmenbedingungen haben die Entwicklung des Prozesses behindert?*

2.2   Forschen im Dialog – Methoden

Die Forschungsfragen des Projektes erfordern die Erschließung und Bearbeitung qualitativer und quantitativer Daten. Der Fokus der Fragen liegt auf Entwicklungsprozessen – bezogen auf die Projekte selbst und deren Auswirkungen auf den gebauten und sozialen Raum. Da die qualitative Komponente dabei überwiegt und von Seiten des Auftraggebers ein anwendungsorientiertes, transdiszplinäres Erkenntnisinteresse besteht, wurde in der methodischen Konzeption ein Schwerpunkt auf dialogische Elemente gelegt.

Der Methodenmix erschließt einerseits vorhandenes Daten- und Quellenmaterial und macht andererseits das Wissen fachlicher und/oder lokaler ExpertInnen für die Studie verfügbar. Einen zentralen Stellenwert zur Rekonstruktion, Darstellung und Analyse von Entwicklungsprozessen nimmt die Generierung von personenbezogenem Wissen in dialogischen *Settings* ein. Zur Objektivierung und Darstellung der Außensicht auf die Entwicklungen im Quartier wurde eine Medienberichtsanalyse durchgeführt. Neben SOHO IN OTTAKRING wurden drei weitere Projekte analysiert und die Ergebnisse der Analyse von SOHO gegenübergestellt.

Die dialogischen Elemente der Studie fokussieren auf dem inhaltlichen Austausch zwischen unterschiedlichen AkteurInnen, die in den untersuchten Projekten involviert sind bzw. an den Forschungsinhalten und -ergebnissen Interesse haben. Elemente dieses interdisziplinären Dialogs sind die Diskussionen mit der Resonanzgruppe, Interviews mit ExpertInnen, die fachlich-kreative Kommunikation mit Studierenden der TU-Wien sowie die Präsentation und Diskussion der Zwischenergebnisse mit einer breiten Öffentlichkeit.

Zentrales Ziel des Dialogs war die Generierung eines wechselseitigen Wissenszuwachses: Die präsentierten und diskutierten Zwischenergebnisse hatten einen bewusst thesenhaften Charakter und wurden durch konstruktive Kritik und zusätzliches Erfahrungswissen der GesprächspartnerInnen erweitert oder verändert. In diesem Sinne ist das Generieren von wissenschaftlichen Aussagen als offener Prozess zu verstehen.

Fallstudien

Die Fragestellungen bedingen eine Bearbeitung mittels Fallstudien. Zum einen steht das Projekt SOHO IN OTTAKRING und die Entwicklungen im Brunnenviertel im Zentrum des Erkenntnisinteresses, zum anderen war es zur Verallgemeinerung der Erkenntnisse aus SOHO notwendig, weitere Fallbeispiele zu untersuchen.

Gemeinsam mit der Resonanzgruppe fiel die Entscheidung auf folgende Fallstudien: Aktionsradius Augarten, cultural sidewalk und WOLKE 7. Kriterien für die Auswahl dieser Projekte waren: eine gute Streuung über den dicht bebauten Stadtraum von Wien, verschiedene Formen von Auftraggeber- Auftraggnehmer- Systemen (*bottom-up / top-down*) und der Anlass für die Projekte.

Kartierung des Bearbeitungsgebiets

SOHO IN OTTAKRING findet im 16. Wiener Gemeindebezirk - Ottakring –
statt. Die Aktivitäten des Kunstprojektes streuen räumlich beträchtlich, bleiben
aber immer auf das Bezirksgebiet von Ottakring beschränkt. Eine Konzentration
der Aktivitäten ist im Bezirksteil Neulerchenfeld festzustellen, dessen Name und
Raumbezug sich auf den historischen Vorort bezieht und eine Katastralgemeinde
darstellt (vgl. Abb. 2). Das eigentliche Zentrum der Aktivitäten von SOHO bildet
jedoch das Brunnenviertel, jenes Quartier – auf wienerisch Grätzel – das sich um
den Brunnenmarkt erstreckt und sowohl in der Außen- wie in der Innensicht als
Raumeinheit wahrgenommen wird. Auf dieser Ebene setzt die vorliegende Studie an und grenzt das Brunnenviertel als Untersuchungsgebiet folgendermaßen
ab: Die Ottaktringer Straße im Norden, die Thaliastraße im Süden, die Lindauer-

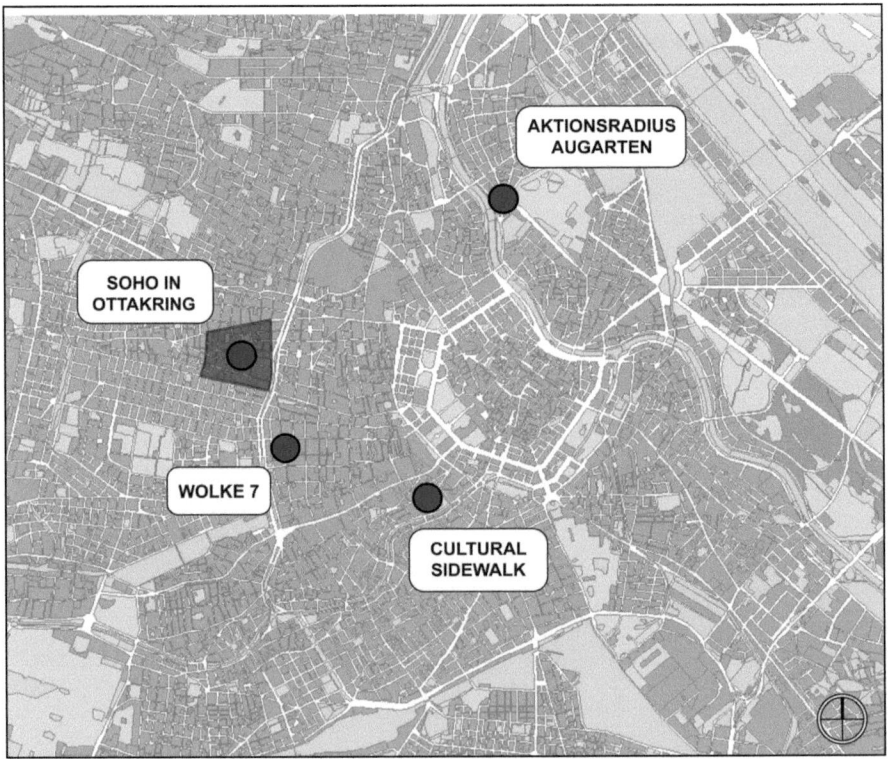

Abbildung 1:   Übersichtskarte: Lage der ausgewählten Fallstudien sowie des Brunnenviertels.

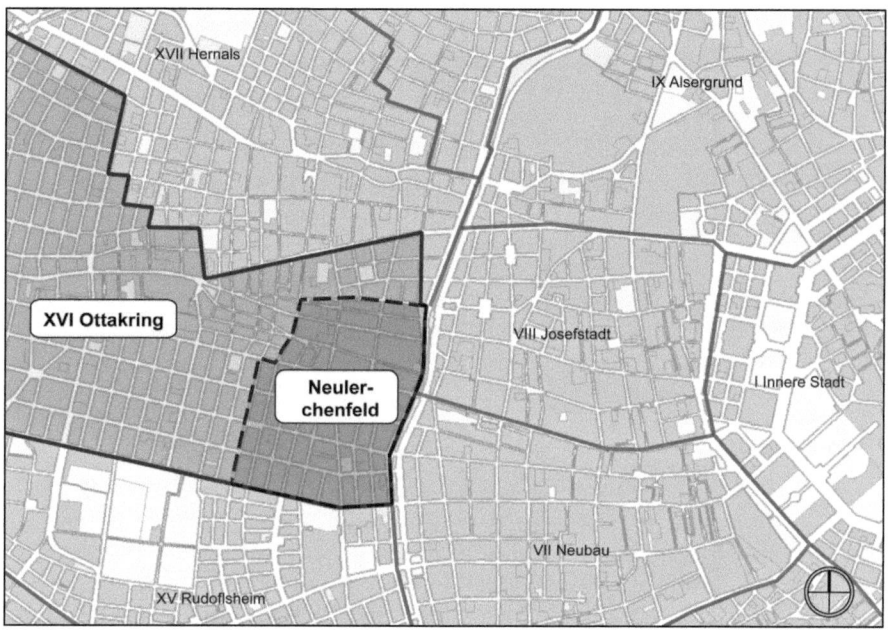

Abbildung 2:   Lage Neulerchenfeld im 16. Bezirk Ottakring in Wien.

gasse im Westen sowie durch Veronikagasse und Hernalser Gürtel im Osten
(vgl. Abb. 3). Bei der Kartierung des Quartiers standen ökonomische und bauliche Aspekte im Vordergrund:

   Die Nutzungskartierung der Erdgeschoßzonen gibt Aufschluss über den
Nutzungsmischung und den Anteil an Leerständen. Zusätzlich werden sämtliche
aufwertungsrelevanten Leitbetriebe, wie etwa Kunst- und Kulturnutzungen oder
Szenegastronomien sowie die vorhandenen ethnischen Ökonomien erfasst. Die
aufgenommenen Daten werden in Form von Karten dargestellt und dienen als
Basis für die weitere Analyse der lokalen Wirtschaft.

   Bei der Kartierung der baulichen Substanz wird das äußere Erscheinungsbild der Gebäude im Quartier bewertet. Darüber hinaus werden die aktuell laufenden Bau- und Sanierungstätigkeiten sowie sämtliche Dachbodenausbauten
aufgenommen, um Rückschlüsse auf mögliche Aufwertungstendenzen ziehen zu
können. Die Darstellung der Daten erfolgt ebenfalls in Form von Gebietskarten,
die wiederum als Ausgangspunkt für weitere Untersuchungen zur baulich-
räumlichen Entwicklungsdynamik im Gebiet dienen.

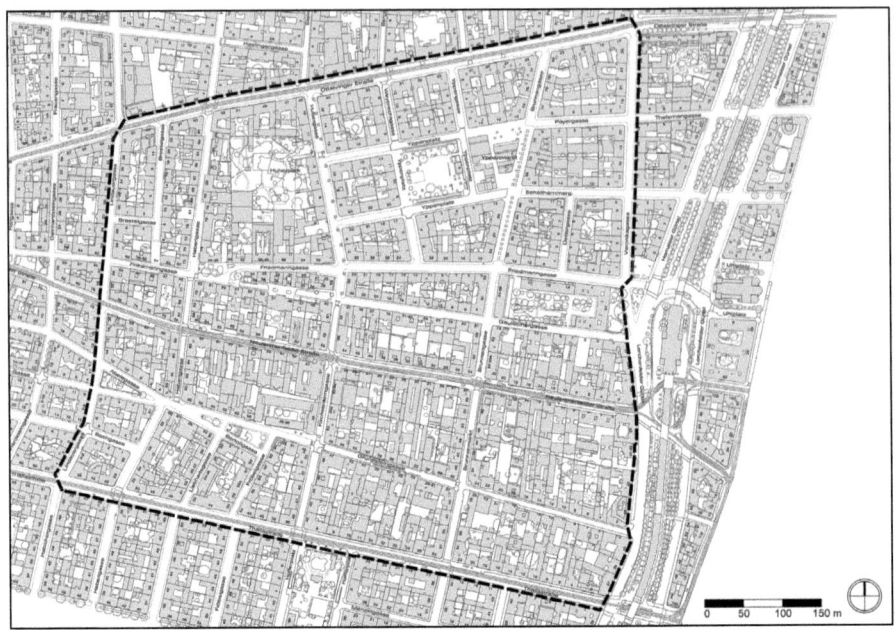

Abbildung 3:   Abgrenzung des Brunnenviertels.

Als Plangrundlage für die Darstellung der erhobenen Daten fungieren die Mehrzweckkarte und die Flächenmehrzweckkarte der Stadt Wien, die von der Magistratsabteilung 41 als Gebietsausschnitt in digitaler Form zur Verfügung gestellt
wurden.

Analyse soziodemografischer Daten

Ziel der Untersuchung der soziodemografischen Daten ist, Aussagen über die
soziale Zusammensetzung sowie die demografischen Entwicklungen im Untersuchungsgebiet zu treffen. Die Analyse soll beleuchten, ob soziale Veränderungen im Quartier stattgefunden haben und in welchem Zusammenhang diese mit
den baulichen Erneuerungstendenzen, der lokalen Kunstszene und dem Kunstfestival SOHO IN OTTAKRING stehen.

Studienrelevante Daten werden den Baublöcken im Bearbeitungsgebiet zugeordnet und in Form von Karten grafisch dargestellt. Bei der Analyse werden
vor allem die Bevölkerungsdynamik, der Anteil der 20-40-Jährigen (als poten-

tielle Pioniergruppe bei Unternehmensgründungen), der Anteil der MigrantInnen und das Bildungsniveau betrachtet und mit baulichen und ökonomischen Entwicklungen im Gebiet überlagert. Durch diese Fokussierung sollen Rückschlüsse auf mögliche Aufwertungsprozesse im Quartier gezogen werden.

Die Datengrundlage für die Untersuchung bilden vor allem die quantitativ-statistischen Daten der Bevölkerungsevidenzen von 1997 und 2005 sowie der Volkszählungen von 1991 und 2001. Als weitere Quellen dienen eine Studie zu sozialräumlichen Konzentrations- und Segregationsprozessen und eine klein-räumige Bevölkerungsprognose für Wien. Sämtliche Daten wurden von der MA 18 der Stadt Wien zur Verfügung gestellt.

Interviews mit ExpertInnen

Als ExpertInnen wurden Personen identifiziert, die in den zu untersuchenden Entwicklungsprozessen entweder direkt involviert waren und/oder qualifizierte Auskunft dazu geben konnten. Für die Fallstudie SOHO IN OTTAKRING wurden aufgrund der breiten Fragestellung unterschiedliche Personengruppen interviewt. Zur Entscheidungsvorbereitung für die Auswahl der GesprächspartnerInnen wurden Kategorien gebildet; in Klammern steht die Anzahl der interviewten Personen: Leitbetriebe (3), PionierInnen im Gebiet (2), Galerien/Ateliers/ KünstlerInnen (4), ProjektentwicklerInnen (2), Verwaltung (3), Politik (1). Aus jeder Gruppe wurde mit bis zu vier Personen ein Leitfaden gestütztes Interview mit offenen Fragen geführt. Die Dauer der Gespräche lag bei rund zwei Stunden. Die Personen wurden vorwiegend an ihren Arbeitsorten aufgesucht. Insgesamt wurden 15 Personen im Zeitraum von April bis August 2008 interviewt. Die einzelnen Kategorien werden folgendermaßen unterschieden und eingeteilt:

- *Leitbetriebe* sind jene Betriebe, die für die sozio-ökonomische Restrukturierung des Quartiers in Bezug auf den Diskurs der kreativen Stadt eine Rolle spielen. Für die Interviews wurden die BetreiberInnen / InhaberInnen der folgenden Betriebe befragt: die Boutique Mano-Design, das Café Restaurant AN-DO, das Planungsbüro Bauchplan.
- *Pioniere* im Gebiet: Betriebe, die bereits vor der ersten Aufwertungsphase im Gebiet waren, Veränderungen initiierten bzw. Partner im Aufwertungsprozess waren und sind. Die beiden Betreiber des Café Club International und der traditionsreiche Marmeladenproduzent Staud´s.
- *Galerien/Ateliers/KünstlerInnen* aus dem Kreis von SOHO IN OTTAKRING bzw. solche, die indirekt davon betroffen sind: die Initiatorin von SOHO IN OTTAKRING, der Künstler und Atelierbetreiber von Masc

Foundation/39 Dada, die Besitzerin des Ateliers Blumberg, sowie die künstlerische Leiterin der Brunnenpassage.

- *ProjektentwicklerInnen*: Betriebe, die im Gebiet investieren, (Immobilien)-projekte entwickeln und damit einen Beitrag zur Veränderung des Quartiers leisten. Für die Interviews konnte eine Mitarbeiterin des Projektentwicklers und Betreibers des IP.TWO – PRISMA, sowie ein Mitarbeiter der Firma Conwert gewonnen werden.

- *Verwaltung und Politik*: Für die Interviews stellten sich der Leiter der Gebietsbetreuung Ottakring, der Leiter des Servicezentrums Geschäftsstraßen in der Wiener Wirtschaftskammer, sowie der Bezirksvorsteher von Ottakring zur Verfügung.

Zur Analyse der Fallstudien wurden ExpertInnen interviewt, die in der Konzeption und Umsetzung der Projekte involviert waren bzw. sind:

- Cultural sidewalk: Die beiden Projektinitiatorinnen
- Aktionsradius Augarten: Die Projektinitiatorin und Projektleiterin
- WOLKE 7: Jener Teil des Projektteams, der das Projekt (mit)initiiert und bis heute betreut

Die Themenblöcke des Interviewleitfadens beruhen auf den Leitfragen der Studie und den Thesen, die in der wissenschaftlichen Analyse erarbeitet wurden. Die Themenschwerpunkte der Interviews waren:

- Begriff SOHO IN OTTAKRING: Die Kunstaktion hat viele Facetten, alle Menschen haben unterschiedliche Assoziationen dazu. Verschiedene Einstellungen, Meinungen und Bewertungen des Kulturfestivals werden erfragt.
- Start und Verlauf von SOHO IN OTTAKRING: Gefragt wurde, wer die antreibenden Kräfte des Festivals waren.
- Nachbarschaft: Sie ist ein wichtiges Kriterium in Prozessen der Quartiersentwicklung und wird durch Kunst-/Kulturprojekte, die im öffentlichen Raum wirksam werden, beeinflusst. Nachbarschaft wird in diesem Zusammenhang in seiner sozialen Bedeutung verstanden und stellt innerhalb eines angestrebten Aufwertungsprozesses ein relevantes Ziel dar. Bei Interventionen und in Aufwertungsprozessen besteht jedoch auch die Gefahr, dass einzelne Personengruppen ungleich profitieren.
- Öffentlicher Raum und bauliche Substanz: In der Diskussion um die Aufwertung von Räumen, sind öffentliche Räume und Gebäude und ihre Veränderung wichtige Indikatoren.

- Image: Image ist eine charakteristische Größe eines Quartiers. Verschiedene Einflüsse wie Veranstaltungen, Veränderungen der BewohnerInnenstruktur, Sanierungen von Liegenschaften können das Image eines Quartiers verändern. Image ist zudem eine sehr subjektive Größe, die kaum zu quantifizieren ist. Relevant ist die Unterteilung in die Innen- und die Außenwahrnehmung eines Quartiers.

Für einzelne *Stakeholder* im Brunnenviertel wurden zusätzlich spezifische Fragen entwickelt:

- Leitbetriebe, Galerien, NachnutzerInnen: Sie wurden nach dem Zeitpunkt der Betriebsansiedlung und der Relevanz von SOHO für ihren Betrieb befragt (KundInnen, Einkommen, Öffnungszeiten).
- PionierInnen: Sie leben schon länger im Gebiet und können die vergangenen Entwicklungen, die Einflüsse von SOHO auf das Gebiet nachzeichnen. Auch Fragen zu beobachteten Entwicklungen und einschätzbaren Trends bezüglich des Quartiers wurden gestellt.
- ProjektentwicklerInnen, InvestorInnen: Das Interesse konzentriert sich besonders auf die Zielgruppen, die mit den Projekten angesprochen werden sollen, auf die erwarteten finanziellen Renditen, seit wann die ProjektentwicklerInnen im Gebiet investieren und welches die ausschlaggebenden Faktoren für die Investitionen sind.

Netzwerkanalyse

Als *bottom-up* Projekt ist SOHO IN OTTAKRING in hohem Maße von sozialen Beziehungen und Netzwerken abhängig. Zum Verständnis des ‚Systems' SOHO wurde eine Netzwerkanalyse durchgeführt, die in einer Interaktionsmatrix dargestellt wird. Daraus wird die Stellung und Funktion von SOHO als Netzwerkknoten diskutiert.

Analyse von Medienberichten

Eine weitere Erschließungsquelle für Informationen über das Gebiet war die Analyse von Medienberichten über SOHO IN OTTAKRING in den Jahren 2000-2008. Damit wurde untersucht, welche Hinweise die mediale Berichterstattung auf einen Imagewandel gibt und in welcher Weise dieser medial dargestellt wurde.

Literatur

Neben der qualitativen und quantitativen Erhebung von Daten erfordert die Studie auch eine klassische Literatur- und Quellenrecherche zu den Themenkreisen Kunst und Stadt(teil)planung, Kunst im öffentlichen Raum, Aufwertung, Gentrifizierung, Stadterneuerung, Quartiersentwicklung, Migration und lokale Ökonomie. Bei der Verwendung von Quellen wird auf die Aktualität und den lokalen Bezug zum Untersuchungsgebiet besonderer Wert gelegt. Aufgrund der räumlichen und thematischen Determination im Rahmen der Studie, stellen bei der Literaturarbeit neben klassischen Fachpublikationen auch das Internet, Artikel in Fachzeitschriften, Diplomarbeiten und Dissertationen sowie mehrere Werkstattberichte der Stadt Wien einen wertvollen Fundus an Informationen dar.

Resonanzgruppe

Ziel und Aufgabe der Gruppe war es, die langjährigen Erfahrungen einzelner EntscheidungsträgerInnen nutzbar zu machen und Resonanz zu den Zwischenergebnissen zu geben. Die Gruppe bestand aus 15 Mitgliedern aus den Bereichen Politik, Verwaltung, Wissenschaft und Kunst (Mitglieder vgl. Anhang). Im Verlauf der Studienbearbeitung ist die Gruppe insgesamt drei Mal zusammen getreten. Nach Abschluss der Forschungsarbeit wurde in diesem Kreis die Ergebnisse der Studie noch einmal präsentiert, diskutiert und um einzelne Aspekte ergänzt. Die Ergebnisse dieser Diskussion fließen teilweise in die vorliegende Buchpublikation ein.

Transfer der Ergebnisse

Weitere dialogische Elemente waren der Transfer von Zwischenergebnissen für die Lehrveranstaltung ‚Städtebauliches Entwerfen' an der TU Wien. Dieser Transfer fand im Rahmen der Lehrveranstaltung sowie einer mit den StudentInnen gemeinsam organisierten Abschlussveranstaltung im Juni 2008 statt. Dort wurden unter dem Motto ‚Kunst macht Stadt?! Lernen von Wiener Kunst- und Kulturprojekten und ihrer Wirkung auf die Stadterneuerung' die Arbeiten der StudentInnen und der Stand der Studie präsentiert. Die in der Diskussion aufgeworfenen Fragen an die Studie wurden protokolliert und waren Anlass, einzelne Aussagen zu schärfen und Inhalte zu vertiefen.

3 Kunst macht Stadt – Wechselwirkungen

Der Brunnenmarkt is immer voller Leit'
dem kann nie fad werdn.
seine Standl schrein und machn Buckerln
und zeign eahna War', heit
so wie vor 30, 40 Jahr.
Fralich, damals hats kane Perlonsochn z'kaufn gebn
höchstens Stieflfetzn und krowotische Kopftüchln in olle Forb'n
aber d'Äpfeln und d'Birn
war'n frisch poliert scho damals z'kriagn.
Doch von alle Standln is ans die Königin, und zwar:
wannst durch die Brunnengass'n zum Yppenplatz gehst,
do riachst es scho von der Weit'n -
die Burenhax'n, die haase
de mit'n schoarfen Kren, de unschlagbare
de, de was a mi am Brunnenmarkt ziagt.

Karl Hodina, Brunnenmarkt

Anhand des Kunstprojektes SOHO IN OTTAKRING und dem Brunnenviertel werden die Wechselwirkungen zwischen Kunst und dem umgebenden Stadtraum untersucht. Es wird davon ausgegangen, dass einerseits ein Stadtraum bestimmte Voraussetzungen in räumlicher, sozialer, ökonomischer und politischer Hinsicht aufweisen muss, damit ein Kunstprojekt sich nachhaltig entwickeln kann. Andererseits trägt ein Kunstprojekt zur Veränderung eines Stadtraumes in unterschiedlicher Hinsicht bei. Dieses Kapitel hat das Ziel, die verschiedenen Aspekte der wechselseitigen Interaktion zwischen Kunst und Stadt darzustellen.

Das Brunnenviertel und das Kunstfestival SOHO IN OTTAKRING stehen dabei im Zentrum des Interesses. In einem ersten Schritt wird das Kunstprojekt und seine Rahmenbedingungen dargestellt. Zum Verständnis für den Erfolg von SOHO IN OTTAKRING ist es notwendig, das lokale künstlerische und soziokulturelle Netzwerk zu analysieren, das sich teilweise bereits vor SOHO IN OT-

TAKRING etabliert hat und im Laufe der letzten zehn Jahre weiter entwickelt wurde. Zur Vervollständigung des Bildes wurden daher auch ‚andere' Kunst- und Kulturprojekte im Brunnenviertel porträtiert, ohne Anspruch auf Vollständigkeit erheben zu können.

3.1 SOHO IN OTTAKRING und andere Kunst- und Kulturprojekte

3.1.1 Projektgebiet

Das Kunstfestival SOHO IN OTTAKRING ist in Neulerchenfeld, einem Teil des 16. Wiener Gemeindebezirks Ottakring, verortet. Neulerchenfeld war bis 1892 eine eigenständige Gemeinde am Stadtrand von Wien. Im Unterschied zur Katastralgemeinde Neulerchenfeld ist das Projektgebiet von SOHO IN OTTAKRING ungefähr mit folgenden Grenzen zu definieren: im Osten bildet der Hernalser Gürtel die Grenze, im Norden die Ottakringer Straße, im Süden die Thaliastraße; im Westen reicht das Projektgebiet bis zur Ottakringer Brauerei. Punktuelle Aktionen des Festivals fanden allerdings auch außerhalb dieser Grenzen statt (vgl. Abb. 4).

Zentral gelegen und Zentrum des Geschehens ist der Yppenplatz mit dem gleichnamigen Wochenmarkt jeden Samstag. Von ihm ausgehend in Richtung Süden verläuft die Brunnengasse, wo täglich Markt gehalten wird. Beide Marktgebiete sind nicht nur ökonomische Schwerpunkte des Gebiets, sondern auch beliebte Freiräume. Neben der Funktion der Nahversorgung bietet die Gastronomie am Platz und in der Brunnengasse eine wachsende Angebotspalette. Besonders der Yppenplatz ist ein weit über die Bezirksgrenzen hinaus bekannter und sehr beliebter Treffpunkt verschiedener Altersgruppen und Ethnien.

Der Charme des Viertels liegt in seiner Vielfalt. Ein Streifzug auf den Spuren der Vergangenheit ist genauso möglich, wie eine Tour durch die neue Galerienszene vorbei an markanten neuen Bauwerken und Baulücken, wo gerade investiert wird. Vielfältig aufgrund ihrer kulturellen Herkunft ist auch die Bevölkerung, die hier lebt und arbeitet. Traditionell ist Neulerchenfeld ein mit alten Gewerbegebieten durchmischtes Wohngebiet vorwiegend ärmerer Bevölkerungsschichten mit einem überdurchschnittlich hohen MigrantInnenanteil (2005: 34,54%, Wienweit 18%). Bis vor einigen Jahren lagen die Mietpreise unter dem Wiener Durchschnitt. Ein Grund dafür waren der schlechte Gebäudezustand und Wohnungsstandards - bis gegen die Jahrtausendwende zählte etwa ein Fünftel des Wohnungsbestandes zur Kategorie der Substandardwohnungen, die das WC und die Wasserversorgung am Gang haben (vgl. Statistik Austria 2001). Im Laufe der 2000er Jahre ist ein Investitionsschub in diesem Stadtteil bemerkbar, alte Gebäude und Wohnungen werden teil- und total-saniert, oder abgerissen und gänzlich neu errichtet (siehe auch Kap. 3.3 Aufwertungsprozesse bzw. Kap. 3.3.3 bauliche Struktur).

Das Gebiet ist mit öffentlichen Verkehrsmitteln gut erschlossen: Tangential durch die U-Bahnlinie der U6 (Stationen Josefstädter Straße und Thaliastraße) sowie radial entlang der Ottakringer Straße, Neulerchenfelder Straße und Thaliastraße durch die Straßenbahnlinien 2, 44 und 46, die das Stadtzentrum mit den Außenbezirken verbinden. Weiters führt der Bus 48A in den Stadtteil.

Die Hauptdurchzugsstraßen für den motorisierten Individualverkehr bilden die radialen Straßenzüge Thaliastraße, Neulerchenfelderstraße und Ottakringerstraße, sowie die tangentialen Straßenzüge Haberlgasse und Kirchstetterngasse. Abseits der größeren Straßenzüge ist die Dichte des motorisierten Individualverkehrs gering und das Tempo in vielen der schmalen Straßen mit 30 km/h limitiert. Die Straßenräume sind vom ruhenden Verkehr dominiert, wobei die Auslastung der Stellplätze sehr hoch ist, da aus dem innenstadtnahen achten Bezirk - Josefstadt - ein erheblicher Parktourismus auftritt.

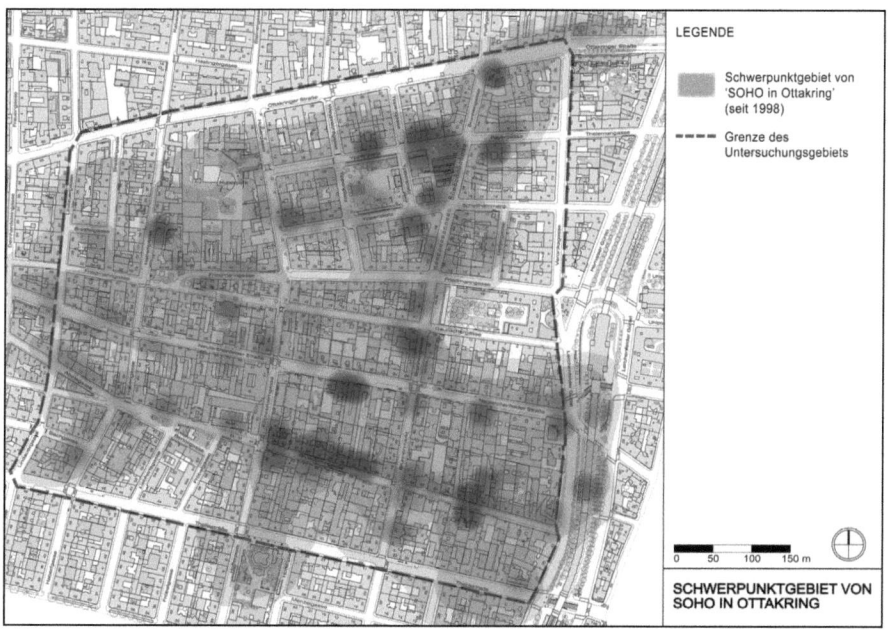

Abbildung 4:   Räumliche Verteilung der Aktivitäten von SOHO IN OTTAKRING 1999-2008 (je dunkler ein Bereich aufscheint, desto mehr Aktivitäten sammeln sich dort).

3.1.2 Entstehung und Intention

SOHO IN OTTAKRING ist ein Kunstfestival, das seit 1999 regelmäßig während zwei Wochen im Mai/Juni stattfindet und im Jahr 2008 sein zehnjähriges Jubiläum feierte. Seit dem Jahr 2001 widmet sich SOHO jedes Jahr einem anderen Thema.

Ula Schneider, Künstlerin und Initiatorin des Festivals, verfolgte mit dem Start von SOHO ein sehr persönliches Ziel. Sie wollte für in Wien lebende KünstlerInnen eine gemeinsame Aktionsplattform und mit der temporären Bespielung von leer stehenden Lokalen in Neulerchenfeld ein improvisiertes Angebot schaffen. Sie lebt seit 13 Jahren im Gebiet.

Die Künstlerinnen und Künstler sind entweder im Viertel beheimatet oder kommen aus anderen Teilen Wiens, Österreichs oder dem Ausland. Die Auswahl der Kunstprojekte erfolgte zumeist durch die Initiatorin und ihr Team, doch auch andere Entscheidungsstrukturen wurden eingesetzt:

> „2003 wurde anhand eines siebenköpfigen 'Artgremiums' versucht, die Entscheidungsstruktur zu verändern. Im selben Jahr wurde auch in Form eines Open Calls nach Projektvorschlägen gesucht. 200 Projekte wurden in Folge eingereicht. (...) 2006 wurde die Auswahl der Projekte in erster Linie von der Projektleiterin Ula Schneider bzw. vom Verein ‚SOHO IN OTTAKRING' getroffen, dem auch VertreterInnen der Bezirksbetreuung und des Bezirks angehören" (Amann / Ruis 2006: 49).

Im ersten Jahr wirkten viele renommierte Wiener Galerien mit, was für positive Resonanz und Publikum sorgte.

> „Bereits im dritten Jahr stand SOHO fest auf eigenen Beinen. GaleristInnen als Publikumsmagneten waren nicht mehr so wichtig. Die Beteiligung von Galerien wurde beidseitig beendet"[2].

Ab diesem Jahr veränderte sich auch die Richtung des Festivals weg vom Ausstellungsbetrieb hin zu mehr Interaktion. Während der nächsten Jahre wurden der partizipative Ansatz und die Auseinandersetzung mit dem umgebenden Stadtraum immer wichtiger.

SOHO IN OTTAKRING befasst sich bewusst mit Lebenswelten und Alltag der dort Lebenden und strebt eine Belebung des Viertels mittels künstlerischer Interventionen an. Das Kunstfestival wirkt in das Stadtviertel hinein, arbeitet mit Vorhandenem und sucht die Reflexion.

---

[2] Interview mit der Initiatorin von dem Festival SOHO IN OTTAKRING am 15.4.08.

„SOHO IN OTTAKRING stellt heute den Versuch dar, künstlerischen, sozialen, stadtplanerischen und wirtschaftlichen Themen und Zielsetzungen eine gemeinsame Plattform zu geben. Das sich überschneidende nachhaltige Anliegen dieser Kooperationen ist die Initiierung eines Stadtteilimpulses und damit eine behutsame Aufwertung der Lebensverhältnisse im Viertel"[3].

Ende 2002 wurde mit der Gründung eines Vereins eine neue Struktur geschaffen. Im Jahr 2003 erfolgte gemeinsam mit der Künstlerin Beatrix Zobl ein Relaunch mit konzeptioneller Neuorientierung. SOHO IN OTTAKRING strebt nach dem Austausch unter KünstlerInnen, ArchitektInnen u.a., stärkt die Sensibilisierung und Aufmerksamkeit auf gesellschaftspolitische Aspekte und möchte, dass Stadtplanungsvorhaben und -prozesse bekannter und ihre Zielsetzungen und Vorgangsweise hinterfragt werden (vgl. Schneider 2008; Amann / Ruis 2006: 57). Diese inhaltliche Neuorientierung äußerte sich u.a. in der Einrichtung des ‚living room – SOHO' im Jahre 2004, der als kritischer Diskursraum verstanden und anstelle des bereits etablierten Ausstellungsparcours fungierte. Ab dem Jahr 2005 bringt der Verein eine eigene Kunstzeitschrift heraus, die den kritischen Diskurs über den eigentlichen Festivalbetrieb medial hinaus trägt. Der Übergang vom temporär sichtbaren Kunstfestival zu einer dauerhaften künstlerischen Anlaufstelle mit räumlicher Verankerung im Projektgebiet wurde im Jahr 2006 gemacht, als die ‚Projektwerkstatt – SOHO' in einem Erdgeschosslokal in der Schellhammergasse 24 bezogen wurde. Dieses dient als Büro für die Organisation, Koordination und Vorbereitung des Festivals, sowie als Raum für Workshops, künstlerischer Projektpräsentationen, Treffen und Besprechungen (vgl. Schneider 2008: 21).

3.1.3 AkteurInnen, Organisation, Finanzierung

Die wesentlichen AkteurInnen sind aktuell die Initiatorin des Festivals, eine Mitarbeiterin der Gebietsbetreuung Ottakring die seit 2005 für das Festival arbeitete und jetzt im Verein SOHO IN OTTAKRING angestellt ist, sowie Mitglieder des Vereins wie der Besitzer des Unternehmens Staud's, der Leiter der Gebietsbetreuung Ottakring und eine Reihe von KünstlerInnen.

Die Projektentwicklung und Finanzierungsakquisition erfolgte in Eigeninitiative von der Initiatorin des Festivals. Bei der Bezirksvertretung Ottakring und der Wirtschaftskammer Wien (WK Wien) fand sie in den ersten Jahren des Festivals finanzielle Unterstützung. Aus dieser Projektphase entstand seitens der WK Wien die Plattform www.leerelokale.at. Die Kooperation zwischen SOHO

---

[3] [vgl. http://www.sohoinottakring.at, letzter Zugriff am 14.9.2008]

und WK Wien bestand auch in einer Arbeitsaufteilung für die Durchführung des Festivals: die WK Wien war für die betriebswirtschaftlichen Aspekte, die Akquisition von leeren Lokalen für die künstlerische Bespielung, sowie die Öffentlichkeitsarbeit zuständig[4], während die Initiatorin die künstlerische Leitung des Festivals bearbeitete. Nach drei Jahren wurde die Zusammenarbeit beendet, weil aus ihrer Sicht „nach mehreren Jahren der Zusammenarbeit die Interessen und Schwerpunkte der beiden Partner nicht mehr miteinander zu vereinbaren waren" (Schneider 2008: 19). Die WK Wien argumentiert, dass nie an eine dauerhafte Unterstützung des Festivals gedacht war, und ihr Auftrag für eine Revitalisierung des Standortes erfüllt war[5]. Ab 2003 zog sich die WK Wien von der finanziellen Unterstützung zurück und die Kulturabteilung der Stadt Wien konnte für eine Erhöhung ihrer finanziellen Unterstützung gewonnen werden.

Seit der Beauftragung des Ateliers Kaitna Smetana mit der Gebietsbetreuung in Ottakring besteht eine enge Kooperation mit SOHO. Die Gebietsbetreuung stellte für die Organisation und Vorbereitung des Festivals seit 2003 räumliche Ressourcen und ab 2006 auch Personalressourcen zur Verfügung. Im November 2002 wurde der Verein SOHO IN OTTAKRING gegründet, der die institutionelle und personelle Basis des Kunstfestivals erweiterte. In dem Vorstand des Vereins sind neben der Initiatorin des Festivals auch der Bezirk und die Gebietsbetreuung vertreten, wodurch ein starkes *Commitment* dieser strategischen Partner erreicht wurde.

Im Jahr 2008 setzte sich die Finanzierung aus Mitteln der öffentlichen Verwaltung von Stadt Wien, Bund und EU sowie der Unterstützung durch SponsorInnen zusammen: Kulturabteilung der Stadt Wien - Magistratsabteilung 7; Bezirksvertretung Ottakring / Ottakring Kultur; Bundesministerium für Unterricht, Kunst und Kultur; ,melt – Migration in Europe and Local Tradition' - Kofinanzierung durch die Generaldirektion der EU für Bildung und Kultur. Projektbezogen übernahm auch die Erste Stiftung einen Finanzierungsbeitrag. In den Jahren davor unterstützte auch die Arbeiterkammer Wien das Projekt maßgeblich. Als Medienpartner fungierten DerStandard und der Falter, die lokal ansässige Ottakringer Brauerei übernahm das Biersponsoring. Materialsponsoring übernahmen die Firmen prilfish, die lokale Druckerei REMAprint und cyberlab.at. Die Gesellschaft der Freunde der bildenden Künste und die Brunnenpassage bildeten Kooperationspartner.

Weiters relevant sind Kooperationen mit verschiedenen lokalen Gruppen und Institutionen wie Schulen der Umgebung, Jugendeinrichtungen und den Geschäftsleuten insbesondere jene der 1998 gegründeten Interessensgemeinschaft ,Kaufleute Brunnenviertel in Neulerchenfeld'.

---

[4] vgl. Interview mit dem Leiter des Servicecenter der WK Wien am 26. 8. 2008
[5] ebenda.

Zur Nutzung stehen den KünstlerInnen leere und untergenutzte Erdgeschoß-Lokale, Ateliers, Gewerbebetriebe, Gastronomielokale und der öffentliche Freiraum zur Verfügung.

3.1.4 Eingesetzte Kunstformen

In den ersten drei Jahren von 1999 bis 2001 war SOHO IN OTTAKRING als Ausstellungs- und Galeriebetrieb konzeptioniert. Daran waren neben KünstlerInnen aus dem lokalen Umfeld auch einige - renommierte, wie auch weniger bekannte - Wiener Galerien beteiligt, deren Exponate in den leeren Erdgeschoßlokalen des Brunnenviertels präsentiert wurden (vgl. Schneider 2008: 14).

Seit 2001 widmet sich SOHO IN OTTAKRING jeweils einem anderen inhaltlichen Schwerpunkt und bezieht in seinem künstlerischen Schaffen Stellung zu aktuellen gesellschaftlichen Themen.

„Die Bandbreite dieser Arbeiten ist groß und reicht von „klassischen" Ausstellungen bis zu konkreten sozial-politisch engagierten Projekten, welche die Implikationen des Viertels als modellhafte gesellschaftliche Problemfelder aufgreifen und in den Mittelpunkt rücken. (...) Inhaltlich soll der eingeschlagene Weg, sozio-politische Kunstprojekte zu forcieren und zu stärken, weiter geführt werden. Besonderes Anliegen ist, auf die am Viertel ablesbaren gesellschaftlichen Probleme und auf aktuelle Themen des Gebietes wie zum Beispiel der Neugestaltung des Brunnenmarkts einzugehen. Zusätzlich strebt SOHO IN OTTAKRING den Austausch mit Projekten ähnlicher Zielsetzungen in anderen europäischen Ländern an"[6].

Die Projekte sind partizipativ, ortsbezogen und interaktiv ausgerichtet. Seit 2002 positionierte sich SOHO unter folgenden Titeln und Themen:

2002 flüchtig daheim

In verschiedenen künstlerischen Projekten mit Kindern, Jugendlichen, Erwachsenen und in Ausstellungen im und rund ums Brunnenviertel werden einige Zipfel dieses Themas ernsthaft/spielerisch angepackt, Künstlerinnen und Künstler werden der Schwierigkeit, der Schizophrenie der Frage nach Zugehörigkeit, nach Daheim-sein, Nomade-sein nachgehen und großen Worthülsen wie Demokratie(-verständnis) einen individuellen, entnormierten Gedanken- und Erfahrungswert unterlegen.

---

[6] [vgl. http://www.sohoinottakring.at, letzter Zugriff am 14.9.2008].

2003 WELTEN SICHTEN

Das Sichten von Lebensweisen, Perspektiven, Abläufen, die per se in sich geschlossen zu sein scheinen und doch in vielen verschiedenen Zusammenhängen
und Abhängigkeiten koexistieren, soll für die Künstlerinnen und Künstler, die
heuer an SOHO teilnehmen, eine Herausforderung sein.

2004 living-room soho

Alliancenbildung zwischen Kunst und Antirassismus. Das künstlerische Tun als
politische Intervention muss die Dynamik der Machtbeziehungen in seine Analyse mit einbeziehen.

2005 SOHO IN OTTAKRING

,Wer hat das Wort? Wer macht die Aktion? Wie können emanzipatorische Strategien, z.b. in der Schaffung von Öffentlichkeiten, auch längerfristig wirken?'
Schwerpunktthema: Partizipation

2006 under construction! ACHTUNG Baustelle!

SOHO IN OTTAKRING nimmt die gegenwärtigen und zukünftigen Baustellen
zu Erneuerung, Verbesserung und Verschönerung des Brunnenmarktes zum
Anlass, die Dynamik des Unfertigen, Veränderbaren aufzugreifen und einzugreifen.

2007 ALLES WIRD SCHÖN!

SOHO IN OTTAKRING 07 widmet sich einer Zwischenphase von Abbruch und
Aufbau. Im lokalen Umfeld haftet der Fokus auf dem Prozess der Aufwertung
und daraus resultierenden Entwicklungen, Veränderungen, Verschiebungen im
örtlichen Gefüge, die ansatzweise jetzt schon sichtbar, aber noch nicht absehbar
sind. Der gesamte Brunnenmarkt wird bis 2010 erneuert, verbessert und ver-
schönert sein. Die Bauphasen, in denen die Brunnengasse Stück für Stück aufge-
graben und von insgesamt vier Neubauten bzw. Sanierungsprojekten gesäumt
wird, werden vor allem den Gewerbetreibenden des Marktes zu schaffen ma-

chen. ALLES WIRD SCHÖN provoziert die Frage: Wird alles schön? und verlangt eine differenzierte Beschäftigung damit, mit wessen aller Augen das ‚Schöne' und sein Gegenteil, das ‚Hässliche', gesehen und auch für die Zukunft definiert werden.

2008 What's up? Was ist hier wirklich los?

Seit beinahe zehn Jahren wirkt SOHO IN OTTAKRING in einem Spannungsverhältnis zunehmend differenter Ansprüche verschiedener Bevölkerungsgruppen und ist vielleicht Auslöser, auf jeden Fall jedoch beteiligt am Wandel eines ganzen Viertels. SOHO IN OTTAKRING 2008 widmet sich den Möglichkeiten des Widerspruchs. Denn mitten im ‚harmonischen multikulturellen Nebeneinander' spiegeln sich auch hier die gesellschaftlichen Verhältnisse zwischen Vorurteil und Ausgrenzung wider. Kunst in einem urbanen Umfeld muss – will sie nicht nur ‚möblieren' – Widersprüche schaffen und einer Imageglättung und ‚Verharmonisierung' ausweichen, Ereignisse und Bewegung erzeugen. Kunst hat das Potenzial, den Fokus auf ausgegrenzte Themen zu richten und neue Handlungsräume zu schaffen[7].

In der thematischen Ausrichtung ist seit 2005 eine starke Orientierung des Projektes an den Erneuerungsprozessen im Brunnenviertel zu erkennen. Die Themenfelder bis zu diesem Zeitpunkt sind auf die vorhandene sozio-kulturelle Situation im Viertel und den sich daraus ergebenden (gesellschaftspolitisch kontextualisierten) Problemfeldern und Potenzialen fokussiert. Mit dem Beginn des Aufwertungsprozesses Brunnenviertel (vgl. Kap. 3.3.1) ist auch eine inhaltliche Orientierung des Kunstfestivals auf den Erneuerungsprozess feststellbar. Mehr (Achtung Baustelle 2006, Alles wird schön 2007) oder weniger (Partizipation 2005) wird auf den Umbau des Marktes und des Viertels Bezug genommen, die Entwicklungen kritisch bearbeitet und die Rolle des Kunstfestivals selbst hinterfragt.

Die Bandbreite der künstlerischen Arbeiten reicht jeweils von Ausstellungen, Performance, Theater, Film zu Musikdarbietungen und Literatur; auch Diskurse zu verschiedenen Themen oder Kochperformances finden statt. Veranstaltungsorte sind Galerien, Ateliers, Gastronomielokale und Gewerbebetriebe sowie der öffentliche Raum.

Die Form und Möglichkeiten der Teilnahme der BesucherInnen an den Projekten sind vielfältig: In einigen Projekten ist das Mitreden der Bevölkerung Teil

---

[7] [vgl. http://www.sohoinottakring.at, letzter Zugriff am 14.9.2008].

des Konzepts. In anderen, wie z.B. der Traumfabrik von Götz Bury, werden die BesucherInnen zum aktiven Mitgestalten animiert. So entwickelten sich nach und nach aus dem reinen Ausstellungsbetrieb Kunstformate, die eine Teilnahme der Besuchenden voraussetzen.

SOHO IN OTTAKRING versteht sich selbst als *public art* Projekt und reflektiert seine Entwicklung vom Kunstfestival zum Stadtteilprojekt[8]. Damit wird nicht nur der Kunstbegriff erweitert, sondern auch die Rolle, die Kunst in einem städtischen Aufwertungsprozess einnimmt, zum Thema künstlerischer Bearbeitung. Kunst wird als (kritische) Akteurin in urbanen Entwicklungsprozessen begriffen, die die damit gewonnene (Macht-)Position bewusst einsetzen kann, um die Art und die Richtung urbaner Entwicklungen mit zu bestimmen. Allerdings wird auch eingeräumt, dass durch diese Positionierung ‚notwendigerweise' Interessenskonflikte entstehen und eine ‚permanente Aushandlung derselben' notwendig ist[9].

3.1.5 Weitere Kunst- und Kulturprojekte im Brunnenviertel

Das künstlerische Netzwerk im Brunnenviertel wird neben SOHO IN OTTAKRING von weiteren Kunst- und Kulturinitiativen gebildet, die sich zum Teil bereits vor Beginn des Kunstfestivals etabliert haben, zum Teil im Lauf der letzten zehn Jahre hier angesiedelt haben. An dieser Stelle werden die zwei Projekte Grundstein und Brunnenpassage - KunstSozialRaum vorgestellt. Beide Projekte stehen mit SOHO IN OTTAKRING in Beziehung und Austausch.

Grundstein - permanent event

Grundstein ist eine Plattform von KünstlerInnen im Umfeld der Grundsteingasse, die unterschiedliche Sparten von Kunst, Kultur, Design und Architektur vereint. Mehrere Ateliers, Galerien und Unternehmen der Kreativbranche treten unter dieser gemeinsamen Marke auf. Mitglieder von Grundstein sind: Wienstation, Ragnarhof, Salon beauty Free, Atelier PR, manodesign, Expositur Ulrike Hrobsky, Masc Foundation/39 DADA, wechselstrom, das Kabinett, SyndIkART[10]. Die Gründung erfolgte, um sich deutlich vom temporären Festival SOHO abzugrenzen, „vor allem um zu kommunizieren, dass abseits von SOHO im Viertel

---

[8] [vgl. http://www.melt-europe.eu/verein-soho-in-ottakring.html, letzter Zugriff am 20.11.2008]
[9] ebenda.
[10] [vgl. htp://www.grundstein.cc, letzter Zugriff am 14.9.2008].

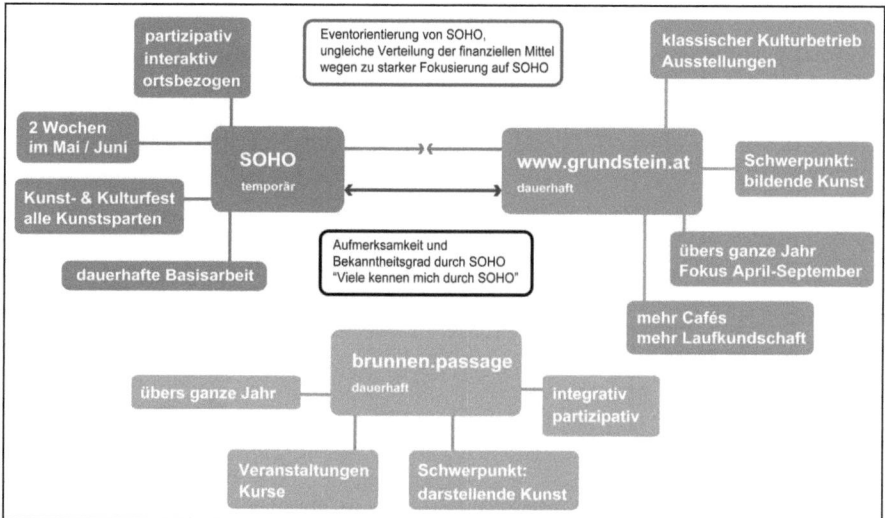

Abbildung 5:   Kunstszene im Brunnenviertel.

noch sehr viele andere Dinge passieren"[11]. Während das Festival SOHO IN OT-
TAKRING auf zwei Wochen im Jahr konzentriert ist, bietet Grundstein unter
dem Motto ,permanent event' regelmäßig Veranstaltungen und Ausstellungen in
den Lokalen der Mitglieder der Plattform. Die Grundsteingasse biegt rechtwin-
kelig vom Gürtel ab, ist aber keine Einkaufsstraße wie die Brunnengasse und
daher wenig von Laufpublikum besucht. Die hier ansässigen Betriebe der Kreativbranche setzen auf Stammkundschaft und wünschen sich mehr Belebung:

> „hierher (kommen) keine Leute zum flanieren und bummeln (...). Es gibt zu wenig
> Alltagsbetrieb in der Grundsteingasse. Der Yppenplatz mit seinen Lokalen ist schon
> zu weit weg für einen Synergieeffekt"[12].

Einzelne KünstlerInnen von Grundstein beteiligen sich auch an SOHO IN OT-
TAKRING. Andere distanzieren sich bewusst vom Festivalbetrieb. Die Einschätzung von SOHO erfolgt durchaus widersprüchlich: Einerseits wird darauf
hingewiesen, das sich SOHO zu einem ,Grätzelfest', zu einem ,*Event*' entwickelt habe, das „nicht mehr viel mit einer Kunstveranstaltung"[13] zu tun habe.
SOHO IN OTTAKRING wird nicht als Stadtteilprojekt gesehen, ein Einfluss der

---

[11] Interview mit der Besitzerin des Unternehmens, sowie Geschäftslokals Mano Design am 11.4.2008
[12] Interview mit der Besitzerin des Unternehmens, sowie Geschäftslokals Mano Design am 11.4.2008
[13] Interview mit einem Künstler des Kunstvereins Masc Foundation/39 dada am 10.4.2008

Kunst auf die Prozesse der Stadterneuerung wird in diesem Verständnis nicht hergestellt[14]. Mit der zeitlichen Fokussierung des Festivals sei auch eine starke mediale und politische Aufmerksamkeit verbunden, die die Gefahr beinhalte, dass andere Kunst- und Kulturprojekte finanziell zu kurz kommen bzw. dass die finanziellen Mittel ungleich verteilt würden[15]. Manche KünstlerInnen von Grundstein sehen jedoch durchaus gegenseitige Synergien.

Die im Rahmen dieser Arbeit interviewten ProtagonistInnen von Grundstein präsentieren ihren künstlerischen Ansatz und die Konzeption ihrer Plattform als different von SOHO IN OTTAKRING. Dies manifestiert sich u.a. auch in Aktivitäten während der Durchführung des Festivals: So wurde etwa im Jahr 2006 eine Parallelveranstaltung in der Grundsteingasse durchgeführt, die mit einem eigens abgegrenzten Bereich und Eintrittsgeldern operierte. Auch im Jahr 2009 wurde mit Plakaten und Postern im öffentlichen Raum kommuniziert, dass Grundstein nicht Teil von SOHO sei[16]. Es wird in den Interviews darauf verwiesen, dass die künstlerische Tätigkeit im Brunnenviertel ebenso wie diesbezügliche Vernetzungsaktivitäten eine Tradition haben, die über die Existenz von SO-HO hinaus reichen:

> "Es gibt eine lange Tradition von Künstlern, die im Viertel leben. (...) Schon seit 1993 hat sich TransWien im Viertel für eine Bündelung, Vernetzung im Bereich Kunst und Kultur erfolgreich eingesetzt"[17].

Einige lokale ExpertInnen vernehmen ein Konkurrenzverhältnis zwischen SO-HO und Grundstein, halten dem allerdings gegenüber, dass durch SOHO die Aufmerksamkeit und der Bekanntheitsgrad für Aktivitäten im Quartier gestiegen seien und so auch andere Projekte im Umfeld von SOHO entstehen konnten.

Brunnenpassage

Die Brunnenpassage, ins Leben gerufen von der Caritas Wien, hat im Sommer 2007 ihr Lokal am Yppenplatz eröffnet. Inhaltlich definiert die Leiterin der Brunnenpassage, das Ziel der Institution folgendermaßen:

> „Es soll ein dauerhafter Ort geschaffen werden, der den Menschen rund um den Brunnenmarkt einen Zugang zu zeitgenössischer Kunst eröffnet"[18]. „Durch regel-

---

[14] Interview mit einem Künstler des Kunstvereins Masc Foundation/39 dada am 10.4.2008
[15] vgl. Interview der Besitzerin des Unternehmens sowie Geschäftslokals Mano Design am 11.4.2008 und Interview mit der Initiatorin von SOHO IN OTTAKRING am 15.4.2008
[16] Gespräch mit der Initiatorin von SOHO IN OTTAKRINGr am 7.7.2009.
[17] Interview mit einem Künstler des Kunstvereins Masc Foundation/39 dada am 10.4.2008

mäßige Angebote für die Bevölkerung rund um den Brunnenmarkt und partizipative Kunst- und Kulturveranstaltungen werden hier gelebte Integration und ein kooperatives Miteinander ermöglicht. Mit zahlreichen kulturellen, sozialen und politischen Begegnungsmöglichkeiten wird das Miteinander von In- und AusländerInnen, MigrantInnen und ÖsterreicherInnen, MuslimInnen und ChristInnen gefördert."[19].

Die Brunnenpassage ist täglich geöffnet. Bei Veranstaltungen, die persönliche Begegnungen möglich machen, wie z.b. dem ‚Tanz der Toleranz', sollen neue Wege der Integration gefunden werden. Gearbeitet wird ausschließlich mit professionellen KünstlerInnen.

Die Kulturabteilung der Stadt Wien hat die Brunnenpassage als dauerhafte Spielstätte in der Theaterlandschaft Wiens anerkannt und auch im Rahmen der Konzeptförderung 2009-2013 vorgesehen. Die institutionelle Förderung seitens der Kulturabteilung ist jedoch sehr gering und deckt nur einen Bruchteil der Betriebskosten[20]. Die Brunnenpassage ermöglicht mit ihren regelmäßigen Veranstaltungen und partizipativen Kunstangeboten und der inhaltlichen Ausrichtung auf darstellende Kunst, einen dauerhaften Ort für *Community Arts* in Wien und sieht somit zu SOHO kein Konkurrenzverhältnis, sondern gegenseitige Bereicherung[21].

3.1.6 Antworten auf die Forschungsfragen

Welche AkteurInnen sind an SOHO IN OTTAKRING beteiligt? Wie unterscheiden sich die einzelnen AkteurInnen in Rolle und Position? Wie hat sich der Prozess entwickelt (Anfangspunkt, Struktur des Prozesses, Wandel im Laufe der Zeit)?

Die Initiative für SOHO IN OTTAKRING ist im Jahr 1999 von der im Brunnenviertel wohnhaften Künstlerin Ula Schneider ausgegangen. Ihre Aktivitäten wurden zu Beginn des Projektes von der WK Wien und dem Bezirk stark unterstützt; weiters konnte sie auf die vorhandenen künstlerischen Aktivitäten, die sich zu diesem Zeitpunkt im Viertel etabliert hatten, aufbauen. Die künstlerische Leitung des Festivals lag bei der Initiatorin, während die WK Wien primär die wirtschaftlichen Belange bearbeitete, was u.a. auch die Präsentation des Standortes bei Immobilienmessen etc. beinhaltete.

---

[18] Interview mit der Leiterin der Brunnenpassage am 29.4.2008
[19] [vgl. http://www.brunnenpassage.at, letzter Zugriff am 03.8.2008].
[20] vgl. Leiterin der Brunnenpassage, schriftlich am 2.2.2009.
[21] Interview mit der Leiterin der Brunnenpassage am 29.4.2008

Mit dem ‚Relaunch' von SOHO im Jahr 2003 veränderte sich auch die AkteurInnenstruktur. Die Initiatorin arbeitet seitdem mit der Künstlerin Beatrix
Zobl bei der programmatischen Konzepterstellung des Festivals temporär zusammen. Über die Etablierung einer Vereinsstruktur wurden strategische Partner
wie der Bezirk und die Gebietsbetreuung dauerhaft in das Projekt integriert. Die
vorherige Arbeitsaufteilung mit der WK Wien wurde internalisiert, nunmehr
werden alle notwendigen Tätigkeiten vom Verein SOHO IN OTTAKRING
geleistet.

*Welche Art von Kunst/Kultur wurde im Projekt artikuliert? Was war die Zielde-
finition des Projekts?*

SOHO IN OTTAKRING versteht sich heute als *public art*- und Stadtteilprojekt,
an dem alle möglichen Kunstformen teilnehmen. Es ist ein starker Fokus auf
partizipative Kunstformen erkennbar, die eine Einbeziehung der Wohn- und
Arbeitsbevölkerung, wie auch der BesucherInnen zum Ziel hat. Es wird damit
versucht, einen kritischen Diskurs zu etablieren, sowie einen Austausch zwischen den verschiedenen Lebenswelten im Quartier zu ermöglichen.
    Ursprünglich bestand die Zielsetzung des Projekts in der Vernetzung der im
Brunnenviertel arbeitenden KünstlerInnen und in der künstlerischen Bespielung
der leer stehenden Erdgeschoßlokale. Diese Zieldefinition hat sich im Lauf des
Bestehens zum umfassenden Anspruch entwickelt, eine Kooperation unterschiedlicher künstlerischer, stadtplanerischer, wirtschaftlicher und sozialer Themen zu etablieren, um eine „behutsame Aufwertung der Lebensverhältnisse im
Viertel"[22] zu erreichen. SOHO versteht sich als Stadtteilimpuls.

*Wie entscheidend ist das baulich-räumliche Umfeld für die Entwicklung des
Prozesses?*

SOHO IN OTTAKRING bezieht sich seit Beginn seiner Laufzeit auf Vorhandenes, seien es die BewohnerInnen und die Arbeitsbevölkerung, seien es die Freiräume oder die leer stehenden Erdgeschoßzonen. Der hohe Leerstand an Erdgeschoßlokalen war zu Beginn entscheidend für die Projektidee und stellte auch
einen maßgeblichen Umstand für die Unterstützung des Projektes durch WK
Wien und Bezirk dar. Die räumliche Streuung der Projektaktivitäten ist bis heute
charakterisierend für das Projekt, es werden immer wieder neue räumliche Res-

---

[22] [vgl. http://www.melt-europe.eu/verein-soho-in-ottakring.html, letzter Zugriff am 21.11.2008].

sourcen bespielt, wenngleich der Fokus nicht mehr auf den leer stehenden Erdgeschoßlokalen liegt (vgl. Kap. 3.4.2).

Zusätzlich bilden die baulich-räumlichen Veränderungen, die sich seit dem
Aufwertungsprozess Brunnenviertel verstärken, einen inhaltlichen wie auch
räumlichen Bezugspunkt. Der Umbau des Brunnenmarktes, das leer stehende
Kaufhaus OSEI, die Baustelle eines Gewerbezentrums im Gebiet wurden von
SOHO IN OTTAKRING als räumliche und als thematische Ressourcen genutzt.
Zur Etablierung des temporären Kunstfestivals als dauerhaftes Stadtteilprojekt
trug u.a. auch der Bezug der Projektwerkstatt - SOHO bei, welche ein Erdge-
schosslokal von etwa 100 m² ist.

Welche anderen Faktoren haben zeitgleich ihren Einfluss ausgeübt?

SOHO IN OTTAKRING konnte einerseits auf bestehende künstlerische Traditionen und Strukturen im Quartier aufbauen. Diese Strukturen sind insbesondere
für den Projektbeginn als wertvoll einzuschätzen. Im weiteren Verlauf und mit
dem Erfolg des Projektes ist eine zunehmende Unabhängigkeit zu beobachten.

Trotz teilweiser unterschiedlicher Meinungen über die jeweils anderen
Kunstarten und -formate, sind in der gegenwärtigen Kunstszene des Brunnenviertels positive Wechselwirkungen der verschiedenen Inhalte, künstlerischen
Formate und der zeitlich-räumlichen Verteilung zu merken: Die Kunst-/ Kultur-
projekte ziehen unterschiedliche und zeitlich verteilte Aufmerksamkeit auf sich,
sie setzen temporäre und regelmäßige Impulse für die Integration von Migrant-
Innen, genauso wie sie die Erdgeschoß-Zonen dauerhaft oder nur zu bestimmten
Zeiten beleben und damit eine Wirkung auf den Straßenraum erzielen. So sind
alle Kunstprojekte gemeinsam starke Impulsgeber für Kreativität, Belebung und
Aufschwung im Quatier – jedes mit seinen Ressourcen, Zielen und Wirkungen.
Insgesamt eine bunte Vielfalt, die vieles bewegt.

Außerdem wurden zeitgleich mit bzw. vor SOHO IN OTTAKRING einige
Projekte der Stadterneuerung im Brunnenviertel begonnen bzw. umgesetzt (vgl.
Kap. 3.3). In dieser Dynamik konnte sich SOHO inhaltlich als kritisches Stadt-
teilprojekt profilieren.

*Wie entscheidend waren finanzielle und/oder institutionelle Unterstützungen für
die Entwicklung des Prozesses?*

Für den Erfolg von SOHO IN OTTAKRING war die Unterstützung auf lokaler
Ebene maßgeblich. Es sind hierbei insbesondere die Unterstützung des Bezirks

und die kontinuierliche Unterstützung durch die Gebietsbetreuung Ottakring zu nennen. Die finanzielle und institutionelle Unterstützung durch die WK Wien war für die Anfangsphase des Projekts entscheidend. Ab dem Jahr 2003 wurde die Kulturabteilung der Stadt Wien mit jährlich € 60.000.- Hauptsubventionsgeberin. Die Arbeiterkammer Wien unterstützte das Projekt über mehrere Jahre mit 15. - 20.000 €, vom Bund kamen € 7.000.- (vgl. Schneider 2008: 19). Ein weiterer wichtiger Kooperationspartner waren die MarktstandlerInnen des Brunnenmarkts und die lokalen Wirtschaftstreibenden, die in der IG Brunnenviertel organisiert sind.

Mit der Unterstützung des künstlerischen Projekts sind allerdings auch Eigeninteressen der UnterstützerInnen verbunden, die als kritisch für die Projektentwicklung einzuschätzen sind. Laut der Initiatorin beendete ein Interessenskonflikt die Kooperation zwischen SOHO und WK Wien. Durch das breite Netz an KooperationspartnerInnen und involvierten AkteurInnen sah sich das Projekt auch im weiteren Verlauf unterschiedlichen Interessen und auch Vereinnahmungsversuchen ausgesetzt (vgl. Zobl / Schneider 2008: 104). Zusätzlich wurde in der Aufnahme des kritischen Diskurses über Aufwertung und Gentrification eine künstlerische Auseinandersetzung zwischen Planung, Ökonomie, und lokalen Lebenswelten gesucht. Die vielen Projektionen und Erwartungen, die sich aus diesem breiten Anspruch ergaben, stellten für die künstlerische Leitung eine erhebliche Belastung dar.

3.2 Soziale Netzwerke im Brunnenviertel

Für SOHO IN OTTAKRING soll untersucht werden, welchen Beitrag das Kunstfestival zur Bildung und Stärkung der sozialen Netzwerke geleistet hat und wie die Menschen vor Ort bei SOHO partizipieren konnten.

Soziale Netzwerke bauen auf dem Konzept von Sozialkapital auf, das sich in der Quantität und Qualität sozialer Beziehungen, wie auch ihrer Intentionen manifestiert. Das Verständnis von sozialem Kapital fokussiert auf die Struktur sozialer Beziehungen und versteht es als Ressource, um individuelle oder gruppenspezifische Situationen durch Kooperationen mit anderen Individuen oder Gruppen zu verbessern (vgl. Bourdieu 1982, Coleman 1988). Der sozialwissenschaftliche Begriff der ‚sozialen Netzwerke' wird in der Netzwerkforschung untersucht und bezieht den Beziehungskontext in die Untersuchung mit ein (vgl. Stegbauer 2008). Netzwerke werden als überindividuelle Muster sozialer Relationen verstanden, die in ihrer dynamischen Entwicklung von akteursbezogenen Entscheidungen beeinflusst werden. Für die Herausbildung sozialer Netzwerke werden verschiedene Argumentationen verwendet - bspw. auf der Basis der wechselseitigen Anerkennung der AkteurInnen, auf der Ähnlichkeit der Beziehungsmuster zwischen unterschiedlichen AkteurInnen oder auf selbstverstärkenden Tendenzen, in denen die Wahrscheinlichkeit, neue Beziehungen aufzubauen, proportional mit den schon vorhandenen Beziehungen steigt (vgl. Heidler 2008). Letztere Argumentation weist auf die funktionale Bedeutung von so genannten Netzwerkknoten hin. Darüber

> „werden einerseits Meinungen, Interessen und Zielsetzungen wirkungsvoll artikuliert und andererseits ein Interessensausgleich und Wissenstransfer (netzwerkintern und zwischen unterschiedlichen Netzwerken) erreicht. (...) Diese Netzwerknoten, zu denen neben institutionell verankerten auch die eingesetzten Beteiligungsmechanismen gehören, wirken als Plattform für wechselseitigen Austausch, als Instrument für die Synchronisierung und Abstimmung von Entwicklungsvorstellungen und gleichzeitig als ein wichtiges Vehikel, um Wissens- und relationale Ressourcen in eine entsprechende Mobilisierungsfähigkeit zu transformieren" (Antalovsky et al 2008: 93f).

Die in der Studie untersuchten Kunst- und Kulturprojekte verfolgen ein gemeinsames Ziel, Kunst und Kultur zur Belebung einzelner Stadtquartiere und Verbesserung der sozialen Beziehungen zwischen den Menschen, die dort leben und arbeiten, einzusetzen. Sie sind folglich auf die Mobilisierung von relationalen Ressourcen und auch Wissensressourcen ausgerichtet. Die sozialen Aufwertungsbestrebungen geben oft Anlass zu Maßnahmen der räumlichen Aufwertung und vice versa.

3.2.1 *Aufwertung und soziales Netz um SOHO IN OTTAKRING*

In den im Rahmen der Studie untersuchten Kunst- und Kulturprojekten stützen sich die Aufwertungsmaßnahmen auf lokale Netzwerke und fördern sie, indem Menschen aktiv an den Entwicklungsprozessen teilhaben können. Im Zuge solcher Interaktionen zwischen den BewohnerInnen, UnternehmerInnen und InitiatorInnen der Aufwertung entsteht Vertrauen als Grundlage für eine gute Nachbarschaft und die Chance, individuelle Fähigkeiten für das Gemeinwohl einzusetzen. Mehr noch, es werden neue Ideen generiert und gemeinsame Kräfte für Entwicklungsprozesse im Viertel mobilisiert.

Die oben dargelegten Kriterien eines Netzwerkknotens treffen auf SOHO IN OTTAKRING zu. Da SOHO zentraler Untersuchungsgegenstand ist, wird das Kunstfestival in den Mittelpunkt der nachfolgenden Analyse gestellt. Selbstverständlich sind außer SOHO andere Netzwerkknoten im Brunnenviertel vorhanden, die hier allerdings nicht weiter analysiert werden können.

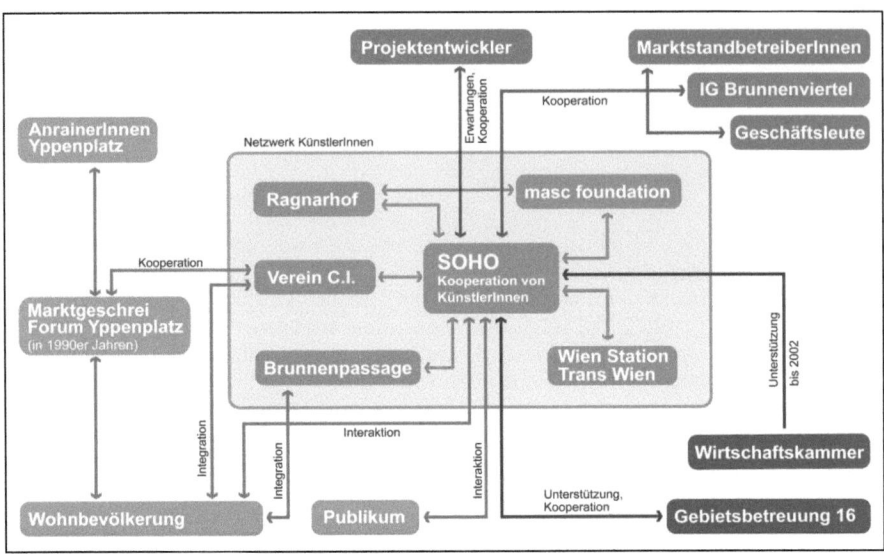

Abbildung 6:   Struktur und Entwicklung des Netzwerkknotens SOHO IN OTTAKRING.

Rund um SOHO stellt sich die Netzwerksituation folgendermaßen dar: SOHO als Plattform und Veranstalter kooperiert mit KünstlervereInnigungen und einzelnen KünstlerInnen. Zum Teil leben und arbeiten die KünstlerInnen im Gebiet wie jene von grundstein.at, masc foundation, Ragnarhof, Atelier Blumberg, Wienstation - trans wien, Brunnenpassage u.a.. Diese AkteurInnen bilden einen inneren Kern und stehen mit äußeren Teilen des sozialen Netzwerks in Beziehung. Ein äußeres Netz um SOHO bilden FördergeberInnen, Geschäftsleute des Brunnenviertels, Initiativen der BewohnerInnen (z.B. Verein CI), InvestorInnen und das Publikum von SOHO.

Die Stadt Wien ist ebenfalls treibende Kraft des Aufwertungsprozesses und bestrebt, in die von ihr gesetzten Maßnahmen (Neugestaltung Yppenplatz, URBAN Gürtel Plus, Zielgebiet Gürtel, Aufwertungsprozess Brunnenviertel - vgl. Kap. 4.3.1 Aufwertungs- und Erneuerungsprogramme) die lokalen AkteurInnen einzubinden (Grundsteingasse/Ragnarhof, Forum Yppenplatz, SOHO IN OTTAKRING, IG Brunnenviertel). Diese Einbindung erfolgt meist über formalisierte Partizipationsverfahren (vgl. Rode / Brodner 2004), welche durch spezifische Sprachkenntnisse verstärkt wird. Damit mobilisiert sie Netzwerkentwicklungen.

Die ProjektträgerInnen und FördergeberInnen von SOHO sind indirekt Wegweiser für die Entwicklung des Gebiets. Im Jahr 1999 stieg die Wirtschaftskammer Wien als Projektträger bei SOHO ein, nachdem eine hausinterne Analyse die besonders prekäre Situation von Neulerchenfeld und den großen Handlungsbedarf bewiesen hatte[23]. Seit ihrem Ausstieg aus SOHO im Jahr 2003 erfolgt die Finanzierung und Unterstützung des Festivals durch die Kulturabteilung der Stadt Wien (MA 7), das Bundesministerium für Unterricht und Kunst (bm:ukk), die Arbeiterkammer Wien (AK Wien), den Bezirk Ottakring, die Gebietsbetreuung Ottakring sowie SponsorInnen. Die Förderschienen seitens der öffentlichen Hand (MA7, bm:ukk) lassen wenig Raumbezug erkennen und sehen die künstlerische Bearbeitung sozialer Strukturen nicht direkt als förderwürdig. In der Gesamtsicht besitzen die FördergeberInnen jedoch die Intention, das Gebiet zu verändern, sowie die sozialen Strukturen und die Kommunikation zu verbessern. Aus dieser Situation ist ein Widerspruch zwischen strukturellen Förderungszielen und Förderungspraxis erkennbar, der auf die stadtentwicklungspolitisch bedeutsamen Leistungen von Kunstprojekten hinweist.

Bereits vor SOHO sorgte das Forum Yppenplatz in enger Kooperation mit dem Verein Club International (C.I.) für ein starkes Zusammenwachsen der AnwohnerInnen. Das Forum startete als Bürgerinitiative (später als Verein) zur Verhinderung der Bebauung des Marktplatzes; was schließlich auch gelungen ist. Der Verein C.I., seit rund 20 Jahren am Yppenplatz angesiedelt, ist einer der Kristallisationspunkte der Integrationsarbeit, indem er Kurse und Veranstaltungen betreibt, die auf Integration zielen. Damit ist der Verein ein weiterer Schlüsselakteur im sozialen Netzwerk.

Die Brunnenpassage arbeitet darüber hinaus an guten nachbarschaftlichen Beziehungen zwischen Menschen verschiedener kultureller Herkunft. Sie ist eine „dauerhafte Einrichtung mit dem Ziel, der lokalen Bevölkerung Zugang zu zeitgenössischer Kunst in niederschwelliger Form"[24] zu bieten. Viele verschiedene Kulturen sollen vom Angebot angezogen werden und Barrieren voreinander abbauen. Die Brunnenpassage soll „ein Ort der Begegnung für Menschen mit unterschiedlichen sozialen, religiösen und kulturellen Hintergründen" sein[25]. Mit dem Projekt ‚Tanz der Toleranz' nahm die Brunnenpassage im Jahr 2007 ihren Betrieb auf. Das Motto des Choreografen Royston Maldoom ‚Wer miteinander tanzen kann, der kann auch miteinander leben' reflektiert die Intention der Einrichtung sehr deutlich.

---

[23] vgl. Interview mit dem Leiter des Servicecenter WK Wien am 26.8.2008
[24] Interview mit der Leiterin der Brunnenpassage am 29. April 2008
[25] [vgl. www.brunnenpassage.at, letzter Zugriff 3. August 2008].

„Die Caritas (als Trägerin der Brunnenpassage, Anm.) bringt die Welten ein bissl zusammen, indem sie Kulturprojekte macht, die für alle offen sind und gratis – Kunstaktionen, Tanzen, Trommeln, Geschichten erzählen, Fasten brechen"[26].

Weitere relevante NetzwerkpartnerInnen, weil auch teilweise Kooperationspartnerinnen von SOHO, sind UnternehmerInnen, insbesondere die MarktbetreiberInnen und die Mitglieder der IG Kaufleute Brunnenviertel in Neulerchenfeld.

Projektentwickler aus der Immobilienbranche, wie Conwert oder PRISMA, sind insofern NetzwerkpartnerInnen, als Wechselwirkungen zwischen den Aktivitäten im Quartier und den InvestorInnen bestehen. Das Kunstfestival hat einen Einfluss auf das Image und weckt das Interesse von InvestorInnen. Sanierungen und die Errichtung von neuen Immobilien wirken imageprägend und beeinflussen ihrerseits die Zusammensetzung der Wohnbevölkerung.

3.2.2 SOHO– treibende Kraft der Vernetzung?

Für das Brunnenviertel wird

„ein hohes Interaktionslevel zwischen maßgeblichen Akteuren (beschrieben), das nicht nur durch eine kommunikative Grundstruktur und ein Klima der Offenheit ermöglicht wird, es findet im Vorhandensein von starken Netzwerknoten auch die nötigen Rahmenbedingungen, um im Aufwertungsprozess entsprechend positiv zu wirken" (Antalovsky et al 2008).

Der Einfluss von SOHO IN OTTAKRING auf maßgebliche Veränderungen bzw. Aufwertungsmechanismen besteht darin, dass das Projekt als „wesentliches Element im Prozess des agenda-settings" (Antalovsky et al 2008: 97f) zu sehen ist. Als *bottom-up* Initiative muss SOHO für die erfolgreiche Umsetzung eng mit vorhandenen AkteurInnen kooperieren. Bereits zu Beginn konnte durch die Kooperation mit der Wirtschaftskammer eine gute Achse zu den Wirtschaftstreibenden aufgebaut werden. Auch in Fragen der Integration und der Förderung eines „kulturellen Binnentourismus"[27] kann SOHO als durchaus erfolgreich eingestuft werden. Die Analyse der Interviews zeigt, dass SOHO IN OTTAKRING einen Beitrag zur stärkeren und besseren Kommunikation nicht nur zwischen den KünstlerInnen, sondern auch nach außen zu den BewohnerInnen leistet. Scheinbar sind gegenseitige Hilfestellungen und Dienstleistungen keine Ausnahmefälle.

---

[26] Interview mit dem Besitzer des Cafe Club International. am 10.4.2008
[27] Interview mit dem Besitzer des Unternehmens Staud´s am 28.4.2008

„Von Anfang an hatten wir für unsere Projekte bei SOHO Unterstützung seitens der Marktstandler. Sie sind immer sehr aufgeschlossen und interessiert – besonders an Dingen, die sich positiv auf ihr Geschäft auswirken" (Antalovsky et al 2008).

Doch es gibt auch gegensätzliche Meinungen: „Die verschiedenen Gruppen sind meiner Ansicht noch nicht so stark zusammen gewachsen"[28], meint ein Interviewpartner.

Mit seinem Kunstansatz verfolgt SOHO dezidiert das Ziel der Vernetzung der AkteurInnen im Gebiet. Der offene konzeptionelle Ansatz von SOHO ermöglicht die Teilhabe unterschiedlicher AkteurInnen. Vorhandene Netzwerke werden genutzt und neue geschaffen. SOHO konzentriert sich

„auf Aspekte der Stadtteilentwicklung, künstlerische Interventionen und Möglichkeiten der Partizipation im lokalen Umfeld. Wesentliches Merkmal sind Kooperationen mit verschiedenen örtlichen Gruppen und Institutionen wie Gebietsbetreuung Ottakring, Schulen der Umgebung, Jugendeinrichtungen, Geschäftsleuten und KünstlerInnen auf nationaler und internationaler Ebene sowie die Nutzung des öffentlichen Raumes während des alljährlichen 2-wöchigen Festivals in den Monaten Mai und Juni"[29].

Die von SOHO im Jahr 2006 eingerichtete Projektwerkstatt, in der Nähe des Yppenplatzes, bildet einen Raum, wo alle an SOHO Beteiligten aktiv kooperieren können. Die Werkstatt wird „als Büroraum, für Projekte, Workshops sowie Veranstaltungen und Diskussionen, die Themen und Problematiken der Stadtteilarbeit und der Kunstpraxis aufgreifen"[30], genutzt.

Netzwerken einerseits, Bestrebungen zur Diversifizierung andererseits - beides sind Charakteristika der Neulerchenfelder Kunst- und Kulturszene. Aufgrund verschiedener inhaltlicher Fokussierung und Missstimmungen hinsichtlich ungleichen Förderbudgets arbeiten nicht alle Netzwerke zusammen. Doch auch dieses Phänomen ist Teil der Dynamik:

„SOHO wirkt positiv auf die Nachbarschaft, die Gruppen sind trotz Konflikten stärker zusammen gewachsen und hängen auch voneinander ab. Obwohl sich die Leute von Grundstein abgrenzen und SOHO als Konkurrenz sehen, hilft der Aufmerksamkeitsfaktor von SOHO allen weiter"[31].

---

[28] Interview mit dem Betreiber des Café Restaurant AN-DO am 18.4.2008
[29] [vgl. www.sohoinottakring.at, letzter Zugriff am 4.9.2008]Kunst macht Stadt?!
[30] [vgl. www.sohoinottakring.at, letzter Zugriff am 4.9.2008]
[31] Interview mit einem Partner des Landschaftsarchitekturbüros Bauchplan am 18.4.2008

Auf den Beitrag von SOHO zur Qualität der Nachbarschaft und der Reduktion von Konflikten nehmen die InterviewpartnerInnen ebenfalls Bezug. Seit den 1990er Jahren, als Neulerchenfeld noch ein ‚verrufenes Viertel' war, soll die Kriminalitätsrate stark gesunken sein[32]. Integrative Arbeit kann SOHO auf jeden Fall als Erfolg verbuchen. SOHO „fördert die Kommunikation im Viertel, es ist eine klimatische Bewegung"[33], sagt eine Gesprächspartnerin. Eine andere: „Der Ansatz integrativ zu arbeiten, gefällt mir an SOHO, außerdem bringt es doch in gewissem Maß Kunstinteressierte ins Viertel"[34].

Auch die Wirtschaftskammer Wien sieht in Kunstprojekten wie SOHO eine besondere Möglichkeit, Barrieren zwischen den Kulturen abzubauen.

„Wir haben schnell gelernt und gemerkt, dass Kunst ein *missing link* in der Diskussion um Integration, Belebung und Bespielung der Erdgeschoßzonen ist. Wir haben dann der Kunst mehr Beachtung beigemessen, weil der Künstler bei allen Gruppierungen, die es dort gibt, eine besonders unbelastete Stellung hat, aber durchaus ernst genommen wird. (...) Über diesen Weg sind sie Integrationsfiguren geworden. Es war unheimlich, wie stark hier die Kunst das Ganze auch beeinflusst hat. Zur Vernissage ist auch die Bevölkerung gekommen, sie haben geredet, Stellungnahmen dazu abgegeben, auch den Kopf gebeutelt, aber man hat ein gemeinsames Lächeln, ein gemeinsames Interesse, ein gemeinsames Betrachten geschaffen, das sehr gut und auch sehr nachhaltig ist. (...) Hier war es ein sanftes Aufbrechen, eine sanfte Integration und sanfte Stadterneuerung aus sich heraus, aus der Bevölkerung, den Hauseigentümern heraus"[35].

Andere InterviewpartnerInnen äußern sich skeptisch bezüglich der Einflussnahme von SOHO auf das Zusammenleben zwischen den verschiedenen kulturellen Gemeinschaften:

„Ich weiß nicht, was sich die Türken drüber denken. Mitmachen tuns da net recht viel, das ist das Problem, das wir da haben. Da reiben wir uns nicht einmal, da geht jeder seine getrennten Wege. Ja, zur SOHO-Eröffnung da werden sie aufmachen, das hat mit dem Geschäft zu tun. Das sind so kleine Flämmchen, aber dann is wieder nix. Und irgendwann wirst du dann müde, dann bist frustriert und gibst es auf"[36].

Der Bezirksvorsteher von Ottakring ist von einer sehr positiven Wirkung von SOHO auf die Nachbarschaft überzeugt:

---

[32] vgl. Interview mit dem Besitzer des Cafe Club International am 10.4.2008
[33] Interview mit einer Künstlerin des Atelier Blumberg am 29.4.2008
[34] Interview der Besitzerin des Unternehmens sowie Geschäftslokals Mano Design am 11.4.2008
[35] Interview mit dem Leiter des Servicecenters der WK Wien am 26.8.20084
[36] Interview mit dem Besitzer des Unternehmens Staud's am 28.4.2008

„SOHO erfolgt unter starker Beteiligung der Wohnbevölkerung und der Geschäftsleute, die ihre Lokale als Kunst- und Kulturräume zur Verfügung stellen und um-
funktionieren. Der Prozess besteht aus dem Zusammenwirken von Gesichtern vor
Ort. Es entsteht eine Verbindung, ein Miteinander der Kulturen. Es wird Raum geschaffen und es wird Diskussion geschaffen. (...) Durch die künstlerische Tätigkeit
haben sich viele Plattformen gegründet, wie z.b. Vereinsplattform Ottakring, wo alle Religionsgemeinschaften zusammenarbeiten. Alle Vereine sind in ständiger
Kommunikation, die Bezirksvorstehung wirkt als Drehscheibe"[37].

3.2.3 Beteiligungsaspekte bei SOHO IN OTTAKRING– Chancen und Risiken

Die BetreiberInnen von SOHO IN OTTAKRING setzen seit 2003 gezielt auf
Projekte, in denen Partizipation eine Rolle spielt. Formate und Intensität der
Beteiligung sind sehr verschieden: BesucherInnen werden zum Teil des Kunst-
werks, indem sie Erfahrungen, Kreativität und Wissen teilen oder Teil einer
Installation im öffentlichen Raum werden. Auch wurden in Kooperation zwischen KünstlerInnen und BesucherInnen Produkte entwickelt und Veranstaltungen organisiert.

Bei folgenden beispielhaften Projekten von SOHO IN OTTAKRING bildete die Teilnahme der Menschen einen zentralen Teil der Realisierung: The new
Austrians meet (2005), tea time – jeden Tag um 5 (2005), en busca del cielo
(2006), Orchestra of Anxiety (2007), Living Books (2008), kaffee-sud-lesen
(2008), Schach 2.0 (2008). Diese Projekte schufen Räume und Gelegenheiten
zur Teilnahme, die Teilnehmenden wurden zum essentiellen Teil des Projektes.
Häufig thematisiert wurden verschiedene Facetten der Migration.

Das im Jahr 2007 ins Leben gerufene Projekt ‚Living Books' von Christian
Hortulany wird als Versuch diskutiert, marginalisierten MigrantInnen eine Möglichkeit zur Artikulation zu eröffnen:

„von der Kopftuch tragenden Muslima über den WEGA-Beamten zum Obdachlosen
– können als ‚lebendige Bücher' 45 Minuten lang von PassantInnen ‚entlehnt' werden, um in dieser Zeit aus ihrem Leben zu erzählen. Durch den stark vorstrukturier-
ten Rahmen, in dem die Begegnung stattfindet, wird ein Freiraum geschaffen, der
ein Zuhören ermöglicht, die 'Normalität' wird durch einen rigiden formalen Rahmen
außer Kraft gesetzt. Dadurch kann sich die betroffene Person aus den stereotypen
Zuschreibungen herauslösen und die Position des sprechenden Subjektes einneh-
men, das aus seiner individuellen Vergangenheit, seinen persönlichen Kontexten er-
zählt. (...) Das Projekt hat regen Zuspruch gefunden und wird weitergeführt. Auch

---

[37] Interview mit dem Bezirksvorsteher von Ottakring am 16.5.2008

wenn eine langfristige Reflexionsebene fehlt, eröffnet gerade die Exponiertheit und Klischeehaftigkeit Möglichkeiten der Annäherung" (Mayerhofer / Mokre 2008: 54).

Ein weiteres partizipatives SOHO-Projekt, stellt ‚Der Yppengarten', von Nadja und Ursula Taborsky aus dem Jahr 2007 dar. Im Huberpark wurde in gemeinschaftlicher Arbeit ein interkultureller Garten angelegt. Nach längerer Überzeugungsarbeit des zuständigen Stadtgartenamtes und Zerstörung des Gartens, konnte das Projekt dann doch sein Potenzial entfalten und stellt eines der wenigen Projekte in Wien dar, in dem die Idee des *community gardens* um den Aspekt des interkulturellen Gärtnerns erweitert und im öffentlichen Raum umgesetzt wurde.

Kunstprojekte mit partizipatorischem Anspruch sind nicht per se zu befürworten, auf die eingesetzten Methoden kommt es an. Mayerhofer / Mokre reflektieren im Zusammenhang mit ‚Repräsentation und Legitimität', ob

> „KünstlerInnen gut gemeinte Anwaltschaft ausüben sollen, um auf diverse Phänomene in Ottakring aufmerksam zu machen. Dabei spielt es keine Rolle, ob Defizite, Missstände in einem scheinbar aufdeckerischen Impetus aufgezeigt werden und beispielsweise auf die schlechte Wohnsituation hingewiesen wird oder ob Führungen in die exotische Welt der MigrantInnen angeboten werden. Das *Othering* ist vollzogen – hier 'wir', dort 'sie'. Damit ist die Auslösung weiterer Probleme markiert: Das Beziehen einer Innen- und einer Außensicht einer gesellschaftlichen Realität gegenüber, die Konstruktion von (Ab)Normalitäten und letztendlich die Perpetuierung von Hierarchien und Machtverhältnissen" (Mayerhofer / Mokre 2008: 59).

Als limitierender Faktor für die Partizipation der Wohnbevölkerung an den Kunstprojekten werden die Sprachbarrieren angesehen:

> „Obwohl viele Beiträge niederschwellig angelegt sind, um ein möglichst breites Spektrum an Teilnehmern anzusprechen, stellen die Besucher meist keinen repräsentativen Querschnitt durch die Bevölkerungsstruktur des Brunnenviertels dar: Sprachbarrieren und Irritation durch die künstlerischen Herangehensweisen bilden auch nach neun Festivaljahren immer noch schwer überwindbare Hemmschwellen" (Okresek 2008: 30f).

Die geringe Partizipationsintensität von Bevölkerungsgruppen mit migrantischem Hintergrund im Vergleich zur deutschsprachigen Mehrheitsbevölkerung wird auch in einem Interview angeführt:

> „SOHO wird mittlerweile von der ansässigen Bevölkerung angenommen, ist nicht elitär und wirkt integrativ. (...) Negativ ist vielleicht, dass MigrantInnen noch nicht

so sehr partizipieren, wie die einheimische Bevölkerung. Wir haben selbst mit einem Projekt bei SOHO mitgemacht – da war es jedenfalls so"[38].

Die Projektleiterin von SOHO stellt ein anderes Phänomen bei der Beteiligung von BewohnerInnen in Kunstprojekten dar. Die KünstlerInnen setzen sich der Kritik aus, dass die Kunst in solchen Projekten oft nicht sichtbar ist. Sie selbst vertritt die Meinung, dass gute Inhalte wichtiger seien, als den Zusammenhang eines Beteiligungsprojektes mit Kunst für alle sichtbar zu machen[39].

3.2.4 Antworten auf die Forschungsfragen

Hat das Projekt SOHO IN OTTAKRING eine soziale Netzwerkbildung gefördert? Welche Formen der Partizipation / Mitsprache / Information der Menschen vor Ort wurden angewandt?

Institutionen bilden die Netzwerknoten, wo wechselseitiger Austausch stattfinden kann und Entwicklungsvorstellungen synchronisiert und abgestimmt werden. Unterschiedliche Beteiligungsformate bilden eine Basis, dass Wissen geteilt und Beziehungen entwickelt werden können, die Mobilisierungsfähigkeit besitzen.

Der Blick auf die sozialen Netze aus der Perspektive von SOHO zeigt Verbindungslinien zu anderen Kunst- und Kulturinitiativen im Viertel, zu AuftraggeberInnen, SponsorInnen und KooperationspartnerInnen, BewohnerInnen und BesucherInnen, aber auch Initiativen wie der Vereinigung der Kaufleute, den MarktstandbetreiberInnen sowie Aufwertungsmaßnahmen von Seiten der Stadt Wien. Sie alle sind an der Entwicklung und Verdichtung des Netzwerks temporär oder ganzjährig beteiligt.

Zwischen den einzelnen Netzwerkknoten, insbesondere zwischen den verschiedenen Kunst- und Kultureinrichtungen, besteht ein hohes Maß an Interaktion bei gleichzeitigen Bestrebungen zu Diversifizierung.

Substanzieller Teil des SOHO-Konzeptes ist, sich mit Fragen des Zusammenlebens im Quartier zu befassen, Fragen der Integration nehmen dabei einen wesentlichen Schwerpunkt ein. Beteiligung ist eine der methodischen Ansätze, um Integration zu leben. SOHO bietet in seinen Projekten und in der seit 2006 eingerichteten Projektwerkstatt viele Möglichkeiten der Interaktion zwischen KünstlerInnen, Kaufleuten, BewohnerInnen und BesucherInnen. Durch die gemeinsame Umsetzung von SOHO-Projekten erschließen sich Möglichkeiten des

---

[38] Interview mit einem Partner des Landschaftsarchitekturbüros Bauchplan am 18.4.2008
[39] vgl. Interview mit der Initiatorin von SOHO IN OTTAKRING am 15.4.2008

Kennenlernens zwischen KünstlerInnen und BewohnerInnen und der Kooperation über das Kunstprojekt hinaus.

Aus den Interviews der ExpertInnen, der Analyse von Medienberichten und Literatur ist zu belegen, dass SOHO ein wichtiger Knotenpunkt im sozialen Geschehen von Neulerchenfeld ist.

Je nach Interessenslage äußern sich die GesprächspartnerInnen eher negativ, neutral oder sehr positiv dazu, wie sehr SOHO zur Stärkung der Nachbarschaft beiträgt. Aus allen verwendeten Quellen ergibt sich eine überwiegend positive Einschätzung seiner Wirkung. Besonders auffallend sind die gute Stimmung zwischen SOHO und den MarktbetreiberInnen und das Bewusstsein des gegenseitigen Profitierens voneinander. Gemäß verwendeten Quellen wirkt SOHO integrativ, die Nachbarschaft sei enger zusammengewachsen und die Kunst ein *missing link* zwischen Geschäftsleuten, BewohnerInnen und MigrantInnen.

Schon aufgrund seiner kurzen jährlichen Spielzeit kann SOHO immer nur gewisse Impulse in der Integrationsarbeit liefern. SOHO ist zwar ein starker Netzwerkknoten, andere *bottom-up* und *top-down* Initiativen leisten ebenfalls einen großen Beitrag zur Etablierung und Stärkung der sozialen Beziehungen. Besonders erwähnenswert sind die Aufwertungsaktivitäten des Stadtgebietes während der letzten 15 Jahre und Aktivitäten von Einrichtungen wie dem Quartiersverein C.I., der Brunnenpassage und den Mitgliedern der Plattform grundstein. Sie alle fördern eine Verbesserung des Klimas zwischen den Menschen der unterschiedlichen Kulturkreise. Die Einbeziehung insbesondere der MigrantInnen kann allerdings durch das Kunstfestival allein nicht zufrieden stellend erreicht werden.

Das soziale Netzwerk in Neulerchenfeld ist ein Gefüge, das durch viele verschiedene AkteurInnen und Aktivitäten geprägt ist und bereits vor SOHO Geschichte hatte. Die Gebietsbetreuung und Bezirkspolitik und ihr Interesse an Vernetzung von Kunstschaffenden, Wohnbevölkerung, Geschäftsleuten und BauträgerInnen im Sinne des Aufwertungsprozesses sind ebenfalls wichtige Netzwerkknoten.

So vertritt zwar jede/r AkteurIn spezifische Interessen, durch die verschiedenen *top-down* und *bottom-up* Prozesse und damit einhergehenden Diskussionen zwischen den Beteiligten dürfte es jedoch „ähnliche *bonding values* geben, die stark auf Kooperationsbereitschaft, wechselseitigem Vertrauen und gemeinsamen Wertvorstellungen in Bezug auf die Qualitäten des Brunnenviertels aufbauen" (Antalovsky et al. 2008: 96).

3.3 Baulich-räumliche Entwicklungsdynamik

Mit der Erklärung von Neulerchenfeld zum Stadterneuerungsgebiet im Jahr 1984 wurde der Beginn für eine Abfolge verschiedener gebietsbezogener Erneuerungsprogramme (vgl. Eurocities 2004) gemacht. Diese hatten unterschiedliche räumliche Abgrenzungen, inhaltliche Schwerpunktsetzungen und Instrumentarien, fokussierten allerdings auf die baulich-räumliche Entwicklung des Gebietes. Alle nachfolgend dargestellten Programme sind Elemente "strategischer Planung" (vgl. Fassbinder 1992), die einen integrierten Ansatz besitzen und die soziale sowie die kulturelle Sphäre in unterschiedlicher Weise in den Erneuerungsprozess einbeziehen.

Es ist auffallend, dass Ottakring in der Etablierung dieser Programme eine Vorreiterrolle in Wien übernimmt: das Modellgebiet für die sanfte Stadterneuerung um die Wichtelgasse (vgl. Berger 1984), das Zielgebiet Gürtel als Modellprojekt für die Zielgebiete der Stadtentwicklung im Stadtentwicklungsplan 2005 (STEP05), sowie der Aufwertungsprozess Brunnenviertel stellen allesamt neuartige Programme und Strategien dar, die zur Gänze oder in Teilbereichen in Ottakring erprobt wurden. Ottakring kann in diesem Sinn als guter Boden für innovative Konzepte der Stadterneuerung angesehen werden.

3.3.1 Aufwertungs- und Erneuerungsprogramme

Das Bearbeitungsgebiet ist von einer hohen baulichen Dichte gekennzeichnet, die im Barock und vor allem der Gründerzeit entstanden ist. Zahlreiche kleine Industrie- und Gewerbebetriebe sowie gründerzeitliche Zinshäuser mit schlecht ausgestatteten Wohnungen prägten bis in die 1990er Jahre das kaum durchgrünte Viertel. Dazu kamen eine ökonomisch schwache Wohnbevölkerung und der seit den 1970er Jahren einsetzende Strukturwandel im Industrie- und Gewerbesektor[40].

Bereits im Jahr 1984 wird der, zu jener Zeit als städtebaulich problematisch geltende Ottakringer Bezirksteil Neulerchenfeld zum Stadterneuerungsgebiet erklärt (vgl. Berger 1984). Das spezifische Förderinstrumentarium der so genannten ‚sanften Stadterneuerung' zielt auf die Einbeziehung aller wesentlichen AkteurInnen des baulichen Erneuerungsprozesses und setzt einen wesentlichen Schwerpunkt auf Strukturverbesserungen sowie Verbesserungen der Freiraumversorgung. Der städtische Raum, wie auch die Stadt an sich wird als soziales System begriffen, wodurch Beteiligungs- und Mitsprachemodelle einen hohen

---

[40] [vgl. http://www.gebietsbetreuungen.wien.at/gbdocs/gb16/projekte.html, letzter Zugriff am 15.8.2008].

Stellenwert bekommen. Der Gebietsbetreuung als niederschwellige Einrichtung im Gebiet kommt eine zentrale Funktion im Erneuerungsprozess zu. Hier finden Besprechungen und Versammlungen statt, Informationsgespräche und Beratungen werden angeboten, lokale Initiativen werden unterstützt.

Die Ausgestaltung und die räumliche Fokussierung des Erneuerungsprozesses ist wesentlich von (bezirks)-politischen Entscheidungen abhängig. Bis in die 1990er Jahre wurde der Fokus der Stadterneuerung weniger auf den gürtelnahen Bereich von Neulerchenfeld, als auf die gründerzeitlich geprägten Quartiere im räumlichen Zentrum des Bezirks gelegt. Die Gürtelzone wurde in dieser Zeit als Randzone wahrgenommen, die deshalb durch Desinvestition - sowohl der privaten, wie auch der öffentlichen Hand - gekennzeichnet war. Nicht weiter erstaunlich ist es daher, dass im Wiener Stadtentwicklungsplan von 1994 aufgrund der starken Konzentration von sozial Schwachen und des stark steigenden Anteils von MigrantInnen Verslumungstendenzen in Neulerchenfeld und anderen gürtelnahen Wohnquartieren geortet wurden (vgl. Leitner 1994: 110).

Nach dem Beitritt Österreichs zur Europäischen Union im Jahr 1995 und durch die damit verbundenen zusätzlichen Finanzierungsmöglichkeiten wurden die Erneuerungs- und Aufwertungsaktivitäten auf den gürtelnahen Bereich fokussiert. Diese Neufokussierung erfolgte zeitgleich mit einigen lokalpolitischen Änderungen und Entscheidungen: zum Einen erfolgte an der Spitze des Bezirks mit der Wahl einer neuen Bezirksvorsteherin im Jahr 1996 ein personeller Wechsel, zum Anderen erforderte der (kulturelle) Widerstand gegen das Assanierungsprojekt am Yppenplatz eine strategische Neuorientierung in der Erneuerung des Bezirks. Diese Widerstandsbewegung ‚Yppaktiv' war in Form eines Bürgerforums strukturiert und wendete sich gegen das Projekt einer mehrgeschossigen Hochgarage am Yppenplatz. Mit der Realisierung dieses Projekts wäre die Absiedlung des Yppenmarkts und die Verbauung des Yppenplatzes verbunden gewesen. Das Bürgerforum bediente sich u.a. der Mittel von Kunst und Kultur (z.B. Kulturtage Brunnenmarkt, Verein Marktgeschrei), um gegen das Assanierungsprojekt zu mobilisieren. In diese Aktivitäten wurden unterschiedliche Einzelpersonen und Institutionen (u.a. die Gebietsbetreuung) einbezogen. Eine wesentliche Funktion übernahm das Lokal des Vereins Club International (Verein C.I.) in der Payergasse 14 als Veranstaltungs- und Versammlungslokal. Die Bemühungen, das Garagenprojekt zu verhindern, mündeten in konzeptuelle Überlegungen, wie der Yppenplatz aufzuwerten sei. Diese Konzepte stellten die Vorarbeiten für die Neugestaltung des Yppenplatzes im Rahmen von ‚URBAN Wien Gürtel plus' dar, während die soziokulturellen Prozesse das Substrat für die erfolgreiche Durchführung des Beteiligungsprozesses im Rahmen der Neugestaltung bildete (vgl. Madreiter 2000).

URBAN-Wien Gürtel Plus

Die von der Europäischen Union im Jahr 1994 gestartete und auf fünf Jahre Laufzeit angelegte Gemeinschaftsinitiative URBAN, zur wirtschaftlichen und strukturellen Förderung von städtischen Problemzonen, konnte nach dem Beitritt Österreichs zur Union im Jahr 1995 auch von heimischen Großstädten in Anspruch genommen werden. Die Stimulierung neuer Methoden zur städtischen Entwicklungspolitik, die Kooperation mit öffentlichen und privaten Investoren (Vgl. Mattl / Öttl 2000) sowie die Beteiligung der lokalen Bevölkerung an Entscheidungsprozessen[41] waren die erklärten Hauptziele der Initiative. Für die Bundeshauptstadt Wien konnten im Rahmen des ‚URBAN-Wien Gürtel Plus' Programms EU-Fördergelder akquiriert werden. Das Wiener URBAN-Projektgebiet umfasste im Wesentlichen die, als problematisch geltende Stadtquartiere der Bezirke entlang beider Seiten des westlichen Gürtels mit einer EinwohnerIn-

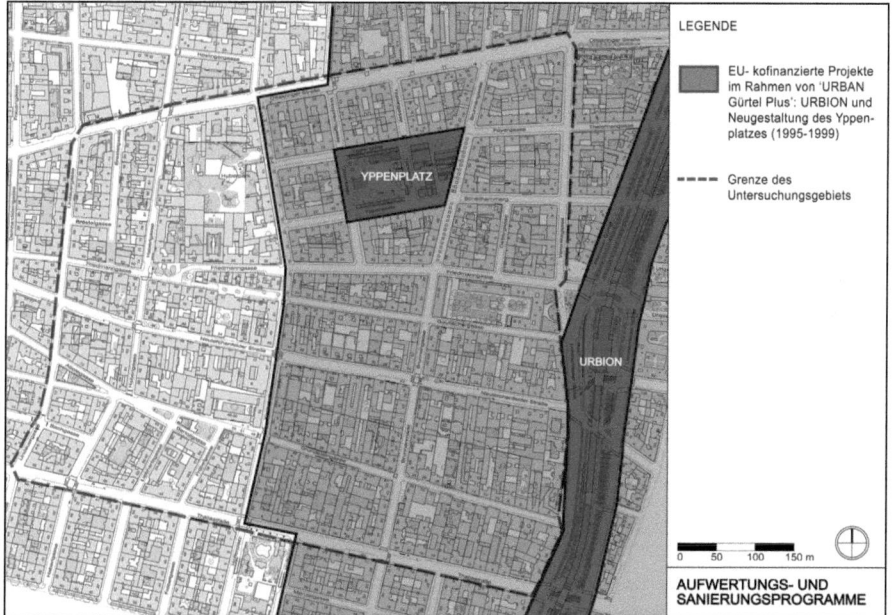

Abbildung 7:   Projektgebietsabgrenzung von URBAN-Wien Gürtel Plus im Brunnenviertel.

---

[41] [vgl. http://ec.europa.eu/regional_policy/urban2/urban/initiative/src/frame1.htm, letzter Zugriff 4.8.2008]

nenzahl von rund 130.000[42]. Das veranschlagte Gesamtbudget betrug 35,5 Mio. Euro, wovon 12 Mio. von der Europäischen Union, 18 Mio. von der Stadt Wien und 5,5 Mio. vom Bund finanziert wurden (vgl. MA 18 2000: 129). Insgesamt wurden 60 Projekte, von Blocksanierungen über soziale Initiativen bis zu Kulturprojekten und einzelnen Kleinbetrieben finanziell bezuschusst (vgl. Mattl / Öttl 2000: 25; Grabler 2000).

Für Neulerchenfeld hatten die Neugestaltung des Yppenplatzes (sh. Kap. 3.3.2.) und der, direkt an das Bearbeitungsgebiet der vorliegenden Studie grenzenden Gürtelmittelzone große Bedeutung. Letztere wurde im Rahmen des UR-BION-Projekts durchgeführt. Neben der Neugestaltung von Freiräumen und der Schaffung eines durchgängigen Radwegs entlang des Gürtels, war vor allem die Sanierung und Nutzung der Stadtbahnbögen zentrales Thema von URBION. Die in der Mittelzone des Gürtels, speziell im Ottakringer Abschnitt seit Ende der 1990er Jahre entstandene Kultur- und Lokalmeile konnte positive Impulse für die angrenzenden Stadtviertel setzen (vgl. MA 18 2000).

Zielgebiet Gürtel

Das ‚Zielgebiet Gürtel' war als Weiterführung des ‚URBAN-Wien Gürtel Plus' Programms im Zeitraum von 2002 – 2007 konzipiert und stellte gleichzeitig das Pilotprojekt für die ‚13 Zielgebiete der Stadtentwicklung' des aktuellen Stadtentwicklungsplan dar (vgl. MA 18 2005). Das Projektgebiet umfasste weiterhin die entlang des Westgürtels gelegenen Wohnquartiere sowie zusätzliche Bereiche entlang des südlichen Gürtels[43]. In der strategischen Ausrichtung des operationellen Programms des Zielgebiets Gürtel (vgl. Vatter / Wiala-Zimm 2001) ist eine deutliche Orientierung am Governance Konzept mit neoliberalem Bias zu erkennen. Als wichtiges Ziel wurde die Positionierung des Gürtels als Bürostandort und die Attraktivierung des Gürtelraums für (Immobilien-) Investoren und Projektentwickler vom Strategieplan Wien übernommen (vgl. Pirhofer / Frey / Kotyza 2000). Mit dem Aufbau eines ‚Interaktionsfeldes' zwischen öffentlicher und privater Sphäre sollten partnerschaftliche Projekte zur Erhöhung der Lebensqualität entlang des Gürtels entwickelt und realisiert werden. In der Konzeption hatte die Entwicklung von *Public-Private-Partnership* Projekten unter Einbeziehung privatwirtschaftlicher AkteurInnen einen hohen Stellenwert eingenommen, in der Realisierungsphase wurde allerdings der Fokus auf einen

---

[42] [vgl. http://ec.europa.eu/regional_policy/urban2/urban/initiative/src/frame1.htm, letzter Zugriff]
[43] [vgl. http://www.wien.gv.at/stadtentwicklung/guertel/, letzter Zugriff 4.8.2008]

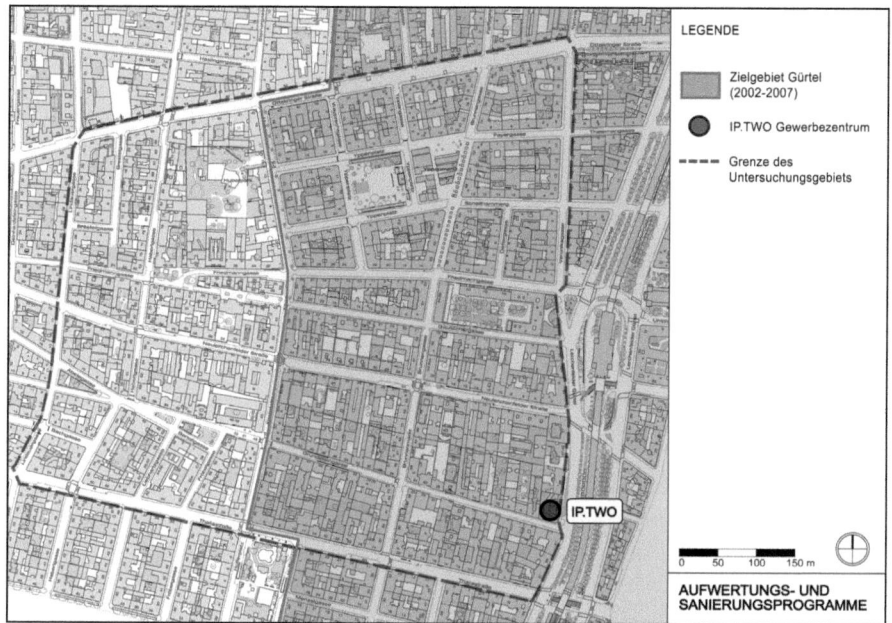

Abbildung 8:   Projektgebietsabgrenzung des Zielgebiet Gürtel im Brunnenviertel.

breit angelegten Beteiligungsprozess der Wohnbevölkerung mit Hauptaugen-
merk auf kleinteilige Verbesserungsmaßnahmen gelegt[44].

Das ‚Zielgebiet Gürtel' diente im Gegensatz zum URBAN-Programm nicht
der direkten Förderung, sondern fungierte als kommunikative Plattform für Ein-
zelprojekte, Projektideen und kleinräumigen Aufwertungsinitiativen. Die konkretisierten Vorschläge wurden als Anträge in den Gürtelbeirat eingebracht, der
diese zur Weiterbearbeitung den entsprechenden Stellen zuwies. Durch die Koordination der verschiedenen Vorhaben wurde eine Bündelung der Kräfte im
Gürtelbereich, sowie eine verstärkte Identifikation der Wohnbevölkerung mit der
Gürtelzone erreicht.

Kunst- und Kulturprojekte nahmen in diesem Prozess eine untergeordnete
Rolle ein: In nur sechs Projektanträgen wurde Kunst und Kultur zum Thema
gemacht - meist, um im Rahmen eines Wettbewerbs eine künstlerische Lösung
für eine unbefriedigende Situation zu finden. Lediglich ein Projekt tituliert sich

---

[44] [vgl. http://www.wien.gv.at/stadtentwicklung/guertel/downloads.htm, letzter Zugriff am
15.9.2008]; in den Protokollen zum Realisierungsstatus der Beschlüsse des Gürtelbeirats sind die
einzelnen Projekte des Zielgebiet Gürtel kenntlich.

selbst als Kunstprojekt: ‚Gürtelübergrasung' - ein Projekt, das in Zusammenhang mit der Vorbereichgestaltung des Gewerbezentrums IP.TWO entwickelt, bis heute jedoch nicht realisiert wurde (vgl. Neuhofer / Rode 2005).

Neben dem eigentlichen Beteiligungsprozess wurden im Rahmen des ‚Zielgebiet Gürtel' so genannte Marktplätze abgehalten, wo sich unterschiedliche Initiativen, Programme und Projekte präsentieren konnten. Ziel dieser Veranstaltungen war eine verstärkte Vernetzung initiativer AkteurInnen in der Gürtelzone. Im weiteren Rahmen dieser Netzwerkbildung kam es über Vermittlungsaktivitäten auch zu punktuellen Kooperationen mit Kunst- und Kulturinitiativen (bspw. zwischen dem Entwickler des Gewerbezentrum IP.TWO - PRISMA und SOHO IN OTTAKRING).

Aufwertungsprozess Brunnenviertel

Große Bedeutung für das Bearbeitungsgebiet hat der noch laufende Aufwertungsprozess Brunnenviertel. Er wurde von der Gebietsbetreuung 16 und der

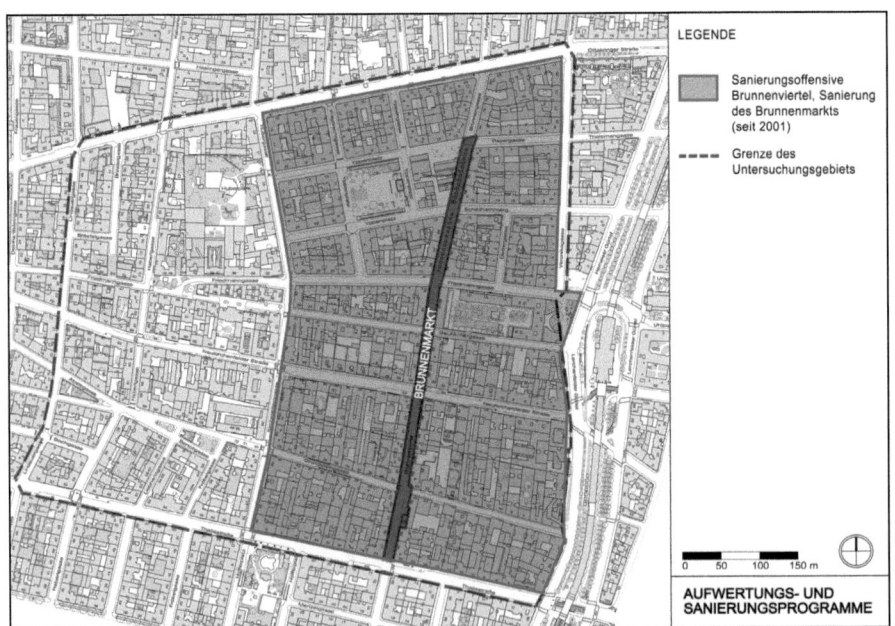

Abbildung 9:   Projektgebietsabgrenzung des Aufwertungsprozess Brunnenviertel

Bezirksverwaltung Ottakring initiiert. Startpunkt war die Aufnahme des Brunnenmarkts in das ‚50-Orte-Programm zur Attraktivierung des öffentlichen Raums' der Stadt Wien im Jahr 2001. In einer mehrmonatigen Partizipations- und Planungsphase wurden unter Beteiligung der lokalen Bevölkerung die wichtigsten Ziele für den Brunnenmarkt und das Brunnenviertel definiert: Räumlich-funktionelle Neugestaltung des Brunnenmarkts, stadträumliche Aufwertung durch eine Sanierungsoffensive, sowie die Aktivierung der lokalen AkteurInnen. Die Besonderheit dieses Prozesses liegt in der ressortübergreifenden Bündelung der Maßnahmen, die durch eine effektive Kooperation zwischen Gebietsbetreuung, Bezirkspolitik und Stadtverwaltung erreicht wurde. Die Einbeziehung der lokalen AkteurInnen ist konzeptuell in das Paradigma von Empowerment einzuordnen, das unter dem Leitgedanken der (oft widersprüchlich diskutierten) Aufwertung steht (vgl. Rode / Brodner 2004). Der Aufwertungsprozess Brunnenviertel setzt auf lokaler Ebene die Prozesse der Community- und Identitätsbildung fort, die mit dem Bürgerforum am Yppenplatz und dem Beteiligungsprozess im Rahmen von URBAN Gürtel plus begonnen wurden.

In der seit Ende 2003 andauernden Realisierungsphase konnten bereits zahlreiche Vorhaben umgesetzt werden. Besonders die laufende Sanierung und Neugestaltung des Brunnenmarkts und seine Umwandlung in eine Fußgängerzone sind markante Zeichen der Veränderung im Quartier.

3.3.2 Neugestaltung und Nutzung des öffentlichen Raums

Im dichten gründerzeitlichen und an Grünräumen armen Stadtgebiet haben öffentliche Freiräume eine besondere Bedeutung (vgl. Manzano 1986; Grimm-Pretner / Rode 2002). Auf den wenigen vorhandenen Plätzen und Parks lastet ein erheblicher Nutzungsdruck. Neben dem nach wie vor evidenten quantitativen Mangel an Freiräumen, herrscht in Neulerchenfeld vor allem ein qualitativer Mangel, da die vorhandenen Freiräume den Nutzungsanforderungen oftmals nicht entsprechen (vgl. Grimm-Pretner 2000: 11ff.).

Insbesondere für die Auseinandersetzungen um die Nutzung des öffentlichen Raums stellt die Gebietsbetreuung in Neulerchenfeld eine wichtige intermediäre Institution dar, die zwischen BürgerInnen und Stadtverwaltung bzw. -politik vermittelt. In der strategischen Auseinandersetzung um die Gestaltung und Nutzung des öffentlichen Freiraums nimmt dieser den Charakter eines ‚contested space' - eines umkämpften Raums - (vgl. Massey 1994) an. In diesem Diskurs nimmt Kunst und Kultur eine besondere Rolle ein: Zum einen etabliert sie über einen künstlerischen Zugang ‚andere' Sichtweisen auf den öffentlichen Raum, die hegemonialen Interessen entgegenstehen können. In dieser Konstellation kann es zu einer Bündnisbildung zwischen Kunst und zivilgesellschaftlichen Strukturen kommen, die sich gegen hegemoniale Projekte von Politik und Verwaltung richten. Zum anderen etabliert Kunst alternative Nutzungskonzepte für den öffentlichen Raum - öffentlicher Raum wird durch künstlerische Raumpraxen angeeignet.

Yppenplatz und Yppenmarkt

Die Auseinandersetzungen um die Funktion und Nutzung des Yppenplatzes bildeten den Beginn der Attraktivierung des öffentlichen Raumes im Brunnenviertel. In den Interviews mit den Pionieren im Brunnenviertel werden als zentrale Themen in dem Konflikt die Verbauung des öffentlichen Freiraums und seine Umnutzung in eine mehrgeschossige Hochgarage sowie die wirtschaftliche Zukunft des Yppenmarktes genannt. Dabei formierte sich unter den AnrainerInnen aus ‚Eigeninteresse' eine Widerstandsbewegung, die die Strategie des Bezirks, die MarktstandbetreiberInnen ‚konsensual' abzusiedeln, mit Versammlungen und Unterschriftenaktionen konterkarierte. Der zivilgesellschaftliche Widerstand bündelte sich im Verein ‚Forum Yppenplatz'. In der Auseinandersetzung zwischen dem stadtnahen Bauträger Sozialbau, der Bezirksvorstehung und dem Forum Yppenplatz Anfang der 1990er Jahre thematisierten künstlerische Initiativen die Nutzung des öffentlichen Freiraums. „Da ist Kultur als Mittel, Widerstand zu leisten, eingesetzt worden"[45]. Es wurden beispielsweise osteuropäische Theatergruppen eingeladen, um den Freiraum zu bespielen. Die Gruppe Marktgeschrei provozierte eine Woche mit „unerträglichem"[46] Geschrei und die Kulturtage Brunnenmarkt suchten schon 1991 den Markt als Ort künstlerischer Produktion. Diese Aktivitäten und Prozessen leisteten eine wesentliche planerische und sozio-kulturelle Vorarbeit für das spätere Gestaltungsprojekt im Rahmen von URBAN-Wien Gürtel Plus. „Da habens eigentlich schon ein halb fertiges Projekt gehabt"[47].

Initiiert durch das URBAN-Wien Gürtel Plus Programm kam es zwischen 1997 und 2000 zur Neugestaltung des Yppenplatzes. Mittels eines kooperativen Planungsverfahrens wurden im Jahr 1997 unter Beteiligung der lokalen Bevölkerung die Zielvorstellungen erarbeitet. Neben einer Aufwertung des vorhandenen Yppenmarktes und der Schaffung eines kulturellen Identifikationsorts, war es vor allem die Schaffung eines adäquaten multifunktionalen Freiraums für das Quartier, die als zentrales Ziel formuliert wurde (vgl. Pfefferkorn / Rosinak

---

[45] Interview mit dem Besitzer des Cafe Club International,10.4.2008.
[46] ebenda.
[47] ebenda.

1997: 48). Die Umgestaltung des Yppenplatzes wurde im Jahr 2000 abgeschlossen.

Die Gestaltung ist von einer allgemeinen Nutzungsoffenheit und Robustheit gekennzeichnet, um den zahlreichen Ansprüchen gerecht zu werden (vgl. Zöch 2002). Der westliche Teil des Platzes fungiert als nutzungsoffener Spiel- und Begegnungsraum. Der nordöstliche Bereich - die so genannte Piazza - ist durch die Schleifung von zwei Marktpavillons im Rahmen der Marktsanierung entstanden. Die Piazza fungiert seither als wichtiger Veranstaltungs- und Kommunikationsort im Viertel. Durch die Neugestaltung des Yppenplatzes wurde seine Rolle als zentraler öffentlicher Freiraum im Gebiet unterstrichen.

Sanierung des Brunnenmarkts

Neben seiner Funktion als Straßenmarkt von übergeordneter Bedeutung fungiert der Brunnenmarkt als wichtige fußläufige Verbindung innerhalb des Viertels.

Im Aufwertungsprozess des Brunnenviertels spielte die Neugestaltung und Neustrukturierung des Brunnenmarkts eine zentrale Rolle. Den Ausgangspunkt für diese Initiative bildete die schlechte wirtschaftliche Situation des Marktgeschehens und eine wahrgenommene Spirale der Abwertung. Mit der Neugestaltung des öffentlichen Raums, der Einbeziehung der lokalen Wirtschaftstreibenden und einer Verbesserung der infrastrukturellen Versorgung sollte ein Impuls zur nachhaltigen - auch im Sinne von andauernden und selbst tätigen - Erneuerung geleistet werden. Im Rahmen des partizipativen Planungsverfahrens wurden die Vorstellungen der lokalen AkteurInnen artikuliert und in die Planungen mit einbezogen. Dabei wurde vor allem von Seiten der kürzlich zugezogenen Wohnbevölkerung die Erhaltung des ‚Bazarcharakters' gefordert, gleichzeitig aber auch vor einer zu starken Gastronomisierung des Marktgeschehens – der Brunnenmarkt als ‚längster Schanigarten Europas' - gewarnt (vgl. Rode / Brodner 2004).

Im Diskussionsverlauf des Partizipationsverfahrens zur Nutzung und Funktion des öffentlichen Raumes zeigte sich ein starkes Bedürfnis nach Verweilen und Flanieren im öffentlichen Raum. In Bezug auf den Brunnenmarkt bedeutete dies die Umwandlung der Brunnengasse zur Fußgängerzone, was im dicht bebauten Stadtraum mit einem ausgewiesenen Mangel an PKW-Stellplätzen nicht als politisch selbstverständlich anzusehen ist. Dementsprechend intensiv verlief in diesem Themenfeld auch die Diskussion und Variantenprüfung. In Bezug auf die Gestaltung des Straßenraums wurde der Wunsch nach einer Verweil- und Flanierzone artikuliert, die auch nach Marktschluss attraktiv sein soll. In all diesen Diskussionen zeigte sich nicht nur eine hohe Aufmerksamkeit gegenüber der Gestaltung und Nutzung des öffentlichen Raums, sondern auch eine Wertschätzung gegenüber dem spezifischen Charakter des Marktes und der Einführung unkommerzieller Nutzungsarten.

Besondere Beachtung im kulturellen Kontext verdient der Begriff des Flanierens, der ja in der literarischen Form des Flaneurs als intellektueller Spaziergänger konzipiert ist und damit vom Arbeitermilieu Ottakrings (vgl. Maderthaner / Musner 2000) gänzlich abweicht. Der Flaneur ist als Lebenskünstler der künstlerischen Sphäre zuzuordnen und etabliert einen Blick des Anderen auf die Stadt (vgl.Benjamin 1983; Simmel 2006). Die Artikulation des Flanierens als Nutzungsform des öffentlichen Raums bildet aus dieser Sicht ein Indiz für den Eingang eines künstlerischen Diskurses in das Partizipationsverfahren um die Neugestaltung des Brunnenmarktes. Das Konzept für die Neugestaltung des Brunnenmarktes sieht neben einer neuen Oberflächengestaltung auch fix installierte Marktstände vor. Zusätzlich wurde der Brunnenmarkt außerhalb der Marktzeiten zur Fußgängerzone erklärt, was große Bedeutung innerhalb des Freiraumverbunds im Quartier hat. Das Projekt befindet sich derzeit in der Realisierungsphase und soll bis zum Jahr 2010 abgeschlossen werden.

Nutzung der Freiräume durch SOHO IN OTTAKRING

Für das Kunstfestival SOHO IN OTTAKRING sind die Freiräume in Neulerchenfeld von zentraler Bedeutung, da ein großer Teil der Kunstprojekte und Veranstaltungen im öffentlichen Raum stattgefunden hat (vgl. Schneider / Zobl 2008: 109ff.). Die Partizipation der BewohnerInnen und die Integration der lokalen migrantischen Bevölkerung lag im Fokus von zahlreichen Projekten, die im Rahmen von SOHO veranstaltet wurden. Für beides ist der öffentliche Raum aufgrund seiner Niederschwelligkeit in besonderem Maße geeignet. Zusätzlich fungiert der öffentliche Raum im Rahmen von Veranstaltungen auch als Bühne nach außen hin, was wiederum großen Einfluss auf das Image des Quartiers hat.

Zentrale Orte bei der Bespielung des öffentlichen Raums im Bearbeitungsgebiet waren die Grundsteingasse, der Brunnenmarkt, der Huberpark und der Yppenplatz (vgl. Schneider / Zobl 2008: 143). Letzterer, vor allem der Bereich der Piazza wird aufgrund der offenen Gestaltung als Veranstaltungsort für Performances, Konzerte, aber auch für die Festivaleröffnung genutzt. Der Brunnenmarkt bietet sich als Ort für freiraumbezogene Kunstprojekte und Kooperationen mit MarktstandbetreiberInnen an. Im Fall der Grundsteingasse ist die starke Freiraumnutzung im Rahmen von SOHO in erster Linie durch das Vorhandensein von zahlreichen Galerien, Ateliers und *Creative Industries* vor Ort zu erklären, die mit SOHO kooperieren (vgl. Kap. 3.4.5 – aufwertungsrelevante Leitbe-

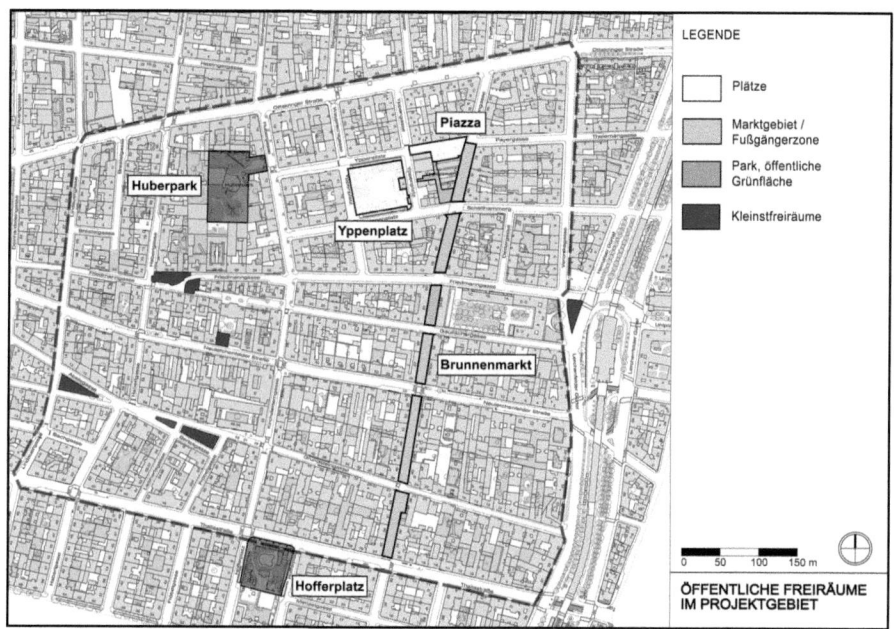

Abbildung 10: Öffentliche Freiräume im Bearbeitungsgebiet.

triebe). Die Gasse wurde jeweils am Eröffnungstag des Festivals für den Verkehr gesperrt und als fußläufiger Ort für Veranstaltungen und künstlerische Bespielung genutzt. Dieses Beispiel zeigt, dass mit der Erteilung von temporären Genehmigungen seitens der Verwaltung eine erhöhte Flexibilität hinsichtlich der Mehrfachnutzung von öffentlichen Freiräumen möglich ist. Es ist davon auszugehen, dass die temporäre Bespielung von Freiräumen im Rahmen von Kunstaktionen und Veranstaltungen über die Jahre hinweg zu einer gesteigerten Aufmerksamkeit gegenüber dem öffentlichen Raum bei den BewohnerInnen und lokalen EntscheidungsträgerInnen beigetragen hat.

Die künstlerische Auseinandersetzung mit dem öffentlichen Raum kann in zwei thematische Schwerpunkte kategorisiert werden: Raumkreation und Rauminterpretation (vgl. Okresek 2008). In beiden Fällen bildet die Auseinandersetzung mit dem spezifischen Ort den Ausgangspunkt. Im Schwerpunkt der Raumkreation stand die kritische Auseinandersetzung mit dem Ausstattungsstandard der Wohnungen[48] bzw. der strukturelle Mangel mit nutzbaren Freiräumen in

---

[48] „Extrazimmer"(2003) von Binder/Mayer; „erlebnisbrauser capri" (2002) von manker*musil

Neulerchenfeld. Sowohl der privat verfügbare Freiraum – der Garten[49] – als auch öffentlich aneigenbare Kleinsträume[50], wie gemeinschaftlich bearbeitbare Freiräume in der Tradition der *community gardens*[51] waren Gegenstand der Bearbeitung und loteten implizit oder explizit den Bedarf nach neuen (Frei-)räumen oder/und Nutzungsnormen aus.

Der Schwerpunkt der Rauminterpretationen setzte sich mit der Etablierung eines ,anderen' Blicks auf die Stadt auseinander und steht in einer originär künstlerischen Tradition des Aufbrechens des Normalen. Dabei spielte die Erlangung einer alltagskulturellen Innensicht auf unterschiedlichen Wegen eine wesentliche Rolle. Entweder wurden BewohnerInnen und lokale AkteurInnen um ihren Blick auf die Stadt befragt[52] und so Material für die weitere künstlerische Bearbeitung generiert. Oder das ,wilde' Neulerchenfeld wurde selbst als Entdeckungsort präsentiert, dessen Eigenarten der/die BesucherIn einen neuen Blick ermöglichte[53] (vgl. Okresek 2008).

In beiden Fällen ist der partizipative Ansatz auffallend, der mit der alltagskulturellen Bedeutung des spezifischen Ortes arbeitet. Damit etabliert die künstlerische Bearbeitung des städtischen Raumes dezidiert eine Sicht auf die Stadt, die als emanzipatorisch und vernakulär bezeichnet werden kann.

Ein zusätzlicher Aspekt in der Definition des Öffentlichen entstand durch die Kooperation mit lokalen GeschäftsbetreiberInnen und die Bespielung von Leerständen. Der öffentliche Raum wird dadurch im Quartier temporär erweitert. Orte, die unter ,normalen' Umständen nicht betretbar wären, werden durch ihre Öffnung und Bespielung öffentlich zugänglich gemacht. Auch wenn es sich dabei nicht um klassische öffentliche Räume handelt und ihre Niederschwelligkeit aufgrund einer vorausgesetzten Kunstaffinität und Neugierde des Publikums eingeschränkt ist (vgl. Au Young 1999: 109), kann dies dennoch als wichtiger Beitrag zur Veränderung des Images und der Neuinterpretation des Öffentlichen im Quartier betrachtet werden (vgl. Danesch / Mokre 2008). Einzelne Kunstprojekte haben diese Verschiebung und Durchdringung des Privaten durch das Öffentliche zum Thema gemacht[54].

Das Brunnenviertel wird durch den ,Ausnahmezustand' während SOHO IN OTTAKRING verstärkt für den fußläufigen Verkehr erschlossen. Es entsteht

---

[49] Beispielsweise die Projekte „Stadtgärten auf Abwägen" (2003) von plan B; „Taschengärten" (2005) und „Paradiesgarten. Betreten verboten" (2006) von bauchplan

[50] „freiwilliger – bis auf widerruf gestatteter - durchgang" (2003) von manka*musil

[51] „Yppengarten" (2007) im Huberpark von Gartenpolylog

[52] „Lebens(t)räume" (2005) von GG15, „frosch_ohne" (2005) von fishpool; „Ein Wahrzeichen für Ottakring" (2005) von Van der Mixt

[53] „tauchstation" (2003) von Mega 5 und Spe©ialgalerie Peppi Guggenheim; „Schnitzeljagd" (2005) von Eva Grün und Julia Tschaikner;

[54] „Einblick" (2003-2005)

zeitweilig ein durchgehendes Freiraumverbundsystem, das von den Kunstflaneurlnnen in Anspruch genommen wird. Dadurch wird der öffentliche Raum verändert wahrgenommen, es werden in diesem Ausnahmenzustand Visionen für eine lebenswerte Stadt erlebbar gemacht - urbane Dichte, intellektuelle Auseinandersetzung, sozialer und kultureller Austausch. Aus diesem Ausnahmezustand speist sich der Beitrag von SOHO IN OTTAKRING zu einer Attraktivierung des öffentlichen Raums im Brunnenviertel. Das Festival präsentiert durch seine außerhalb des Normalen stehenden Raumpraxen den öffentlichen Freiraum als Möglichkeitsraum, der sich in den Köpfen von Bevölkerung und Entscheidungsträgerlnnen einnistet.

Die künstlerische Bearbeitung des öffentlichen Raums und seine Nutzung haben einerseits den kritischen Diskurs über die Nutzung des öffentlichen Raums gefördert, andererseits wurde dadurch das Bewusstsein für die Bereitstellung nutzbaren öffentlichen Raums bei EntscheidungsträgerInnen erhöht. Die Diskussion um die Ausweisung der Brunnengasse als Fußgängerzone im Rahmen des Aufwertungsprozess Brunnenviertel bildet dafür ein gutes Beispiel.

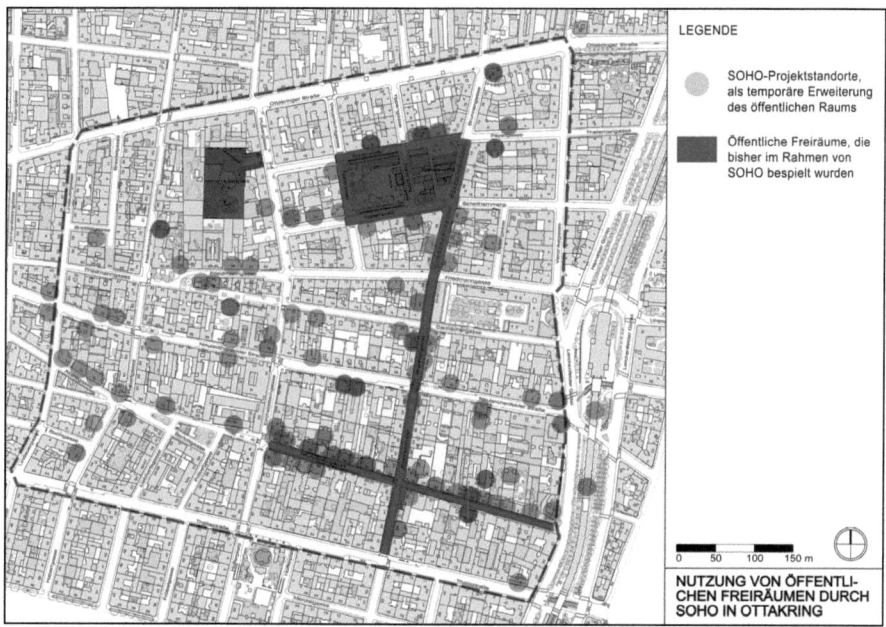

Abbildung 11:   Nutzung des öffentlichen Freiraums durch SOHO sowie temporäre Erweiterung des öffentlichen zugänglichen Raums während SOHO.

3.3.3 Bauliche Struktur und Erneuerungsdynamik

Methodik und Datengrundlagen

Eines der Kernthemen der Untersuchung der baulich-räumlichen Entwicklungsdynamik ist die Darstellung des aktuellen baulichen Zustands und der Sanie-
rungsaktivitäten im Bearbeitungsgebiet. Die Auswirkungen der zuvor beschriebenen Aufwertungsprogramme auf den baulichen Bestand können damit besser
ablesbar gemacht werden.

Als wichtigste Quelle für die Beschreibung des aktuellen baulichen Zustands fungiert die Bauzustandskartierung, die zwischen Februar und März 2008
durchgeführt wurde. Bei dieser Erhebung wurden sämtliche Gebäude im Bearbeitungsgebiet aufgenommen und nach dem äußeren Zustand von Fassaden,
Fenstern und Dächern beurteilt. Bei diesen Bewertungen handelt es sich nicht
um bautechnische Gutachten oder bauhistorische Kategorisierungen, da diese
den Rahmen dieser Studie gesprengt hätten. Bei der Beschreibung des baulichen
Zustands wurden die aufgenommenen Gebäude nach dem Schulnotensystem in
folgende fünf Kategorien unterteilt:

1. Äußerlich sehr guter Zustand von Fassade, Fenstern und Dach; hochwerti-
    ger oder luxuriöser Sanierungsgrad; Sanierung vermutlich kurze Zeit zu-
    rückliegend.
2. Guter Zustand von Fassade, Fenstern und Dach, äußerlich keine baulichen
    Mängel zu erkennen.
3. Geringfügige Abnutzung und Sanierungsbedürftigkeit von Fassade, Dach
    und Fenstern; Fassade durch Umwelteinflüsse bereits sichtbar geschwärzt
4. Schlechter Zustand von Fassade, Dach und Fenstern; kleine Risse oder
    Abbröckelungen in der Fassade; Fassade deutlich durch Umwelteinflüsse
    geschwärzt.
5. Sehr schlechter Zustand und starke Sanierungsbedürftigkeit von Fassade,
    Dach und Fenstern; starke Risse und großflächige Freilegungen der Ziegel-
    mauer an der Fassade, etc.., eventuell kaputte oder eingeschlagene Fenster.

Weiters wurden, soweit möglich, die vorhandenen Dachausbauten und laufende
Neubau- und Sanierungsvorhaben im Bearbeitungsgebiet dokumentiert.

Mittels der vorliegenden Gebäude- und Wohnungszählungen von 1991 und
2001 wurden Ausstattungszustand und Größen der Wohnungen im Bearbeitungsgebiet verglichen und damit Rückschlüsse auf die Auswirkungen der Sanierungstätigkeiten gezogen.

Auskunft über die Sanierungs- und Stadterneuerungstätigkeiten seit dem Jahr 2000 geben Kartierungen und Datenerhebungen der Gebietsbetreuung Ottakring, die im Rahmen dieser Studie zur Verfügung gestellt wurden. Eine flächendeckende Erhebung seitens der Gebietsbetreuung liegt nur für das engere Brunnenviertel vor (Bearbeitungsgebiet östlich der Achse Hubergasse – Kirchstetterngasse). Weiterführende Auskünfte zu einzelnen Projekten wurden darüber hinaus beim Wiener Wohnfonds eingeholt.

Um zu einer akteursbezogenen Konkretisierung der baulichen Entwicklungsdynamik zu gelangen, wurde die EigentümerInnenstruktur der sanierten Liegenschaften, sowie Grundstücke mit projektierten Sanierungs- und Neubauvorhaben durch das Ausheben der entsprechenden Grundbuchdaten untersucht.

Bauliche Zustandsbeschreibung

Von den insgesamt 551 Liegenschaften entsprechen 41,77% den Kategorien 1 und 2, weisen also keine äußerlich erkennbare Sanierungsbedürftigkeit auf. 47,32%, also fast die Hälfte der Gebäude im Bearbeitungsgebiet wurden mit der Kategorie 3 bewertet, was auf eine geringfügige Renovierungsbedürftigkeit hindeutet. Stark oder sehr stark sanierungsbedürftig sind 10,91% der Gebäude, die mit den Kategorien 4 und 5 bewertet wurden. Die räumliche Verteilung der unterschiedlichen Kategorien im Bearbeitungsgebiet fällt relativ gleichmäßig aus.

Insgesamt wurden 45 nachträgliche Dachausbauten bei der Bauzustandskartierung aufgenommen, vier weitere befanden sich gerade in Bau. Die tatsächliche Zahl kann allerdings noch höher liegen, da im Rahmen der Gebietsaufnahme nicht alle Dächer sichtbar und nicht alle Hinterhäuser zugänglich waren.

Sanierungstätigkeit und bauliche Erneuerung

Im März 2008 gab es im Bearbeitungsgebiet insgesamt fünf laufende Altbausanierungen und drei Neubauprojekte. Von der Errichtung von Dachgeschoßwohnungen ist auch hier auszugehen.

Die Daten der Gebietsbetreuung Ottakring dokumentieren für das Bearbeitungsgebiet seit dem Jahr 2000 68 Gebäudesanierungen, wovon 27,94% frei finanziert, und die restlichen 72,06% aus den Mitteln des Wohnfonds Wien gefördert wurden. Mit dem Stand Frühjahr 2008 waren 18 frei finanzierte und 18 öffentlich geförderte Sanierungsprojekte beantragt oder am Laufen. Mit den An-

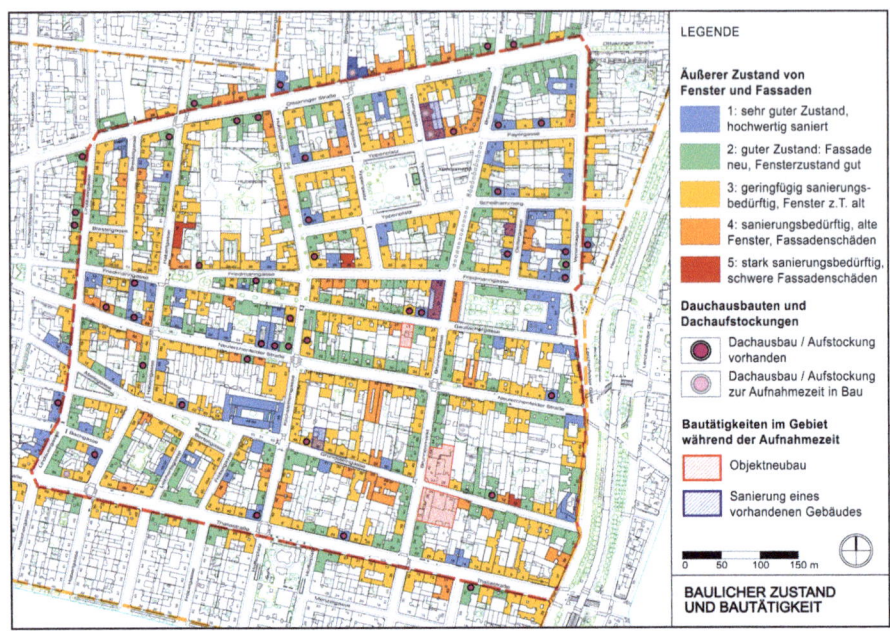

Abbildung 12:   Baulicher Zustand der Gebäude im Bearbeitungsgebiet (Stand März 2008).

strengungen zur Sanierungsoffensive Brunnenviertel wurde damit die höchste Sanierungsquote Wiens erreicht (vgl. Baldauf / Weingartner 2008).

Drei öffentlich geförderte und ein weiteres privat finanziertes Neubauvorhaben befanden sich im Frühjahr 2008 in der Planungs- oder Ausführungsphase. Die dokumentierten aktuellen Neubauprojekte konzentrieren sich vor allem entlang der Brunnengasse. Auffällig sind die Bautätigkeiten an der Kreuzung Brunnengasse – Grundsteingasse: In der Brunnengasse Nr. 38 errichtet der gemeinnützige Bauträger EIGENTUM einen Wohnbau mit 26 geförderten Mietwohnungen[55]. Das bestehende gründerzeitliche Eckgebäude wird in den Neubau integriert. Ein bereits zuvor bestehender Billigsupermarkt wird weiterhin einen Teil der Erdgeschoßzone nutzen. Gegenüber, am ehemaligen Standort des Kaufhauses OSEI in der Brunnengasse 40-42, errichtet der Immobilieninvestor Conwert eine privat finanzierte Wohnhausanlage. In der Erdgeschoßzone des Eckbaus sind ein weiterer Supermarkt sowie eine Polizeistation eingeplant.

Im Interview mit einem Mitarbeiter der Firma Conwert werden die Erwartungen des Immobilienentwicklers beschrieben: es wird mit einer Dynamisierung

---

[55] [vgl. http://www.wohnservice-wien.at, letzter Zugriff am 15.08.2008].

des vorhandenen Aufwertungsprozesses gerechnet, der sich in gestiegener Nachfrage manifestiert.

> „In der Gegend ist ein noch viel stärkeres Potenzial drinnen, die Aufwertung wird weiter gehen. (...) Das Alter im Bezirk wird sich auch ändern – es wird jünger – vielleicht ist eine Steigerung [der Preise, Anm.] nachher auch noch möglich"[56].

Das börsennotierte Unternehmen möchte mit dem Projekt gezielt trendiges, zahlungskräftiges und junges Publikum ansprechen. Das Brunnenvierel wird als Kunst- und Szenestandort empfunden - sozusagen als *'hot spot'*:

> „Es gibt einen extremen Zuspruch und Drang, dorthin [ins Brunnenviertel, Anm.] zu gehen, weil die Atmosphäre eine kulturell beflügelnde Stimmung hat (...). Die Konnotation mit Kunstviertel ist definitiv"[57].

Die Standortentscheidung kann als strategisch angesehen werden, die mit dem Faktor Kunst und Kultur kalkuliert. In diesem Sinn ist auch die Überlassung des leer stehenden Kaufhauses OSEI zur Bespielung durch SOHO IN OTTAKRING zu verstehen. Auch die von der Bezirksvertretung geförderte künstlerische Auf- und Bearbeitung der Geschichte des Kaufhauses[58] wird von Seiten der Firma Conwert als wertvoll erachtet – steigert sie doch mit der mitgelieferten Lokalhistorie den kulturellen Wert des Investments.

Der Wohnbau von Conwert wird vom Stadtsoziologen Jakob Weingartner als deutlicher Indikator eines Aufwertungsprozesses angesehen (vgl. Weingartner 2007), der in seiner räumlich-funktionellen Anordnung als Beispiel des Inselurbanismus gelten kann. Das Wohnprojekt mutet als hochpreisige Enklave an, das mit der Unterbringung der Polizeistation im Erdgeschoss zu einem Projekt der fortifizierten Stadt (vgl. Ronneberger 1999) mutiert.

Die im engeren Brunnenviertel dokumentierten laufenden und bereits abgeschlossenen Bauvorhaben wurden auf die BesitzerInnenstruktur der Liegenschaften hin untersucht: 56,56% (15) davon sind aufgeteiltes Eigentum, 22,22% (6) - gehören Privatpersonen und weitere 22,22% (6) gehören juristischen Personen respektive Unternehmen[59].

---

[56] Interview mit einem Mitarbeiter der Firma. Conwert, 15.4.2008.
[57] ebenda.
[58] vgl. die Projektdokumentation „sammlung dichter 2007" von grundstein (grundstein 2007) bzw. das Exposée zum Kunstprojekt „Säulen der Erinnerung" [www.sammlungdichter.com, letzter Zugriff am 15.8.2008].
[59] [vgl. http://www.bundesdienste.at, letzter Zugriff am 07.05.2008].

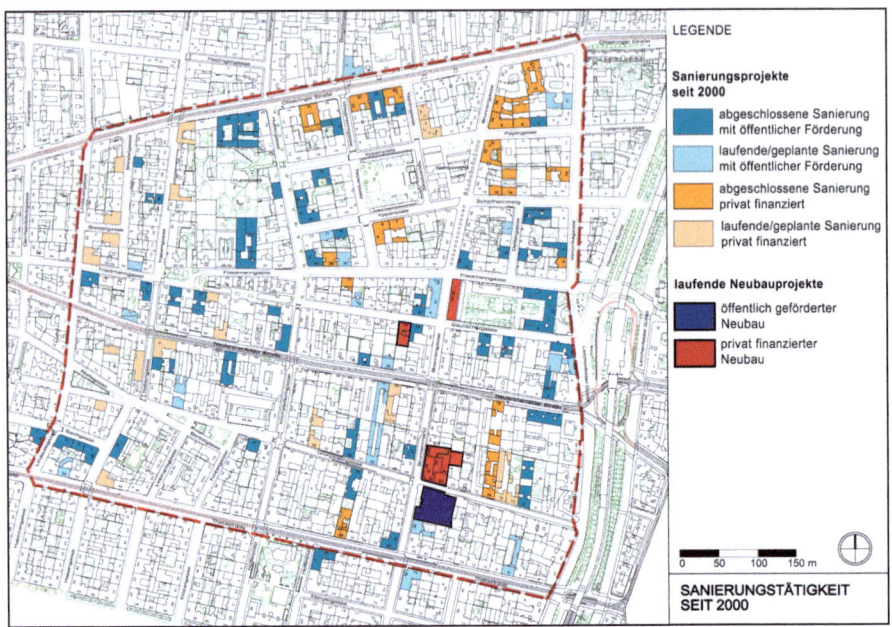

Abbildung 13:   Bau- und Sanierungstätigkeit im Bearbeitungsgebiet (Stand März 2008).

Der Einfluss der Sanierungstätigkeiten auf Größe und Ausstattung der Wohnungen lässt sich anhand der Gebäude- und Wohnungszählungen von 1991 und 2001 ablesen: Die Zahl der Wohnungen im Viertel ist von 6.208 auf 6.016 zurückgegangen, was einer Reduktion um 3,09% entspricht. Analog dazu ist die Anzahl der Substandard-Wohnungen im Bearbeitungsgebiet von 1.068 im Jahr 1991 auf 985 im Jahr 2001 zurückgegangen. Aufgrund der verstärkten Sanierungstätigkeit in den letzten Jahren ist anzunehmen, dass sich der Anteil der Substandardwohnungen weiter deutlich verringert hat. Genauere Daten dazu liegen im Rahmen der Studie nicht vor.

3.3.4   Antworten auf die Forschungsfragen

Wie hat sich SOHO IN OTTAKRING auf die bauliche und stadtstrukturelle Erneuerungsdynamik ausgewirkt? Hat SOHO IN OTTAKRING eine Verbesserung der städtebaulichen Struktur bewirkt oder zu Verdichtungsprozessen geführt?

Wie hat sich SOHO IN OTTAKRING temporär oder dauerhaft im öffentlichen Raum manifestiert?

Die Zusammenschau der Maßnahmen und Aktivitäten zeigt, dass in den letzten Jahren eine starke baulich-räumliche Entwicklungsdynamik im Bearbeitungsgebiet ausgelöst wurde. Diese Situation ist auf das Zusammenwirken mehrerer Programme, AkteurInnen und Projekte zurück zuführen. Seit den 1990er Jahren wird in das Brunnenviertel investiert – erst von öffentlicher, in letzter Zeit verstärkt von privater Seite. War das Brunnenviertel bis dahin von Desinvestition geprägt, ist mit dem personellen Wechsel auf bezirkspolitischer Ebene ein Paradigmenwechsel eingetreten. Die Anfänge des Aufwertungsprozesses Mitte der 1990er Jahre begonnen und seither verstärkt:

> „Seitdem ich Bezirksvorsteher bin (seit 2004) ist das Brunnenviertel das Zielgebiet 1 für die Aufwertung des Bezirks. Bis 2010 werden € 5 Mio. in die Infrastruktur und Oberflächengestaltung investiert; zur Zeit gehen wir, inklusive der zahlreichen Gebäudesanierungen von einem Investitionsvolumen von rund € 40 Mio. aus"[60].

Am vorläufigen Ende dieser Entwicklung steht das Brunnenviertel als nachgefragter Arbeits-, Wohn- und Investitionsstandort.

Der Beitrag von SOHO IN OTTAKRING zu dieser Dynamik ist primär qualitativer Natur. Folgende Aspekte werden dabei als relevant erachtet:

- Die massenwirksame Nutzung des öffentlichen Raums während des Festivals hat zu einer Erhöhung der Aufmerksamkeit gegenüber dem öffentlichen Raum in Neulerchenfeld geführt. Ursprünglich künstlerisch konnotierte Diskurse haben breitenwirksam Eingang gefunden in die Diskussionen um Nutzung, Funktion und Gestaltung des öffentlichen Raums. Es ist daher von einer Wechselwirksamkeit zwischen SOHO IN OTTAKRING und dem öffentlichen Raum auszugehen: SOHO IN OTTAKRING benötigte bzw. nutzte die vorhandenen (öffentlichen) Raumressourcen und bezog daraus eine wesentliche Attraktion. In der Etablierung alternativer Nutzungsnormen differenzierte sich auch der Diskurs um den öffentlichen Raum, was zu einer Attraktivierung desselben führte.
- Die künstlerische Bearbeitung und Auseinandersetzung mit dem konkreten Ort hat in Neulerchenfeld eine lange Tradition und reicht von aktionistisch inspirierten Veranstaltungen zu partizipativen Befragungen und weiter zur Alltagskultur. Raum wird als Medium für die Artikulation von Interessen verstanden, die in unterschiedlicher Weise ausgehandelt werden. Die forma-

---

[60] Interview mit dem Bezirksvorsteher von Ottakring am 16.5.2008

len Beteiligungsprozesse zur Neugestaltung des öffentlichen Raums im Quartier und die partizipativen Kunstprojekte zur Produktion und Interpretation städtischen Raums sind im gleichen kontextuellen Bezug zu sehen.

- Die Konnotation des Brunnenviertels als Kunstquartierl ist primär der medialen Aufmerksamkeit SOHO IN OTTAKRING gegenüber geschuldet. Das Kunstimage bietet für Immobilienentwickler und -investoren ein lukratives Feld für die Entwicklung hochpreisiger Projekte, da damit ein junges, dynamisches und zahlungskräftiges Publikum angesprochen wird. Die Übertragung des Kunstimages auf den Projektanten wird gerne angenommen, eine Bereitschaft zu einer Intensivierung ist allerdings nicht erkennbar – vielmehr ist eine Verfestigung der Aufgabenteilung Kunstförderung durch die öffentliche Hand und Mehrwertabschöpfung durch den Immobilienentwickler zu erkennen. Der materielle *Surplus* wird indirekt wirksam, die direkte wirtschaftliche Verwertbarkeit von Kunst und Kultur wird als zu unsicher eingeschätzt.

- Die Veränderung und Aufwertung der baulich-räumlichen Struktur auf der Ebene von Wohneinheiten könnte einen direkteren Zusammenhang zwischen Kunst und baulicher Aufwertung belegen. Dieser Zusammenhang wäre allerdings aufgrund der tendenziell geringen Kapitalausstattung der Klientel entsprechend gering monetär ausgeprägt. Das Zustandekommen dieser Art von Aufwertung ist vom Vorhandensein kleinräumiger, persönlicher Netzwerke abhängig, die weitgehend marktunabhängig agieren.

3.4 Stadtökonomie

Ziel der Untersuchung der lokalen Ökonomie des Brunnenviertels ist es, Aussagen über den Branchenmix und die Nutzung der Erdgeschoßzonen, sowie über mögliche Wechselwirkungen mit SOHO IN OTTAKRING zu treffen. Die zentrale Fragestellung bildet die Art und Weise, wie sich der ökonomische Aufwertungsprozess manifestiert und ob es zu einer Restrukturierung der lokalen Ökonomie gekommen ist. Sofern dies möglich ist, werden die Daten mit der Situation vergangener Jahre verglichen, um Entwicklungen aufzeigen zu können.

3.4.1 Methodik und Datengrundlagen

Grundlegende Voraussetzung für die Analyse des lokalen Branchenmixes war eine Realnutzungskartierung des Bearbeitungsgebiets, die im März 2008 erfolgte. Aufgenommen wurden dabei die Art und Anzahl der Nutzungen in den Erdgeschoßzonen sowie leer stehende Geschäftslokale. Ein besonderes Augenmerk bei der Kartierung lag in der Aufnahme von Nutzungen durch die ‚*Creative Industries*', also durch Kunst, Kultur- und Kreativwirtschaft[61].

Vergleichsdaten für die Erdgeschoßnutzung liegen in begrenztem Ausmaß für das Jahr 2002 vor, wo sie im Rahmen der Dokumentation des Aufwertungsprozesses im Brunnenviertel für die Brunnengasse dokumentiert wurden (vgl. Rode / Brodner 2004: 27).

Die aufgenommenen Erdgeschoßnutzungen wurden in einem weiteren Schritt auf das Vorhandensein von aufwertungsrelevanten Leitbetrieben hin untersucht. Zusätzlich wurden relevante Nutzungen auch in Hinterhöfen, Hofgebäuden und Obergeschossen berücksichtigt. Die Aufnahme nach Leitbetrieben stellt bereits einen Interpretationsschritt dar; sie wurden nach Art und Rolle innerhalb eines Aufwertungsprozesses unterteilt.

Als Indikator für gegenteilige Entwicklungen dienen Erdgeschossnutzungen, die auf ein ökonomisch schwaches Klientel fokussieren (z.B. Billigläden), Sexdienstleistungen anbieten (z.B. Animierlokale, Massagesalons etc.) oder Wett- und Spielbetriebe sind (z.B. Wettcafés).

Ein weiteres Untersuchungsfeld bei der Analyse der Daten sind die ‚Ethnischen Ökonomien' im Bearbeitungsgebiet[62]. Es wird erörtert, inwieweit der Anteil der ethnischen Ökonomien mit den soziodemografischen Daten korreliert und ob es aufwertungsrelevante Einflüsse auf das Bearbeitungsgebiet gibt.

Über die Preisentwicklung bei den Lokalmieten im Bearbeitungsgebiet gibt in begrenztem Ausmaß die Geschäftsmietenerhebung der Dienststelle für Stadterneuerung des Magistrat Wien (MA 25) Aufschluss. In einer Zeitreihe von 2004 bis 2007 wurden die Geschäftsmieten für die wichtigen Einkaufstraßen im Viertel erhoben.

Die Überlagerung von dokumentierten SOHO-Projektstandorten (ab 2002) mit den vorhandenen Leitbetrieben ermöglicht Rückschlüsse auf die Bedeutung von SOHO IN OTTAKRING für die lokale Ökonomie. Für das Jahr 2008 werden die aufgenommenen Erdgeschoßleerstände mit den SOHO-Projektstandorten desselben Jahres verglichen.

Unterstützend werden noch Aussagen von ExpertInnen und lokalen *Stakeholdern*, die im Rahmen von Interviews entstanden sind, hinzugezogen.

---

[61] [vgl. www.creativeindustries.at, letzter Zugriff am 14.8.2008]; Unter den Begriff Creative Industries fallen in dieser Definition sämtliche Unternehmungen des Kunst- und Kulturbetriebs, das Bibliothekswesen, GrafikerInnen, DesignerInnen, ArchitektInnen und PlanerInnen sowie die IT-Branche.
[62] Der Begriff ‚ethnische Ökonomie' umfasst Betriebe, bei denen die BetreiberInnen, die Beschäftigten und der Großteil der Kundschaft einer migrantischen Gruppe zuzurechnen sind (vgl. Gollner 2001: 8ff).

3.4.2 Erdgeschossnutzung und Branchenmix

Bei der Nutzungskartierung wurden insgesamt 995 Erdgeschoßnutzungen im Quartier aufgenommen. Die Nutzungen wurden folgenden Kategorien zugeordnet: Kurzfristbedarf, Auswahlbedarf, Dienstleistungen, Banken, Gastronomie, Kunst- und Kulturnutzung, Gewerbe, Lagerräume, Garagen und Stellplätze, Wohnungen, öffentliche/soziale und Gesundheitseinrichtungen. Ungenutzte Lokale bilden eine eigene Kategorie.

Von den betrieblichen Nutzungen der Erdgeschoßzonen hat der Auswahlbedarf, also diverse Fachgeschäfte, mit 19,2% den größten Anteil im Viertel.

    Gastronomiebetriebe nehmen mit 12,56% Anteil die zweite Stelle ein. Vergleichsweise hoch ist demgegenüber der Anteil der Erdgeschoßwohnungen, der mit 19,8% noch über dem des Auswahlbedarfs liegt. Der Anteil der leer stehenden Geschäftslokale im Bearbeitungsgebiet beträgt 14,67% (vgl. Tab. 2 im Anhang).

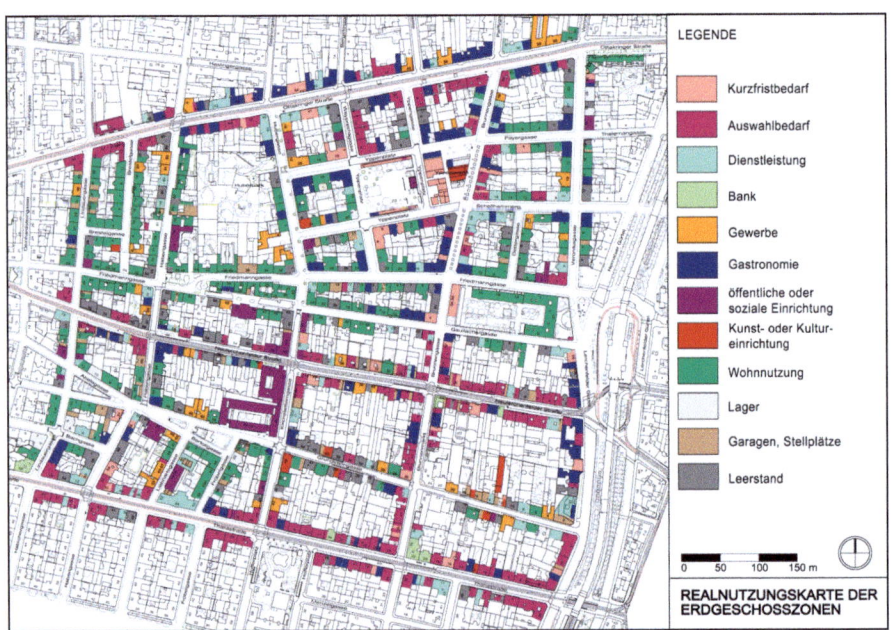

Abbildung 14:   Realnutzungskarte der Erdgeschoßzonen im Bearbeitungsgebiet (Stand März 2008).

Sowohl bei den Geschäftsleerständen als auch beim Branchenmix zeigt sich ein recht heterogenes Bild, das den Unterschied zwischen Geschäftsstraßen, Marktgebiet und den restlichen Seitenstraßen widerspiegelt.

Geschäftsstraßen

In der Thaliastraße zeigt sich eine geringe Anzahl an Leerständen (5,8%), ein hoher Anteil an Geschäften mit Auswahlbedarf und eine gute Versorgung mit Dienstleistungsbetrieben und Banken (zusammen 17,5%). Der Anteil von Geschäften mit Kurzfristbedarf ist hingegen gering (2,9%). Dies hängt mit der guten Versorgung durch den Brunnenmarkt zusammen. Insgesamt scheint die Thaliastraße die vitalste Geschäftsstraße im Bearbeitungsgebiet zu sein.

Die Ottakringer Straße an der nördlichen Grenze des Bearbeitungsgebiets weist ebenfalls eine geringe Leerstandsrate auf (8,3%). Der Anteil an Auswahlbedarf ist wesentlich geringer als in der Thaliastraße, der Anteil an Gewerbebetrieben (6%) und Gastronomie (27,38%) hingegen deutlich höher. Zahlreiche Wettcafés und Billigläden deuten auf einen Niedergang der Ottakringer Straße als Einkaufsstraße hin.

Die Neulerchenfelder Straße zeigt einige Auffälligkeiten: Der westliche, zentrumsferne Teil der Neulerchenfelder Straße (ab Höhe Kirchstetterngasse) weist einen hohen Anteil an Leerständen auf (27,3%). Bei den verbliebenen Betrieben handelt es sich vor allem um Wettcafés, Massagesalons und Animierbars aus dem Rotlichtmilieu sowie in geringerem Ausmaß Gewerbebetriebe. Die Schaufenster und der allgemeine Zustand der Bebauung deuten darauf hin, dass der Prozess des Niedergangs schon einige Zeit andauert[63].

Der innere Teil der Neulerchenfelder Straße präsentiert sich hingegen deutlich vitaler: Es gibt nur wenige leer stehende Geschäftslokale (Anteil 7,5%), der Branchenmix zeigt einen hohen Anteil im Bereich Auswahlbedarf (47,5%) und eine gute Versorgung mit Dienstleistungen (8,8%) sowie Kurzfristbedarf (5%). Auffällig ist der hohe Anteil an ethnischen Ökonomien (43,8%) (vgl. Abb. 15), vorwiegend mit türkischstämmigen BetreiberInnen.

---

[63] Als Reaktion auf die ‚Verödung des Straßenraumes' in der Neulerchenfelderstraße initiierte die Gebietsbetreuung Ottakring mit einem Konzept der Künstlerin Maren Greinke ab April 2008 das Kunstprojekt ‚Büro für neue Geschäftsideen'. Dieses Projekt war auch Teil von SOHO IN OTTAKRING 2008 und unternahm eine Dokumentation historischer Geschäftsnutzungen sowie die Erarbeitung utopischer Geschäftsideen von BesucherInnen des Büros [vgl. http://www.gebietsbetreuungen.wien.at/gbdocs/gbstern16/wiederbelebung.html; letzter Zugriff 21.8.2008; http://www.sohoinottakring.at/2008/proj_detail.php?pid=486; letzter Zugriff 21.8.2008]

Marktgebiet

In den Marktzonen des Bearbeitungsgebiets ist die Leerstandsrate relativ gering. Entlang der Brunnengasse und um den Yppenplatz sind Anzahl und Konzentration der Lebensmittelgeschäfte deutlich höher als in den Geschäftsstraßen des Viertels. Beim Auswahlbedarf zeigt sich eine Konzentration in der Brunnengasse südlich der Neulerchenfelder Straße. Es handelt sich dabei vorwiegend um Billigläden. Vergleichsweise hoch ist auch der Anteil der ethnischen Ökonomien (vgl. Abb. 15) entlang der Brunnengasse (55,3%) und am Yppenmarkt, wobei die mobilen Marktstände nicht berücksichtigt sind.

Im Vergleich mit der Erdgeschossnutzung aus dem Jahr 2002 zeigen sich für das Marktgebiet der Brunnengasse einige interessante Veränderungen: Die Gesamtanzahl der Nutzungen hat sich um 5% auf 81 erhöht. Der Anteil der einzelnen Nutzungsarten hat sich bemerkenswert verändert: Der Anteil des Kurzfrist- und Auswahlbedarfs hat sich jeweils um rund 4% verringert, während sich der Anteil der Dienstleistungen auf fast 9% verdoppelt hat. Entlang der Brunnengasse gab es im März 2008 insgesamt acht leer stehende Geschäftslokale und neun weitere, die als Lagerräume für angrenzende Betriebe genutzt wurden. Für die Brunnengasse liegt ein diesbezüglicher Vergleichswert aus dem Jahr 2002 vor, wo sechs Leerstände verortet wurden.

Eine Sonderrolle nimmt die Gastronomie ein: Auf dem Yppenplatz gibt es eine starke Konzentration im Bereich um die Piazza. Es handelt sich dabei fast ausschließlich um Szenegastronomie für ein junges urbanes Publikum, die innerhalb der letzten Jahre entstanden ist. Die gastronomischen Betriebe entlang der Brunnengasse sind Restaurants und Teehäuser sowie Wettcafés.

Seitenstraßen

Abseits der Geschäftsstraßen und Marktbereiche dominiert im Bearbeitungsgebiet vor allem die Wohnnutzung, wobei die räumliche Verteilung ungleichmäßig ausfällt: Die Wohnnutzung dominiert insbesondere im westlichen Bereich des Bearbeitungsgebiets, etwa ab der Achse Hubergasse – Kirchstetterngasse. Vereinzelt gibt es in diesen Bereichen auch verschiedene Gewerbe- und Handwerksbetriebe.

Einen Sonderfall stellt die Grundsteingasse dar, in der es nur wenige Erdgeschoßwohnungen und - besonders im mittleren Abschnitt zwischen Brunnengasse und Kirchstetterngasse - einen sehr hohen Anteil an Leerständen gibt. Auffällig ist in der Grundsteingasse auch das Vorhandensein zahlreicher Galerien, Architekturbüros und Ateliers.

3.4.3 Mietpreisentwicklung der Geschäftslokale

Die Untersuchung der Mietpreise für Geschäftslokale ist aufgrund der Datenlage nur begrenzt möglich. Es liegen Daten für die Einkaufstraßen Ottakringerstraße, Neulerchenfelder Straße, Thaliastraße und Brunnengasse für den Zeitraum von 2004-2007 vor, die im Rahmen der Geschäftsmietenerhebung der Magistratsabteilung 25 – Stadterneuerung und Prüfstelle für Wohnhäuser (MA 25) - erhoben wurden[64]:

Thaliastraße

Im Untersuchungszeitraum gab es keine signifikanten Veränderungen der Mietpreise für Geschäftslokale. Auffällig ist das Preisgefälle vom Gürtel Richtung stadtauswärts: Bis zur Höhe Hofferplatz liegt das Preisniveau bei 18-22 €/m², danach fällt es auf 11-14,5 €/m².

Neulerchenfelder Straße

Im Untersuchungszeitraum kam es zu einer Preissteigerung der Inneren Neulerchenfelderstraße (bis Nr. 25 - Höhe Brunnengasse) von durchschnittlich 8,5-11.- €/m² (2004) auf 11-15.- €/m² (2007). Der mittlere Abschnitt der Einkaufstraße (Nr. 26-45) hat hingegen einen Preisverfall von 8,5-11 €/m² (2004) auf 8-10 €/m² (2007) zu verzeichnen. Im äußeren Teil (ab Nr.46) stagnierten die Geschäftsmietpreise bei etwa 6.- €/m². Es gibt also ein Preisgefälle vom Gürtel bis zur Höhe Kirchstetterngasse von etwa 50%.

Ottakringer Straße

Im Untersuchungszeitraum gab es keine signifikanten Veränderungen. Analog zu den beiden anderen radiären Geschäftsstraßen gibt es ein Preisgefälle vom Gürtel (8,5-11.- €/m²) Richtung stadtauswärts (6.- €/m²).

---

[64] vgl. MA 25, 2007: 12; Aussagen über Erhebungsmethoden und Bezugsgrößen gehen aus dem Material nicht hervor.

Brunnengasse

Am Marktstandort Brunnengasse gab es im Untersuchungszeitraum keine nennenswerten Veränderungen. Es gibt ein deutliches Preisgefälle von der Thaliastraße (18,2-21.- €/m²) zur Ottaktringer Straße (5,8-7,3 €/m²).

Interpretation der Mietpreisentwicklung in den Geschäftsstraßen

Insgesamt lässt sich feststellen, dass es im Untersuchungszeitraum kaum Veränderungen bei den Mietpreisen der Geschäftslokale in den Einkaufsstraßen gab. Lediglich in der Neulerchenfelder Straße hat sich das Preisgefälle Richtung stadtauswärts deutlich verstärkt, was auch mit den zahlreich vorhandenen Leerständen im äußeren Bereich korreliert. Anhand der Geschäftsmieten bestätigt sich, dass die Thaliastraße die vitalste Einkaufsstraße im Quartier ist.

Im Vergleich der drei Geschäftsstraßen fällt auf, dass die Thaliastraße auf vergleichsweise hohem Niveau bleibt. In die Oberflächengestaltung der Thaliastraße wurde übrigens im Rahmen der Einführung der Niederflurstraßenbahn auf der Straßenbahnlinie 46 von öffentlicher Seite Anfang der 2000er Jahre investiert, was zu einer Attraktivierung des Geschäftsstraßenambientes beigetragen hat. Die Ottakringer Straße stagniert auf niedrigem Niveau, weder die Verkehrsorganisation noch die Oberflächengestaltung wurde verändert. Die Randlage dieser Geschäftsstraße zwischen den beiden Bezirken Ottakring und Hernals könnte zu dieser stagnierenden Situation beitragen.

Im Vergleich erscheint die Entwicklung in der Neulerchenfelderstraße besonders interessant: auch hier wurden von öffentlicher Seite keine Investitionen unternommen, dennoch ist ein Mietpreisanstieg festzustellen. Der Aufwertungsprozess und der Imagewandel des Viertels scheinen sich auf die Mietpreisentwicklung zu übertragen. Der vitalere Teil der Neulerchenfelderstraße liegt im zentralen Bearbeitungsgebiet des Aufwertungsprozesses Brunnenviertel und profitiert von der Bespielung durch SOHO IN OTTAKRING, obwohl Kunst- und Kulturnutzungen nicht anzutreffen sind.

Wünschenswert wäre eine Untersuchung der Preisentwicklung in den Nebenstraßen, vor allem der Grundsteingasse und des Yppenplatzes, um Rückschlüsse auf die Auswirkungen von Kunst und Kultur schließen zu können. Dies war aufgrund der mangelnden Datenlage und der begrenzten Zeit im Rahmen dieser Studie nicht möglich.

3.4.4 Ethnische Ökonomien

Die starke räumliche Konzentration von MigrantInnen im Bearbeitungsgebiet spiegelt sich in der Anzahl ethnischer Ökonomien wider. Insgesamt gibt es im Viertel 205 Betriebe in Erdgeschoßlokalen, deren BetreiberInnen und Belegschaft jeweils einer MigrantInnengruppe zugehörig sind. Der Anteil der ethnischen Ökonomien an den gesamten Erdgeschoßnutzungen liegt demnach bei etwa 20,6%, wird der Wert auf sämtliche betriebliche Erdgeschoßnutzungen (also ohne Wohnnutzungen, Leerstände, öffentliche Nutzungen und Stellplätze) bezogen, beträgt der Anteil sogar 37%. Der Anteil an MigrantInnen bei den BetreiberInnen von mobilen Markständen des Brunnenmarktes ist noch höher: Eine Erhebung im Jahr 2001 ergab einen Anteil der MarktstandbetreiberInnen mit Migrationshintergrund von 79,5% (vgl. Gollner 2001: 91f.).

Die ethnischen Ökonomien konzentrieren sich im Aufnahmegebiet vor allem im Bereich östlich der Achse Hubergasse - Kirchstetterngasse, also im eigentlichen Brunnenviertel. Besonders hoch ist der Anteil entlang des Brunnenmarkts, in der Neulerchenfelderstraße und am Yppenmarkt, wo es sich vor allem um türkische Lebensmittel- und Gemischtwarenläden sowie Restaurants, Imbisse und Textilgeschäfte handelt. Um die Ottakringer Straße im nördlichen Bereich des Bearbeitungsgebiets gibt es hingegen zahlreiche Imbisslokale, Cafés und Diskotheken, die von MigrantInnen aus dem ehemaligen Jugoslawien betrieben werden. Insgesamt spiegelt dies auch den typischen Branchenmix von ethnischen Ökonomien in Wien wider[65].

Der hohe Anteil an ethnischen Ökonomien ist neben der räumlichen Konzentration an MigrantInnen im Bearbeitungsgebiet vor allem durch das Vorhandensein des Brunnenmarktes zu erklären[66]. Auffällig ist, dass sich bei der Kartierung, im Gegensatz zur demografischen Zusammensetzung, ein weit höherer Anteil von türkischen Betrieben als von ex-jugoslawischen Betrieben gezeigt hat. Ein Grund für die erhöhte betriebliche Aktivität könnte im starken Zusammengehörigkeitsgefühl der türkischstämmigen Bevölkerungsgruppe liegen. Diese Annahme wird auch in den Interviews bestätigt: „Die türkische *community* stützt sich sehr gut gegenseitig. So werden sie sich auch bezüglich der neuen Marktstände unterstützen"[67]. Die hohe betriebliche Aktivität wird auch in der

---

[65] Vgl. Haberfellner / Betz 1999: 58ff.: Laut VerfasserInnen der Studie sind 45% der ex-jugoslawischen und 56% der türkischen Selbstständigen Wiens in den Wirtschafsklassen Einzelhandel und Gastronomie tätig.

[66] Aufgrund des geltenden Aufenthaltsrechts und der rechtlichen Benachteiligung von MigrantInnen am österreichischen Arbeitsmarkt ist das Betreiben von Marktständen und Kleingewerben oftmals die einzig verbleibende, legale Grundlage zum Erwerb des Lebensunterhalts (vgl. Gollner 2001: 41ff, 55ff und 62ff).

[67] Interview mit dem Leiter der Gebietsbetreuung Ottakring vom 22.4.2008.

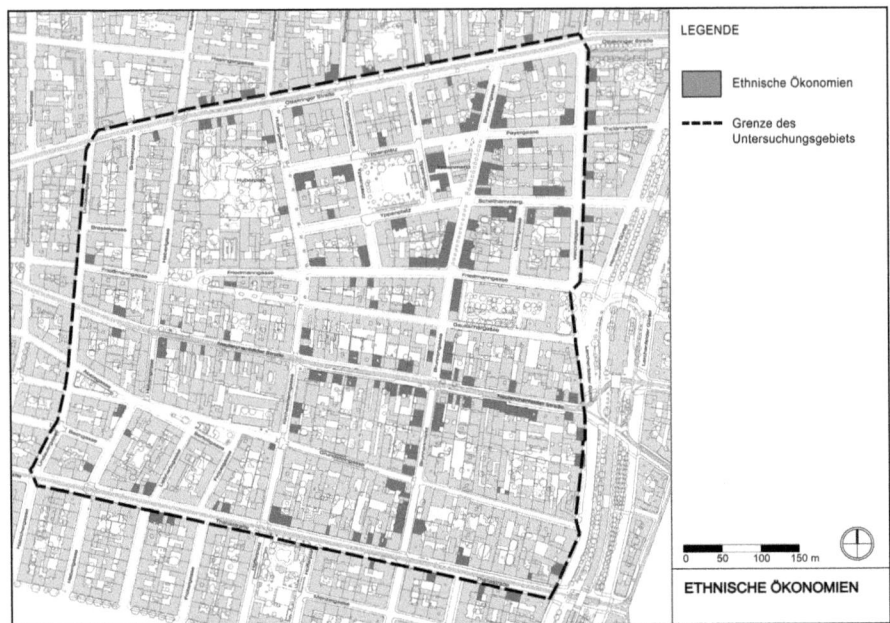

Abbildung 15:   Ethnische Ökonomien in den Erdgeschosszonen des Bearbeitungsgebiets (Stand
                    März 2008).

ethnischen Differenzierung der Gastronomie wie auch der angebotenen Güter
sichtbar. Zwei Interviewpartner beschreiben die dabei beobachtete Dynamik:

> „Es sind net mehr nur die Urwiener Beisln und daneben die Jugo Lokale. Türkische
> Lokale nehmen jetzt ganz stark überhand"[68], „Trotz Imagewandel ist der Anteil an
> österreichischen Geschäften in den letzten Jahren kontinuierlich zurückgegangen.
> Man kann im Prinzip im Viertel keine Semmeln mehr kaufen. Das könnte manche
> Leute vielleicht schon stören"[69].

Ethnische Ökonomien übernehmen eine bedeutende Rolle bei der Nahversorgung im Viertel und für die Versorgung angrenzender Stadtgebiete. Die Betriebe
fungieren als bedeutende kulturelle Identifikationsorte und bilden ein großes
Potential für Aktivierung, Mobilisierung und Integration der lokalen migrantischen Bevölkerung, wodurch sie einen wichtigen Faktor für die Stadtteilentwicklung darstellen (vgl. Rode / Brodner 2004: 27).

---

[68] Interview mit dem Besitzer des Café Club International vom 29.4.2008.
[69] Interview mit einem Partner des Landschaftsarchitekturbüros Bauchplan vom 18.4.2008

Die ethnischen Ökonomien um den Brunnenmarkt sind als Träger eines multikulturellen Ambientes nicht nur für MigrantInnen, sondern auch für aufwertungsrelevante Pioniergruppen wie KünstlerInnen, Studierende oder JungunternehmerInnen aus den ,*Creative Industries'* ein bedeutender, wenn nicht der bedeutendste Identifikationsfaktor im Viertel (vgl. Gollner 2001: 125ff.). Ein Bild, das durch Interviewaussagen aus dem Kunst- und Kreativbereich bestätigt wurde:

> „Das Image von Neulerchenfeld hat sich radikal verändert. Es gilt als attraktiver Standort – das Bild des Ausländerghettos ist heute weniger stark in den Köpfen. Mir scheint sogar, dass die multikulturelle Prägung des Viertels auch Teil des positiven Images von Ottakring ist"[70].

3.4.5 Aufwertungsrelevante Leitbetriebe

Bei der Bewertung der ökonomischen Situation im Bearbeitungsgebiet wird der Begriff der aufwertungsrelevanten Leitbetriebe eingeführt. Dieser beinhaltet zum einen Unternehmen der *Creative Industries* und Kulturnutzungen, zum anderen aber auch Szenegastronomie, Bio- und Delikatessengeschäfte, hochqualifizierte Dienstleistungsbetriebe sowie szeneaffine oder hochpreisige Fachgeschäfte. Sowohl prekäre Pioniernutzungen aus dem Kunstbereich als auch etablierte Consultingunternehmen fallen in die Kategorie Leitbetriebe.

Von den insgesamt 87 im Bearbeitungsgebiet vorhandenen Leitbetrieben nehmen die *Creative Industries* mit 39 Unternehmen (44,8%) den größten Anteil ein. Die zweitgrößte Gruppe sind hochqualifizierte Consulter und Dienstleister (24,1%), gefolgt von Gastronomie und Kurzfristbedarf (14,9%). Fachgeschäfte sowie der Bereich Wellness und Lifestyle haben einen Anteil von je 8% (vgl. Tab. 3).

Räumliche Verteilung der Leitbetriebe

Auffällig ist, dass es in der Grundsteingasse und am Yppenplatz eine räumliche Konzentration von Leitbetrieben jeweils einer bestimmten Sparte gibt (vgl. Abb. 16).

---

[70] ebenda.

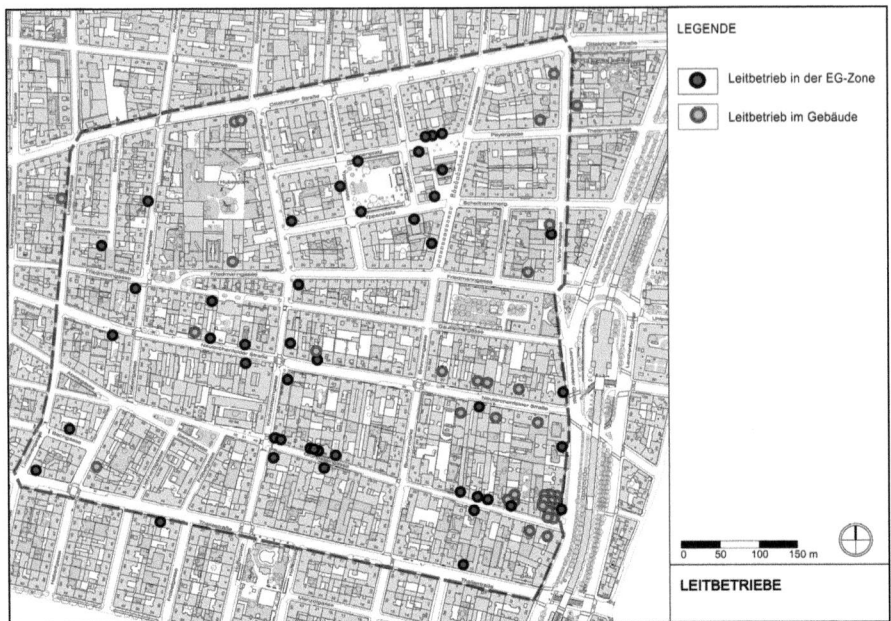

Abbildung 16:   Aufwertungsrelevante Leitbetriebe im Bearbeitungsgebiet (Stand März 2008).

Grundsteingasse

Zwischen Lerchenfelder Gürtel und Kirchstetterngasse gibt es in der Grundsteingasse eine Konzentration von Leitbetrieben der *Creative Industries*. Alleine
14 der 18 Leitbetriebe in der Grundsteingasse sind den *Creative Industries* zuzuordnen. Es handelt sich dabei hauptsächlich um Galerien und Architekturbüros.
Der Großteil der Leitbetriebe in der Grundsteingasse macht äußerlich einen eher
prekären Eindruck, scheint nur temporär bespielt zu werden oder befindet sich
noch in einem Pionierstadium. Die verstärkte Ansiedlung von Leitbetrieben in
der Grundsteingasse steht nach Aussage eines Interviewpartners mit SOHO IN
OTTAKRING bzw. mit der Initiatorin von SOHO in Verbindung:

> „In der Grundsteingasse ist das schon passiert. Da ist so ein Nest von Künstlern ent-
> standen. Weil die Ula (Schneider, Anm.) und ihr Lebensgefährte ein Haus anteilig
> erworben haben. Und dann hats gegenüber ein Haus gegeben mit vielen Leerstehun-
> gen (der Ragnarhof, Anm.), da sind dann Künstler eingezogen"[71].

---

[71] Interview mit dem Besitzer des Café Club International am 29.4.2008.

Ein anderer, früher Kristallisationspunkt künstlerischer Nutzung in der Erdge-schosszone war das Lokal von Masc Foundation - 39 DADA in der Grund-steingasse 39, das seit 1999 dort etabliert ist[72]. Im Lauf der 2000er Jahre hat sich der Zuzug von Leitbetrieben verstärkt, was mit der Durchführung von SOHO IN OTTAKRING verbunden wird: „Man merkts (die Veränderung des Grätzls durch SOHO, Anm.) ja optisch. Wenn man durch die Grundsteingasse geht und ein paar mehr Ateliers sieht, als es früher gegeben hat"[73]. Auch die Wirtschafts-kammer Wien – die ja in der Anfangszeit Projektpartnerin von SOHO IN OT-TAKRING war - hat Impulse zur Steuerung der Betriebsansiedlungen gegeben:

> „Wir haben ganz massiv Künstler, Ateliers, Kreative dorthin angesiedelt. Weil ein-fach die Nachfrage im Gebiet sehr hoch war. O.k., geht's dorthin, arbeitet in diese Richtung weiter. (...) Da haben wir sehr eng zusammen gearbeitet und gut vernetzt mit der IG (Interessensgemeinschaft Bildende Kunst, Anm.)"[74].

Als Beweggründe für die Standortwahl im Brunnenviertel (z.B. AN-DO, Bauch-plan, Mano Design) wurden das Image und Flair des Quartiers, aber auch spezi-fische räumliche Angebote („Möglichkeit, Wohnung und Arbeitsstätte im glei-chen Haus zu mieten"[75]), sowie niedrige Mietpreise angegeben. Die bereits er-wähnte hohe Leerstandsrate passt zu dem Bild einer Straße mit starkem Entwick-lungspotential. Aufgrund der räumlichen Nähe, den zahlreichen persönlichen Verflechtungen der einzelnen AkteurInnen und der starken inhaltlichen Domi-nanz von bildender Kunst und Architektur, kann von einem Kreativcluster Grundsteingasse gesprochen werden. Unter dem Label www.grundstein.at kommt es zu zahlreichen Kooperation und einer regelmäßigen kulturellen Be-spielung des Orts[76] (vgl. Kap. 3.1.5).

Diese Clusterung bezieht durch kurzfristige und flexible Kooperationen auch andere ansässige Betriebe ein:

> „Es kommt (...) zu sichtbaren Zeichen im Gebiet durch die Vernetzung von Küns-tlern und Markstandbetreibern - z.B. wenn ein Marktstandler eine neue Grafik braucht, fragt er einen Künstler vor Ort. Umgekehrt fragen die Künstler auch zuerst die Gewerbetreibenden vor Ort, wenn sie irgendetwas in Richtung Gastronomie brauchen"[77].

---

[72] vgl. Interview mit einem Künstler des Kulturvereins Masc Foundation/39 dada am 10.4.2008.
[73] Interview mit einer Mitarbeiterin der Firma PRISMA am 10.4.2008.
[74] Interview mit dem Leiter des Servicecenters der WK Wien am 26.8.2008.
[75] Interview mit der Besitzerin des Unternehmens sowie Geschäftslokals Mano design am 11.4.2008.
[76] So wird beispielsweise unter dem Titel ‚dichter herbst / intense autumn' in 14 Ateliers und Aus-stellungsräumen vom 26. September bis 11. Oktober 2008 ein Kunstfestival veranstaltet [vgl. http://www.herndlgrafik.at/grundstein/Dichterherbst_08.pdf, letzter Zugriff am 17. 9. 2008].
[77] Interview mit einem Künstler des Kunstvereins Masc Foundation/39 dada am 10.4.2008.

Durch die Interaktion entsteht ein lokales ökonomisches Netzwerk, in dem die Ateliers der KünstlerInnen einen integralen Bestandteil bilden. „Die KünstlerInnen sind stark im Viertel integriert – es ist alles wie ein kleines Dorf"[78].

Eine Sonderrolle nimmt das architektonisch auffällige Impulszentrum IP.TWO an der Ecke Grundsteingasse / Lerchenfelder Gürtel ein: Insgesamt haben 15 Leitbetriebe ihren Standort im 2002 errichteten Impulszentrum. Mehrheitlich sind dies etablierte Consultingunternehmen, in geringerem Maße auch *Creative Industries*.

IP.TWO und Grundsteingasse beherbergen zusammen 33 Leitbetriebe, was eine räumliche Konzentration von Betrieben der Creative Industries und von Consultingunternehmen darstellt. Während die Betriebe in der Grundsteingasse Pioniercharakter haben und stark von künstlerisch-kreativen Ambitionen geprägt sind, die sich auch in einer lokalen Interaktion mit dem Umfeld manifestiert, stellt das IP.TWO eine Weiterentwicklung der kreativen Stadt dar. Der Standort profitiert vorwiegend vom Image seines Viertels, die Beziehungen zum Umfeld sind punktuell bis gar nicht vorhanden. Auch vom Angebot der Dienstleistungen unterscheidet sich das IP.TWO wesentlich von der Grundsteingasse. In diesem Sinne ist der ‚Kreativcluster Grundsteingasse' zu differenzieren.

Yppenplatz

Von den insgesamt zehn Leitbetrieben am Yppenplatz sind sechs der Sparte Szenegastronomie, ein weiterer dem Bereich hochwertige Lebensmittel zuzuordnen. Zwei der Leitbetriebe fallen in die Kategorie *Creative Industries* und einer ist als qualifizierter Dienstleister zu beschreiben.

Die auffällige Konzentration von Szenegastronomie steht mit der attraktiven räumlichen Gestaltungen des Yppenplatzes und der Piazza in Verbindung, die eine Gastgartennutzung erlauben. Einen weiteren Faktor stellt die Umnutzung des Yppenmarktes dar, wodurch einzelne Marktpavillons frei werden, die weitere gastronomische Nutzungen am Platz ermöglichen (z.B. AN-DO, Cafe C.I.).

Die Szenegastronomie am Yppenplatz erfuhr ab 2005 einen Aufschwung: Es etablierten sich das kunstaffine An-Do in einer leer stehenden Markthalle, das Bio-Restaurant Noi an der Piazza, der italophile Feinkostladen und Vinothek La Salvia in der Ladenzeile am Yppenplatz und seit kurzem das vegetarische Ethnorestaurant Dharamsala an der Piazza. Die ‚Gastronomisierung' wird aus Sicht der Wirtschaftreibenden positiv gesehen – „wir hatten die Erwartung, dass es

---

[78] Interview mit der Besitzerin des Unternehmens sowie Geschäftslokals Mano design am 11.4.2008.

hier wie am Naschmarkt wird"[79] bzw. würde die Entwicklung einer hochqualitativen Gastronomie auch zur touristischen Vermarktung des Viertels beitragen – „Wir brauchen eine tolle Gastronomie für die touristische Entwicklung und zur Vergrößerung der Vielfalt"[80].

Charakteristisch für die Gastronomie um den Yppenplatz ist die Verbindung mit zeitgeistigen Strömungen, entsprechenden zusätzlichen Dienstleistungs- und kulturellen Angeboten. So werden im Noi Wochenend-Kochkurse („bio- *crossover* – unverkrampft"[81]) angeboten, das La salvia bietet neben kulinarischen Themenabenden auch Konzerte und Ausstellungen an und das An-Do organisiert Ausstellungen und Konzerte. Die Verbindung von Gastronomie, Kultur und Kunst hat im Café Club International eine lange Tradition, welches auch der Vorreiter für die Schanigartennutzung in der Payergasse und auf der Piazza war.

Als einzige Einkaufsstraße im Quartier weist die Neulerchenfelder Straße eine größere Anzahl von Leitbetrieben von insgesamt 17 Standorten über die gesamte Länge innerhalb des Bearbeitungsgebiets auf. Diese Situation ist auch in Zusammenhang mit der Mietpreisentwicklung in der Neulerchenfelderstraße zu sehen, die für den stadtauswärtigen Teil günstige Bedingungen bietet, während sie im zentrumsnahen Teil der Straße bereits auf eine stattfindende Aufwertung hindeutet. Die Leitbetriebe sind in Gürtelnähe und im Umfeld der Kreuzung zur Kirchstetterngasse konzentriert. Die Erdgeschoßnutzungen nehmen dabei nur im Bereich um die Kirchstetterngasse, in Form von Fachgeschäften, Lifestyle Dienstleistungen und einer Kunstgalerie einen relevanten Anteil ein. Im gürtelnahen Teil der Neulerchenfelder Straße ist nur ein gastronomischer Leitbetrieb im Erdgeschoß angesiedelt, alle anderen befinden sich in darüber liegenden Geschossen. Die unternehmens- und personenbezogenen Dienstleistungen machen hier den größten Anteil aus, lediglich ein Betrieb aus der Musikbranche ist dem originär künstlerischen Bereich zuzuordnen.

Interpretation der räumlichen Verteilung der Leitbetriebe

Es lassen sich im Rahmen des Aufwertungsprozesses im Bearbeitungsgebiet folgende Aussagen zur Rolle der Leitbetriebe machen:

- Der Anteil an Leitbetrieben, besonders aus Kunst und Kultur ist dort besonders hoch, wo auch der Leerstand auffällig hoch ist bzw. war. Dies bedeutet

---

[79] Interview mit dem Betreiber des Lokals AN-DO am 18.4.2008.

[80] Interview dem Besitzer des Unternehmens Staud´s am 28.4.2008.

[81] [vgl. http://www.noi.at.vu/; letzter Zugriff am 21.8.2008].

eine Umstrukturierung der lokalen Ökonomie in Richtung *Creative Indust-ries*.

Die Kreativwirtschaft spielt, wie auch Interviewaussagen bestätigen, eine wichtige Pionierrolle im Viertel bei der Übernahme von leer stehenden Geschäftslokalen. „Künstler übernehmen Lokale und Räume im Viertel, die sonst nicht mehr wirtschaftlich betreibbar wären"[82]. Damit wird auf ein wesentliches Merkmal von künstlerischen Betrieben hingewiesen: Sie arbeiten kapitalextensiv, setzen als Produktivkraft meist die eigene Person ein und sind im Vergleich zu betriebswirtschaftlich geführten Unternehmen nur in ihrer ökonomischen Marginalität wettbewerbsfähig. Zudem benötigen sie - anders als etwa Einzelhandelsbetriebe - keine Mindestfrequenz an Laufkundschaft, sondern produzieren für einen Kontext, der abseits ökonomischer Kommerzialisierung liegt.

Mit dieser Ausstattung fungieren künstlerische Betriebe als bedeutende Wegbereiter für den laufenden Aufwertungsprozess (vgl. Weingartner 2007: 133ff) und werden als *role model* für die Restrukturierung der lokalen Ökonomie gesehen. Die Übertragung dieses *role models* auf die breitere Basis der *Creative Industries* geht im Kontext dessen vonstatten, was der Soziologe Richard Sennett als die ‚Kultur des neuen Kapitalismus' (vgl. Sennett 1998) beschrieben hat. Diese geht von Eigenverantwortung, Selbstverwirklichung in der Arbeit, Prekarität und Selbstausbeutung aus - Merkmale, die in den Arbeitsverhältnissen der *Creative Industries* sehr geläufig sind. Tatsächlich wünscht sich vereinzelt die jüngere Generation der *Creative Industries* eine Erhöhung der Kundenfrequenz - was nicht nur auf eine stärkere Marktorientierung hindeutet, sondern auch den Übergang vom künstlerischen Schaffen zum industrienahen Produktdesign abbildet (vgl. Benjamin 1979). „Ich würde mir wünschen, dass es etwas mehr florierende Betriebe und Cafés in der Grundsteingasse gäbe, die zusätzliche Leute anlocken würden und eine gewisse Nachhaltigkeit mit sich brächten"[83].

- Der hohe Anteil der *Creative Industries* spielt bei der Positionierung des Brunnenviertels als KünstlerInnenviertel und Kreativstandort eine wesentliche Rolle. „Wir haben dann schnell gelernt und gemerkt, dass Kunst ein *missing link* in der Diskussion um Integration, Belebung, Betrachtung und Bespielung der Erdgeschoßzonen ist. (...) Es war unheimlich, wie stark hier die Kunst das Ganze auch beeinflusst hat"[84].

---

[82] Interview mit einem Künstler des Kunstvereins Masc Foundation/39 dada am 10.4.2008.
[83] Interview mit der Besitzerin des Unternehmens sowie Geschäftslokals Mano design am 11.4.2008.4
[84] Interview mit dem Leiter des Servicecenters der WK Wien am 26.8.2008.

Dieser Einfluss auf das Image und die Vermarktbarkeit des Standorts (vgl. Davies 2001: 10f) hat zur Anziehungskraft des Viertels und zu weiteren Unternehmensgründungen beigetragen.

Durch direkte und indirekte Auswirkungen tragen Leitbetriebe dazu bei, die Attraktivität des Viertels für kreativ Tätige, Hochqualifizierte, Szenepublikum und in weiterer Folge für zahlungskräftigere Schichten zu steigern bzw. diese an das Quartier zu binden (vgl. Dangschat 2001: 28f). Dies findet zum einen durch die Wahl des Brunnenviertels als Arbeitsstandort statt: Das Beispiel IP.TWO zeigt diese Entwicklung deutlich, die Standortwahl des Zentrums erfolgte 2002, als der Aufwertungsprozess noch jung war. Der Zuzug von Leitbetrieben mit *'Gentrifier'* Charakter ist verstärkt ab 2003 zu beobachten - dies betrifft sowohl den Bereich der *'Creative Industries'*, als auch die Gastronomie. Zum anderen wird durch das regelmäßige Aufsuchen der Szenelokale, Galerien und Veranstaltungen ein junges, urbanes und kaufkräftiges Publikum angezogen.

- Die dynamische Entwicklung der *Creative Industries* bzw. der Leitbetriebe trägt zur Heterogenisierung der lokalen Ökonomie bei und modifiziert das Erscheinungsbild. Der Branchenmix in seiner strukturellen Zusammensetzung wird durch den Zuzug der Kreativbetriebe nicht wesentlich verändert, wohl aber die Konsumsegmente, die dadurch bedient werden. Die Leitbetriebe orientieren sich an einem gebildeten, kaufkräftigen, urbanen Publikum, das mit der Mehrheit der Wohnbevölkerung nicht übereinstimmt. Dadurch wird das Waren- und Leistungsangebot erweitert und heterogener. Es bestehen in unmittelbarer räumlicher Nähe Billigläden und hochpreisige Feinkostläden, Wettcafés und Kunstausstellungen. Die urbane Vielfalt wird dadurch einerseits erhöht, andererseits werden die lebensweltlichen Gegensätze zwischen migrantisch-proletarischem Alltag und hedonistisch-intellektuellem Lifestyle sichtbarer.

3.4.6 Die Rolle von SOHO IN OTTAKRING

Mehrere Indizien und Interviewaussagen deuten auf einen Einfluss des Kunstfestivals auf die Anzahl der Leerstände und die Veränderung der Nutzungsstruktur in den Erdgeschoßzonen hin:

Von Beginn an lag der Fokus von SOHO IN OTTAKRING auf der Wahrnehmung und Bespielung von ungenutztem, brachliegendem Raum in Neulerchenfeld (vgl. Baldauf / Weingartner 2008: 76). Die finanzielle Unterstützung des Festivals durch die Wirtschaftskammer Wien war im Interesse begründet, leer stehende Geschäftslokale künstlerisch zu bespielen. Von 2000 bis 2003 hat die Wirtschaftskammer einen größeren Teil in dieser Kooperation übernommen – zwei Mitarbeiter der WK Wien wurden für die schwierige und langwierige Akquisition leer stehender Lokale eingesetzt, ebenso wurde die Öffentlichkeitsarbeit von der WK Wien gemacht. Zur Evaluierung der finanziellen Unterstützung wurden von der WK Wien messbare Ergebnisse gefordert, die von Seiten SOHO IN OTTAKRING statistisch nicht nachweisbar gemacht werden konnten[85].

Die Kooperation wurde 2003 beendet, in den offiziellen Verlautbarungen der WK Wien wurde ein merkbarer Rückgang der Leerstandsrate angeführt. Die WK Wien spricht von einem Zuzug von 50 Betrieben bis zu ihrem Ausstieg im Jahr 2003. Es wird ein Rückgang von 35 leeren Lokalen im Jahr 2000 auf 13 im Jahr 2003 angegeben. Als Effekte ihres Engagements gibt die Wirtschaftskammer folgende Punkte an: Öffentliches Interesse und damit Investitionen ins Brunnenviertel, Steigerung des Selbstbewusstseins der Kaufleute, bessere Kommunikationsbasis zwischen Kaufleuten und Künstlern, erhöhte Nachfrage nach Wohnungen[86]. Auffallend ist der eklatante Unterschied der Leerstände zwischen der Erhebung im Rahmen dieser Studie und der Wirtschaftskammerdaten. Dies kann auf unterschiedliche Gebietsabgrenzungen und Kartierungsmethoden zurück zu führen sein.

Als bleibende Ergebnisse der Zusammenarbeit ging einerseits die Datenbank www.leerelokale.at hervor, andererseits wird das Engagement der Wirtschaftskammer bei SOHO IN OTTAKRING als „erfolgreichstes und nachhaltigstes (...) Ansiedlungsgebiet" bezeichnet. In den Augen der WK Wien scheint die Verschmelzung von Kunstfestival und Brunnenviertel mittlerweile fast vollständig zu sein: „SOHO IN OTTAKRING ist mittlerweile ein etabliertes Handels- und Kunstgebiet"[87].

Die Bespielung der leer stehenden Geschäftslokale in Neulerchenfeld bildete die zentrale Motivation für die Zusammenarbeit zwischen dem Kunstprojekt SOHO IN OTTAKRING und der Wirtschaftskammer Wien. Das Maßnahmenbündel des Servicecenter Geschäftslokale in der WK Wien zur Betriebsansiedlung bestand in einem ersten Schritt in der Organisation der freien Lokale und der Unternehmer. Es wurden dabei gezielt Unternehmen aus den *Creative In-*

---

[85] [http://deriveaufreisen.blogspot.com/2007_08_12_archive.html; Interview mit der Initiatorin von SOHO IN OTTAKRING; letzter Zugriff am 21.8.2008] In diesem Interview wird auch auf den problematischen Strukturunterschied zwischen der hierarchisch organisierten Wirtschaftkammer und der labilen, improvisierten Struktur des Kunstfestivals hingewiesen, der u.a. auch dafür verantwortlich war, dass die Zusammenarbeit beendet wurde.
[86] [vgl. http://ireds.wkw.at/online/page.php?P=51&PWVERGESSEN=1; letzter Zugriff am 21.8.2008]
[87] [vgl. www.heumuehlviertel.at/html/downloads/viertel4_wkw.doc; Presserklärung von KR Aichinger; letzter Zugriff am 21.8.2008]

dustries angesprochen, indem Interessensvertretungen und andere Multiplikato-rInnen in den Prozess eingebunden wurden. Die diesbezügliche Steuerung des Prozesses wurde mit dem Ziel einer eindeutigen Positionierung des Brunnenvier-tels als Kunstquartier gemacht. Diese Aktivitäten können als Betriebsansied-lungsbegleitung zusammengefasst werden. Der zweite Schritt bestand in der Öffentlichkeitsarbeit sowohl für das Kunstfestival, wie auch für die Betriebsan-siedlungen. Damit sollte das Ziel erreicht werden, das Quartier so bekannt zu machen, dass Betriebsnachfolgen weitgehend selbst tätig erfolgen.

Seit der Beendigung der Kooperation mit der WK Wien ist eine Verlage-rung der Bespielungen durch SOHO IN OTTAKRING weg von den leer stehen-den Geschäftslokalen beobachtbar: Die Überlagerung der SOHO-Nutzungen und der aufgenommenen Erdgeschoßleerstände des Jahres 2008 ergab, dass vier von 146 kartierten leer stehenden Lokalen im Bearbeitungsgebiet durch Kunstaktio-nen bespielt wurden (vgl. Abb. 17). Dieser Anteil dürfte zwar in den vorange-gangenen Jahren höher gewesen sein, stellt allerdings auch dann keine quantita-tiv relevante Größe dar. Als Grund für diese Situation wird von der Initiatorin

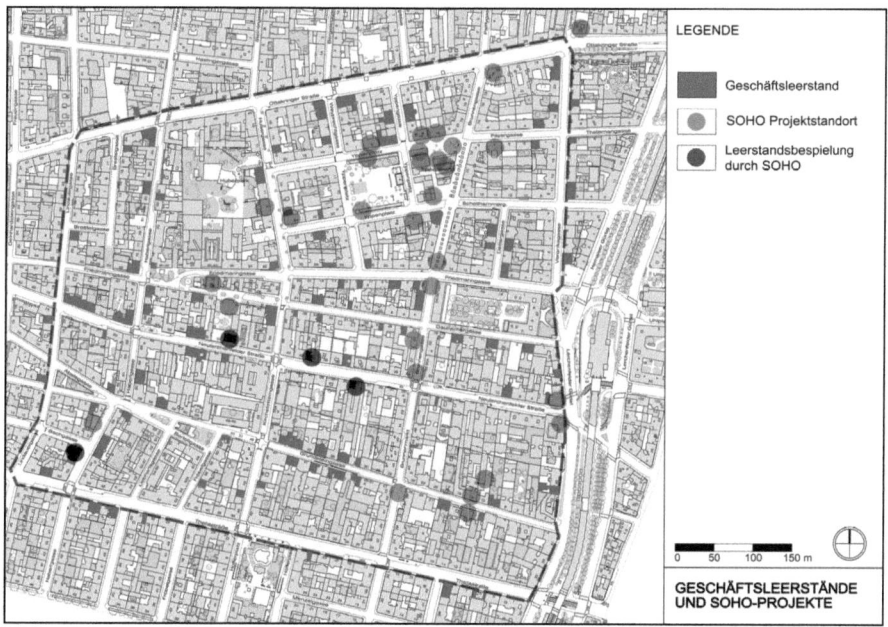

Abbildung 17: Überlagerung von leer stehenden Erdgeschoßlokalen und SOHO-Nutzungen im Jahr 2008.

angegeben, dass seit Bestehen des Festivals viele neue kunstaffinen Orte entstanden seien, die es früher nicht gegeben habe[88]. Außerdem ist mit dem Einsetzen des Aufwertungsprozesses und der professionellen Verwertung ganzer Immobilien eine Veränderung der Leerstandstruktur erkennbar: Der Neubau des IP.TWO und seine künstlerische Bespielung als Rohbau, sowie die Nutzung des vier geschossigen Kaufhauses OSEI während des Festivals haben Konzentration der Bespielung erzeugt.

Bei der Überlagerung der dokumentierten SOHO-Nutzungen seit 1999 mit den aufgenommenen Leitbetrieben im Bearbeitungsgebiet zeigen sich auffällige Übereinstimmungen (vgl. Abb. 18): Sowohl um den Yppenplatz als auch in der Grundsteingasse gibt es eine starke Konzentration von Leitbetrieben und SOHO-Projektstandorten. Ein möglicher Grund hierfür könnte in den attraktiven räumlichen Bedingungen für Kunst- und Kulturnutzungen an diesen Orten liegen. Da es gerade an diesen Standorten auch eine Konzentration von *Creative Industries*

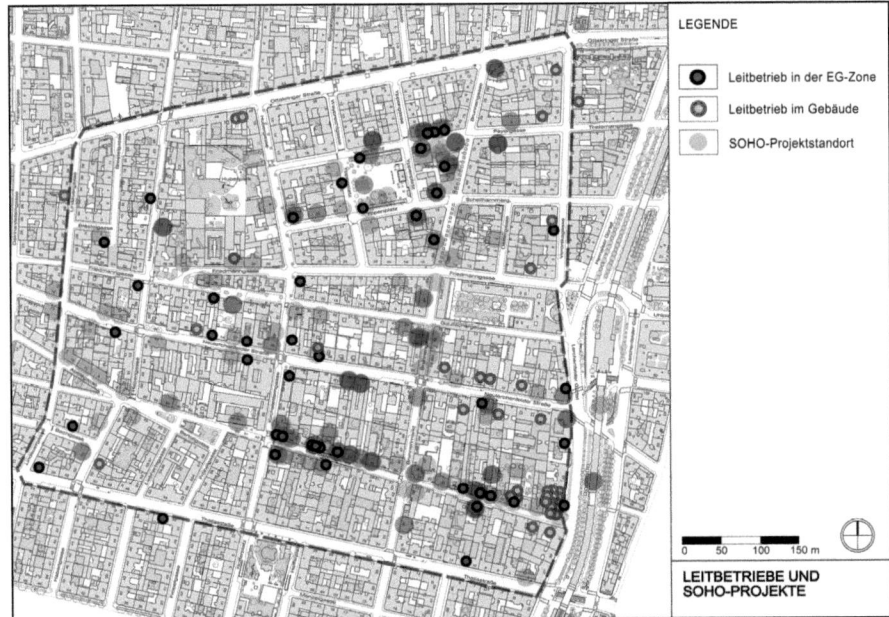

Abbildung 18:   Überlagerung von aufwertungsrelevanten Leitbetrieben und allen dokumentierten SOHO-Projektstandorten (Je öfter ein Ort im Rahmen von SOHO bespielt wurde, desto dunkler ist das Symbol).

---

[88] Gespräch mit der Initiatorin von SOHO IN OTTAKRING am 7.7.2009.

und Szenelokalen gibt, ist es nahe liegend, von einer gegenseitigen Beeinflussung auszugehen. Tatsächlich wird in einigen Interviews mit Wirtschaftstreibenden von einer direkten Beeinflussung durch SOHO IN OTTAKRING auf die wirtschaftliche
Entwicklung ihres Betriebes ausgegangen. Es wird der Bekanntheitsgrad des
eigenen Betriebs über die Teilnahme an SOHO IN OTTAKRING erhöht. Diese
Aussage wird von AkteurInnen der *Creative Industries* getroffen. Lediglich ein
Interviewpartner gibt an, durch das Kunstfestival wirtschaftlichen Schaden zu
erleiden. Auch zwischen gastronomischer Entwicklung und dem Festivalbetrieb
von SOHO IN OTTAKRING besteht ein direkter Zusammenhang: „...der Umsatz ist in dieser Zeit wesentlich höher", „...wir müssen schauen, dass wir genügend Personal haben"[89]. Die Gastronomie wird zudem als direkter Profiteur
des Kunstfestivals gesehen.

Einen weiteren Aspekt bildet die Interaktion mit dem Marktgeschehen, die
einen Einfluss auf die lokale wirtschaftliche Entwicklung hat. Der lokale Ge-
schäftsstraßenverein ‚IG Brunnenviertel' und seine Mitglieder waren an SOHO
IN OTTAKRING wesentlich beteiligt: Die Geschäftslokale wurden mit Kunstprojekten bespielt, die Wirtschaftstreibenden waren bei einigen Projekten auch
selbst Protagonisten. Dabei ist es im Laufe der Zeit zu einer gegenseitigen Wertschätzung gekommen, die in folgender Interviewpassage deutlich wird:

> „SOHO und der Markt, da ist schon eine Verschmelzung da. (...) Wir passen ganz
> gut aufeinander auf: SOHO hat nichts davon, wenn die Geschäftsleut verhungern,
> weil keiner kommt. No haben wir was davon, wenns denen schlecht geht"[90].

Auch für Immobilienprojektentwickler wurde der Einfluss von SOHO IN OT-
TAKRING wirksam. Im Baustellenstadium des Projektes IP.TWO wurde im
Jahr 2003 ein Teil des Hauses durch SOHO IN OTTAKRING bespielt: Eine
Metallskulptur, eine kritische Auseinandersetzung mit Modeproduktion in der
dritten Welt, das Phänomen *Borderlining*, sowie die Gruppenausstellung „*Stra-
tegic (Re)placement zu fremden Welten*" bildeten die Projekte[91]. Die Bespie-
lungskonzepte erstellte eine in der Grundsteingasse ansässige Künstlerin gemeinsam mit der SOHO Leitung. Der Betreiber von IP.TWO würdigt diese Kooperation als „schöne Erfahrung", als Grund für die Zusammenarbeit wird die
Netzwerkbildung genannt. „Da kommen Leute von außen dazu, die das Projekt

---

[89] Interview mit dem Besitzer des Café Club International am 29.4.2008.
[90] Interview mit dem Besitzer von Staud's am 28.4.2008.
[91][vgl. http://www.sohoinottakring.at/2003/proj_detail.php?l_number=2; letzter Zugriff am 21.8.
2008]

sehen. Vielleicht kennt irgend jemand jemanden, der ein Büro sucht"[92]. Die Kooperation war einmalig und auf die Baustellensituation beschränkt, da nachher die Räume einer Verwertung abseits künstlerischer Nutzung unterzogen wurden.

Durch die lange Laufzeit hat SOHO IN OTTAKRING mit Sicherheit zur Positionierung des Brunnenviertels als Kunst- und Kulturquartier beigetragen und die Entstehung des Kreativclusters in der Grundsteingasse und der Lokalszene am Yppenplatz begünstigt.

3.4.7 Antworten auf die Forschungsfragen

Wie hat sich SOHO IN OTTAKRING auf die ökonomische Struktur des Bearbeitungsgebiets ausgewirkt? Hat das Gebiet eine ökonomische Aufwertung erfahren?

Ungenutzter Stadtraum und Positionierung als Kunstquartier

Die Bespielung des ungenutzten Stadtraums wurde durch die anfängliche Kooperation von SOHO IN OTTAKRING mit der WK Wien mit relativ hohem Ressourceneinsatz und unterschiedlichen Mitteln unternommen. Von Seiten der WK Wien wurde die wirtschaftspolitische Perspektive in Richtung einer verstärkten Vermarktung des Brunnenviertels als Kunst- und Kreativstandort verfolgt. SOHO IN OTTAKRING war für die Erreichung dieses Ziels aus Sicht der WK Wien der geeignete Partner. Mit dem Ausstieg der Wirtschaftskammer aus dem Projekt wurde die Verantwortung für die Akquisition der Leerstände wieder zu SOHO verlagert. Aus Sicht der Wirtschaftskammer wurde eine ‚positive Spirale' in Gang gesetzt, allerdings wäre eine verstärkte Standortpositionierung als Kunstquartier wünschenswert. Der Prozess der Betriebsansiedlungen der *Creative Industries* ist in dieser Sichtweise nicht selbst tätig erfolgt, sondern wurde durch unterschiedliche Maßnahmen unterstützt und in die gewünschte Richtung gesteuert.

Der Beitrag von SOHO IN OTTAKRING bzw. der Kunst im ökonomischen Restrukturierungsprozess bestand in der arbeitsteiligen Phase mit der WK Wien in der thematischen Positionierung des Brunnenviertels als Kunstquartier. Aber auch die konkrete Aktivierung der AkteurInnen, eine Art der Impulschaffung ist von SOHO ausgegangen. Allgemein kann von einer katalysatorischen Funktion gesprochen werden, der die Aushandlungsprozessen zwischen den verschiedenen

---

[92] Interview mit Mitarbeiterin der Firma PRISMA am 10.4.2008.

AkteurInnen erleichterte. Die dafür notwendigen Eigenschaften der ‚Kunst' können folgendermaßen beschrieben werden:

- Außerhalb der ökonomischen Norm und des geläufigen Hausverstands stehend: Gerade durch dieses Außenseitertum kann eine Integrationsfunktion eingenommen werden („Naja, die (die Künstler, Anm.) san halt so"[93]).

- Gleichermaßen ökonomischer Akteur, der an der eigenen Vermarktung interessiert ist, wie an gesellschaftlich-struktureller Veränderung orientierter Intellektueller.

- Bereitschaft, mit geringen finanziellen Mitteln die Realisierung eines als persönlich empfundenen Projektes umzusetzen: damit ist sowohl die Realisierung der Idee von SOHO IN OTTAKRING durch die Initiatorin gemeint, als auch die (oftmals prekäre) Realisierung der eigenen künstlerischen Existenz.

Veränderung des Branchenmix

Der Branchenmix nach Wirtschaftssektoren in der Erdgeschosszone zeigt für das Bearbeitungsgebiet einen hohen Anteil von Handelsbetrieben (Kurzfrist- und Auswahlbedarf von zusammen ca. 25%) und eine hohe Leerstandsrate von fast 15% (146 Leerstände). Die gastronomische Nutzung liegt mit fast 13% noch vor den Dienstleistungsbetrieben mit beinahe 9%. Die Gewerbebetriebe spielen mit etwas mehr als 4% eine untergeordnete Rolle.

Diese Verteilung ist räumlich differenziert: Die Thaliastraße hat den mit Abstand höchsten Anteil des tertiären und quartären Sektors (17,5%), die Ottakringerstraße ist durch den hohen Anteil gastronomischer Einrichtungen charakterisiert (mehr als 27%). Im zentrumsnahen Bereich der Neulerchenfelderstraße ist der hohe Anteil des Auswahlbedarfs auffällig (47,5%), während im äußeren Bereich sich ein Abwertungsprozess mit einem hohen Anteil von Leerständen manifestiert (mehr als 27%). Lediglich für die Brunnengasse stehen Vergleichsdaten zur Verfügung, die einen leichten Tertiarisierungsprozess abbilden (von weniger als 4% auf 9%). Der Yppenplatz hat mit seinem Branchenmix eine Sonderstellung inne, die sich im höchsten Anteil von gastronomischen Betrieben im Bearbeitungsgebiet manifestiert (beinahe 35%), zudem zeichnet er sich durch einen hohen Anteil von Handelsbetrieben mit Kurzfristbedarf (27%) und einem hohen Anteil von Kunst und Kultur aus (beinahe 16%). Die Grundsteingasse nimmt bei den Seitenstraßen eine Sonderstellung ein: der Anteil der

---

[93] Interview mit dem Leiter des Servicecenters der WK Wien am 26.8.2008.

Leerstände ist mit fast 32% der höchste im Bearbeitungsgebiet und deutet auf die frühere Bedeutung als Einkaufsstraße hin. Gleichzeitig ist der hohe Anteil von Kunst und Kultur (fast 16%) sowie Dienstleistungsbetrieben (fast 14%) auffallend, welche einen Restrukturierungsprozess anzeigen.

Insgesamt liegt der Anteil von Kunst und Kultur im Bearbeitungsgebiet bei nicht einmal 2%, derjenige der *Creative Industries* bei weniger als 5% und jener der weiter gefassten (und sich nicht nur auf die EG-Zone beschränkende) Leitbetriebe auf nicht einmal 11%. Es kann daher nur von kleinräumigen Restrukturierungsprozessen gesprochen werden, die auf den Branchenmix des gesamten Bearbeitungsgebietes quantitativ wenig Auswirkung haben. Dennoch erfolgt in kleinräumlichem Maßstab eine wesentliche Veränderung des Angebots, der sich als Clustering manifestiert: es sind dies der Yppenplatz mit einer Mischung aus Gastronomie und Kunst, die mit Geschäften des täglichen Bedarfs ergänzt ist. Und die Grundsteingasse, deren Schwerpunkt von Kunst und Kultur bzw. Dienstleistungen noch nach einer Ergänzung sucht, wie die hohe Leerstandsrate zeigt.

Der Anteil der ethnischen Ökonomien ist im Bearbeitungsgebiet mit 37% der Erdgeschossnutzungen sehr hoch (vgl. Abb. 15). In der inneren Neulerchenfelderstraße und entlang des Marktgebiets der Brunnengasse bildet sich eine räumliche Konzentration der ethnischen Ökonomien mit fast 44% bzw. mehr als 55%. Die starke Präsenz und die von InterviewpartnerInnen beobachtete hohe Aktivität von türkischstämmigen UnternehmerInnen dürfte in deren ausgeprägter Netzwerkbildung innerhalb ihrer Community zusammen hängen. Es gibt auch Hinweise, dass diese Netzwerkbildung sich auch auf Wohnraumproduktion und Kreditwesen erstreckt. Somit bildet die ethnische Ökonomie einen wichtigen Bestandteil der lokalen Ökonomie des Brunnenviertels.

Die Veränderung des Branchenmix in Richtung kreative Stadt ist in kleinräumigen Clusterungen wahrnehmbar und produziert vor allem eine qualitativ wahrnehmbaren Prozess der ökonomischen Aufwertung. Die Cluster sind durch SOHO und die Aktivitäten der WK Wien wesentlich gestärkt worden und stützen sich immer auf bereits vorhandene Strukturen und Nutzungen, die selbst verstärkend wirken. Die ökonomische Aufwertung erfolgte gleichzeitig mit einer dynamischen Entwicklung der ethnischen Ökonomien, die wenig Bezüge zur kreativen Stadt aufweisen. Durch diese Simultaneität ist ein wesentlicher Faktor für die urbane Vielfalt gegeben, die als kennzeichnend für das Brunnenviertel beschrieben wird. Das Entwicklungspotenzial der kreativen Stadt für die ethnischen Ökonomien erscheint insgesamt wenig erschlossen und könnte eine Perspektive für das Brunnenviertel darstellen.

Bodenmarkt: Verkaufspreise von Immobilien, Mietpreisentwicklung

Die Mietpreise für Geschäftslokale haben im Vergleich nur in der Neulerchen-felderstraße eine auffällige Entwicklung gezeigt. Die Mietpreise stiegen im zentrumsnahen Teil durchschnittlich um mehr als 30%, während im angrenzenden mittleren Bereich der Straße die Preise um durchschnittlich 8% nachgaben. Aus dieser Sicht ist der Aufwertungsprozess auf den gürtelnahen Bereich des Brunnenviertels beschränkt, während sich die peripheren Teile des Bearbeitungsgebiets mit Stagnation bzw. Abwertungstendenzen konfrontiert sehen.

Welche praxisnahen Indikatoren sind für das Anzeigen von Gentrificationprozessen relevant?

Der Restrukturierungsprozess der lokalen Ökonomie hat kleinräumig in Richtung *Creative Industries* statt gefunden. Diese manifestieren sich in Betrieben aus Kunst und Kultur im engeren Sinne – wie Ateliers, Werkstätten und Galerien – sowie in Betrieben der weiter gefassten Kreativbranche – darin sind stärker marktorientierte Unternehmen im Dienstleistungs- (Planungsbüros) und im gewerblichen Sektor (textiles und handwerkliches Gestalten mit Ladenverkauf) zu finden. Es ist in der Etablierung dieser unterschiedlichen Unternehmen von einer zeitlichen Abfolge aus zu gehen. Dieser Umstand lässt eine Differenzierung analog des Gentrification Modells in Pioniere und Gentrifier zu: Der Unterschied besteht weniger in der Ausstattung mit verschiedenen Kapitalfraktionen, als die stärkere Marktorientierung. Diese bringt es mit sich, dass verstärkte Forderungen nach der Abhaltung von Events zur Präsentation des eigenen Unternehmens oder Maßnahmen zur Erhöhung der Kundenfrequenz gestellt werden.

In Verbindung mit diesen Maßnahmen wird ein Publikum angezogen, das die Verbindung zwischen Kultur, Kreativität und Lebensstil sucht. Dieses Publikum wird von gastronomischen Einrichtungen, von spezifischen Dienstleistern im Wellnessbereich und nischenorientiertem Einzelhandel mit Fokus auf Feinkost bedient. Charakteristisch für diese konsumorientierten Leitbetriebe ist die direkte und manchmal auch persönliche Verbindung zu Kunst und Kultur.

Als charakteristisch sind für das Brunnenviertel die Verbindung von Gastronomie, Kunst, Kultur und ökologisch orientierter Lebensweise zu sehen. Punktuell ist die Integration von Wohnen und künstlerischem Arbeiten im selben Gebäudeverband wahrnehmbar - inwieweit dieses Modell als typisch angesehen werden kann, wäre in einer vertiefenden Untersuchung zu beantworten, die sich auf Entscheidungen auf mikropolitischer Ebene konzentriert.

3.5 Imagewandel des Brunnenviertels

Maßnahmen der Stadterneuerung gehen oft Hand in Hand mit dem Imagewandel eines Stadtgebietes. Auf der Grundlage von Medienberichten wird für das Brunnenviertel analysiert, ob ein Imagewandel stattgefunden hat und in welcher Weise SOHO IN OTTAKRING zu diesem Wandel beigetragen hat. Wie stellt sich das neue Image dar, wie war das alte? Sind Widersprüche zu erkennen? - sind die leitenden Fragen dieser Analyse.

3.5.1 Angewandte Methoden

Anhand der Medienberichterstattung über das Projekt SOHO IN OTTAKRING und das Gebiet Neulerchenfeld wird der mediale Diskurs in den Jahren 2000 bis 2008 untersucht. Zentraler Fokus dabei sind Aussagen zu Aufwertungsprozessen in Neulerchenfeld. Von besonderem Interesse ist, inwieweit SOHO IN OTTA-KRING aus Sicht der Medien zur Aufwertung des Untersuchungsgebiets beigetragen hat. Die Diskursanalyse als Methode verspricht Rückschlüsse auf medial wahrgenommene und transportierte bauliche sowie imagebezogene Veränderungen des Untersuchungsgebiets seit Beginn von SOHO. Weitere Quellen sind Aussagen von InterviewpartnerInnen und Resonanzgruppe zum Image des Viertels.

Über die gesamte Laufzeit von SOHO liegt eine große Zahl von Medienartikeln vor. Thematisiert werden die inhaltliche Ausrichtung des Kunstfestivals und Veränderungen im Untersuchungsgebiet. In den Texten lässt sich nachvollziehen, wie sich das mediale Bild des Stadtteils in den letzten zehn Jahren verändert hat.

Als Einstieg in die zu untersuchenden Diskursstränge wurde das erste Jahr nach Projektstart herangezogen. Ab dem Jahr 2000 ist anzunehmen, dass sowohl ursprüngliche Zuschreibungen zum Untersuchungsgebiet als auch erste Effekte von SOHO IN OTTAKRING in der Berichterstattung sichtbar sind. Die letzten analysierten Artikel stammen aus dem ersten Halbjahr 2008. Insgesamt wurden 73 Artikel analysiert.

Als Datenbasis greift die Analyse auf die Artikelbestände der folgenden Archive zurück: Presse Clippings zu SOHO IN OTTAKRING aus dem Pressearchiv der Projektleiterin von SOHO und des Pressearchivs der Gebietsbetreuung Ottakring. In beiden Archiven sind stadt-, bezirks- und landesweite (Print-) Medien[94] enthalten.

---

[94] Die Artikel stammen aus den Zeitungen: Tages Anzeiger, Falter, Bezirksjournal, Die Presse, Die Furche, Wiener Zeitung, Bild.punkt, immostandard, Das neue Vormagazin, Der Standard, Immo-

Zur Analyse wurden Artikel ausgewählt, die einen Bezug zum Untersuchungsgebiet der vorliegenden Studie besitzen. Diese wurden in drei Kategorien unterteilt:

1. Artikel, die das Quartier thematisieren,
2. Artikel über SOHO IN OTTAKRING und
3. Jene, die das Untersuchungsgebiet beispielhaft erwähnen.

So konnten Berichte über SOHO IN OTTAKRING und über die Quartiersentwicklung von Neulerchenfeld getrennt voneinander untersucht werden. Das Material wurde hinsichtlich möglicher Wechselwirkungen zwischen dem Kunst- und Kulturprojekt und der Quartiersentwicklung analysiert. Die Medienarbeit für SOHO wurde von 2000 bis 2003 im Auftrag der WK Wien, seither im Auftrag von SOHO selbst betrieben.

Im Anschluss an die Diskursanalyse werden die Aussagen der InterviewpartnerInnen zum Image von SOHO wiedergegeben. Die kursiven Textteile kennzeichnen Begriffe und Passagen, die aus den Artikeln der medialen Darstellung übernommen wurden.

3.5.2 Diskursanalyse

Aus der Analyse des Datenmaterials sind vier Diskursstränge ersichtlich, die in Verbindung mit dem Wandel von Neulerchenfeld medial thematisiert wurden.

Diskurs 1 – der Wandel des Bezirks und einzelner Quartiere

In der medialen Berichterstattung über das Untersuchungsgebiet lassen sich unterschiedliche geografische Betrachtungsebenen feststellen. Die gröbste Gebietsgliederung ist der Bezirk Ottakring, eine feinere sind einzelne Quartiere im Projektgebiet von SOHO und namentlich herausgegriffen werden einzelne öffentliche Räume.

In frühen Artikel wird Ottakring als die Vorstadt bezeichnet, als der *ehemalige Arbeiterbezirk*, der *Problembezirk, abgefuckt* und vom *Nebeneinander österreichischer, türkischer und jugoslawischer Alltagskultur* geprägt. Ab ca. 2005 wird dem 16. Bezirk ein *lebendig, frisches und Aufsehen erregendes Kultur- und*

---

bilien Fokus, Kurier Wien, Augustin, Wiener Zeitung, Rotpunkt, Kurier Wien-West, Bezirkszeitung Ottakring, Bezirksjournal Ottakring, Süddeutsche Zeitung, Forum, Gürtelnews, Mal Moe, Österreich, Wien Live, Wiener Bezirksblatt, Wiener Bezirkszeitung, Rathauskorrespondenz.

Kunstleben zugeschrieben. Etwas später wird er tituliert mit: *Auf dem Weg zum Trendviertel* und schlussendlich als *Boboenklave*.

Das Brunnenviertel macht in der Berichterstattung eine ähnliche Entwicklung durch. Anfangs wird dieser *dicht besiedeltste Bereich von Ottakring* als schon lange tot und unter anderem ob des hohen Anteils von BewohnerInnen mit migrantischem Hintergrund als *anders als der Rest von Wien* bezeichnet. Es wird das Bild leer stehender, verödeter Geschäftslokale und abwandernder Wirtschaft gezeichnet. Hinzu kommt das Bild einer Vereinnahmung durch migrantische Bevölkerungsgruppen, die wegen der niedrigen Mietpreise im Quartier wohnen.

Mit der Zeit spielt SOHO IN OTTAKRING eine Rolle in den Medien. Das Bild des tristen Brunnenviertels wandelt sich zunehmend und wird angereichert um Aspekte des kulturellen Treibens. Ab ca. 2002 gilt das Brunnenviertel medial als die *farbenprächtigste, spannendste Kunstmeile der Stadt*. Dieses Bild bleibt bis in den späten Beobachtungszeitraum 2006 bestehen, wo klar resümiert wird, dass das multikulturelle Flair des Brunnenviertels in Kombination mit dem Kunst- und Kulturprojekt SOHO IN OTTAKRING den Bezirk für die kreative Szene interessant gemacht hat. Fortan werden die *kleinen vorstädtischen Strukturen* des Quartiers und die *niedrigen Mieten* nicht nur für alteingesessene Geschäftsleute und MigrantInnen als attraktiv erachtet, sondern vor allem auch für KünstlerInnen.

Orte, die für die Beschreibung des Quartiers besonders wichtig sind und in der Mehrzahl der Artikel angesprochen werden, sind der Brunnenmarkt und der Yppenplatz. Letzterer war zu Beginn des Beobachtungszeitraums im Zuge eines Stadtteilerneuerungsprozesses unter Beteiligung der ortsansässigen Bevölkerung umgestaltet worden. Der Yppenplatz wird in den Artikeln in seiner umgestalteten Form als *Piazza von Ottakring* bezeichnet und in seiner Bedeutung für das gesellige Beisammensein im öffentlichen Raum bestätigt.

Mehr Aufmerksamkeit als der Yppenplatz erfährt in der betrachteten Medienberichterstattung aber der Brunnenmarkt. Dieser steht in der frühen Beobachtungsperiode am Beginn seiner Umgestaltung und damit seit dem Jahr 2000 im Brennpunkt medialen Interesses.

Trotz langer Tradition wird der Straßenmarkt in den Berichten vor dem Jahr 2000 als *schmuddelig* und von der *Schließung bedroht* beschrieben. Vorerst *vor der Schließung gerettet* hat ihn der Zuzug türkischer Händler, denen heute viele Stände des Straßenmarktes gehören. Um das *Relikt* einer *alten, fast schon verschwundenen Marktform* langfristig zu retten, stand dem *improvisierten, bunten und südländischen Markt* bis ca. 2006 eine erste umfangreiche Umbauphase bevor. Der Markt sollte eine bessere Infrastruktur in Form von fixen Marktständen erhalten. Dieser medial reflektierte Umgestaltungsprozess hat nicht nur BefürworterInnen, denn die Umgestaltung wird als starker Eingriff in die gelebten Strukturen des Marktes wahrgenommen und wird als ernste wirtschaftliche Herausforderung für viele StandbetreiberInnen dargestellt.

In aktuellen Medienberichten überwiegt für den Yppenplatz und den Brunnenmarkt ein sehr positiv gezeichnetes Bild. Beide Orte werden wohl am deutlichsten dadurch unterschieden, dass der Yppenplatz die *ortsansässige Bohème* in Lokalen wie dem Noi anzieht und es an sonnigen Samstagen *naschmarktesk* auf ihm *wimmelt*. Der Brunnenmarkt hingegen wird in seiner bazarähnlichen Beschaffenheit als das *Epizentrum neu verstandener Urbanität* charakterisiert und weiterhin als *fest in türkischer Hand* bezeichnet. Die türkische Community wird fortan nicht mehr als negativ oder gar störend beschrieben, sondern vielmehr als Kernkomponente, die den Charme und die Identität des Marktes ausmacht.

Auch die InterviewpartnerInnen bestärken, dass der Brunnenmarkt immer ein *wichtiger Imagefaktor* im Gebiet war. Vereinzelt wird vermutet, dass der Trend zu neuen hippen Lokalen nichts *mit SOHO zu tun hat, sondern eine politische Entscheidung* ist. Yppenplatz und Brunnenmarkt werden immer wieder mit dem Naschmarkt verglichen. Von Teilen der Interviewten besteht der Wunsch, dass sich das Quartier *nicht wie der Naschmarkt oder die Schleifmühlgasse in ein Boboviertel* wandelt.

Neben dem Bezirk und dem Brunnenviertel schenkt die Berichterstattung einigen wichtigen Bauprojekten im Zusammenhang mit der Aufwertung des Bezirks ihre Aufmerksamkeit. Zwei Beispiele dazu:

Die Kornhäuselvilla, die älteste Landvilla Wiens[95], wurde als *verwahrlostes Ensemble*, das abgeplackt hinter Plakatwänden verborgen und von *verrammelten Türen* versteckt ist, 2005 durch eine Ausstellung von SOHO IN OTTAKRING wieder belebt. Anschließend entstand hier ein Pilotprojekt zu modernen Wohnformen für ältere Menschen und eine *regionale Piazza für Alt Ottakring*.

Auch der Gürtel, laut Medienmeinung bekannt als *nicht gerade feine Wohngegend* und geprägt von *Sexshops, Prostitution, Drogen und Obdachlosen* sowie *Lärm, Abgasen und schlechter Lebensqualität* erlebt eine Wandlung. Besonders in den späteren Medienberichten werden die Aufwertungsbemühungen der Stadtbahnbögen als erfolgreich beschrieben. Ab dem Lerchenfeldergürtel wird von einer *punktuell florierenden Lokalszene* berichtet, die am Rand der Verkehrsader Menschen zum Verweilen einlädt.

---

[95] Das Gebäude befindet sich außerhalb des Bearbeitungsgebiets der gegenständlichen Untersuchung in der Ottakringerstraße Ecke Maroltingergasse.

Diskurs 2 – Mulitkulti im Wandel

In Verbindung mit den genannten Orten wird in den untersuchten Artikeln die ansässige Bevölkerung bzw. Menschen, die dort Zeit verbringen, beschrieben. Dabei gilt zu unterscheiden zwischen: BewohnerInnen, Geschäftleuten und aufsuchenden PassantInnen.

Grundtenor aller Artikel ist die Betonung des multikulturellen Flairs des Brunnenviertels. Dieser Aspekt zieht sich durch die zeitliche Betrachtung der Medienberichterstattung und stellt eine verbindende Komponente dar. Oft wird über die Zusammensetzung der Nationalitäten berichtet: *Österreicher, Türken, Jugoslawen*; oder: *auf dem Brunnenmarkt sind in der traditionellen Arbeitervorstadt Ottakring die Alteingesessenen mit wenigen Ausnahmen Türken oder Kurden, manchmal Serben und Kroaten oder Perser und Syrer.* Teilweise wird dabei auch differenzierter auf den Anteil von BewohnerInnen mit migrantischem Hintergrund eingegangen, beispielsweise indem beschrieben wird, dass *Schüler an Schulen im 16. Bezirk großteils der zweiten oder dritten Generation von Einwanderern* entstammen. Den frühen Artikeln ist dabei gemeinsam, dass die Multikulturalität als Ist-Zustand teilweise negativ konotiert, teilweise neutral beschrieben wird.

Der Großteil der Artikel geht auch auf den Wunsch der Geschäftsleute ein, das Quartier für ein junges Publikum interessant zu machen. Laut jüngeren Artikeln findet das auch zunehmend statt. Mit 2000 ist noch vom *urbanem Jungvolk* die Rede, das angezogen von SOHO IN OTTAKRING auf *Designermöbeln sitzend* Ausstellungen besucht und leer stehende Geschäfte betrachtet, während sich die Menschen aus Ottakring langsam an die Auswirkungen des Kunstfestivals gewöhnen. Ab 2005 sind dann schon die *Bobos* (Bourgeois Bohemian) ansässig geworden, die jung gebliebenen Künstlertypen, die sich gerne mit dem *Schick des Trashigen und Abgewohnten* umgeben und dabei zur *Aufwertung vernachlässigter Stadtteile* beitragen.

Auch InterviewpartnerInnen bestätigen, dass die *multikulturelle Prägung des Viertels Teil des positiven Images von Ottakring* ist. Für ÖsterreicherInnen, die das *Exotische schätzen*, ist das Quartier interessant. Das lässt sich als *Potenzial* vermarkten.

Diskurs 3 – desolate Bausubstanz und Sanierung

Der hohe AusländerInnenanteil wird immer wieder in Beziehung zu den billigen und vergleichsweise desolaten Mietwohnungen gesetzt. Vermehrt wird über mangelhafte Bausubstanz vor allem der Gründerzeithäuser in Ottakring berich-

tet. Über den Beobachtungszeitraum verteilt wird zunehmend auf Neubele-
bungs-, Sanierungs- und Umgestaltungsabsichten oder -maßnahmen hingewiesen. Ausgehend vom Brunnenmarkt, über das ehemalige Kaufhaus OSEI oder
Wohnungen am Gürtel und ausstrahlend über die Grenzen des Untersuchungsgebiets hinaus, wie die Kornhäuselvilla, entsteht das Bild eines gezielten Auf-
wertungs- und Erneuerungsprozesses, der mit unterschiedlichen Förderprogrammen und Entwicklungsinitiativen in Zusammenhang steht.

Ottakring wird im medialen Diskurs als *Stadtteil zum Wohnen und Leben*
zunehmend attraktiv, in den jüngsten Artikeln gar als *Trendviertel* bezeichnet.
Immer wieder wird eine Querverbindung zum Projekt SOHO IN OTTAKRING
hergestellt, als Impulsgeber in unterschiedlicher Hinsicht. Offensichtlich wird
der Einfluss, den dieses Kunstprojekt auf den Stadtteil hat, auch in Wohnungsanzeigen: So wird etwa berichtet, dass nicht erst seit 2007 sogar *Immobilienhaie*
ihre Wohnungsanzeigen am Brunnenmarkt mit der Bezeichnung *,SOHO-
Gegend' aufpeppen.*

Diskurs 4 – Geschäftesterben und wirtschaftliche Wiederbelebung

Was Geschäftslokale und das wirtschaftliche Leben des Stadtteils betrifft, so
berichten frühe Artikel von einem urban-gewerblichen Koma. Begriffe wie blin-
de Schaufenster, zerbrochene Scheiben und Plakatfetzen, verödete Geschäfte,
leer stehende Lokale, sterbende Geschäftsstraßen vermitteln eindeutig negative
Bilder, die Trostlosigkeit über das wirtschaftliche Treiben transportieren.

Doch bereits 2000 wird von der Wiedervermietung von Lokalen berichtet,
die von SOHO IN OTTAKRING zwischen genutzt werden und von der Eröff-
nung einiger Galerien. Ab 2003 ist bereits die Rede von der vermehrten Ansiede-
lung kleiner *Start-Ups* wie Architekturbüros und IT-Firmen, die eine Interaktion
mit dem öffentlichen Raum schätzen, in ebenerdige Geschäftslokale ziehen und
den Gehweg vor ihrem Geschäft einbeziehen. Über die betrachtete Zeit stellt sich
eine klare Wandlung dar: Vom aussterbenden Stadtteil hin zum Biotop junger
GründerInnen und einer kreativen Szene.

3.5.3   Imagewandel aus Sicht der InterviewpartnerInnen

Aus den Interviews wurden jene Zitate entnommen, die unmittelbare Aussagen
über das Image von Neulerchenfeld treffen. Die Meinungen decken sich weitgehend, die meisten InterviewpartnerInnen sehen einen Imagewandel hin zu einem
Kreativquartier, zu dem SOHO einen Beitrag leistet. Die mediale Berichterstat-

tung wird als unterstützend in der Imageproduktion betrachtet, denn das medial vermittelte Bild kann einem Stadtteil eine Note verleihen und Menschen und Aktivitäten anziehen, die diesem Image entsprechen.

Dass das medial transportierte Image eine Rückwirkung auf das Quartier hat, ist ein Phänomen, das von einem Interviewpartner sehr klar skizziert wird:

> „Von Beginn an wurde sehr viel in den Medien geschrieben. Daher entstand in den Köpfen ein gewisses Bild von der Gegend." Und selbstkritisch: „Es wurde sehr viel Öffentlichkeitsarbeit gemacht, medial sehr gepuscht, es haben sich dann gleich viele Institutionen wie auch die Gebietsbetreuung auf SOHO gesetzt, die allerdings SOHO seit dem Jahr 2002 auch personell in der Organisation unterstützt"[96]. „Das Fernsehen ist schon wichtig. Das ist eine Wechselwirkung – natürlich profitieren wir – aber sie profitieren auch von meinen Kontakten"[97].

Eine Reihe von Aussagen beziehen sich auf SOHO IN OTTAKRING als Triebkraft des Imagewandels:

> „Das Image von Neulerchenfeld hat sich radikal verändert. Es gilt als attraktiver Standort – das Bild des Ausländerghettos ist heute weniger stark in den Köpfen. Mir scheint sogar, dass die multikulturelle Prägung des Viertels auch Teil des positiven Images von Ottakring ist. (...) SOHO war ein wichtiger Impulsgeber für die Wiederentdeckung des Brunnenmarktes"[98].

> „SOHO und der Markt, da ist schon eine Verschmelzung da. SOHO hat einen ganz wichtigen Beitrag geleistet, zur Imagebildung"[99].

Auch der Markt wird als starke Triebfeder für den Imagewandel betrachtet:

> „Der wichtigste Imagefaktor im Gebiet war immer der Brunnenmarkt und er wird es auch immer bleiben. Er bringt die Leute und das Leben ins Grätzel. Der Markt hat sich durch die Sanierung natürlich gewandelt und mit ihm das Image. Davon haben Leute profitiert, andere haben dadurch verloren"[100].

> „Über die Bezirksgrenzen bietet SOHO die Möglichkeit, auch die Bezirksstruktur, die Bezirkskultur etc. darzustellen. Ist bereits ein internationales Festival, wir haben Partnerschaften mit verschiedenen europäischen Ländern. Wir haben viele aus anderen Bezirken, aus anderen Bundesländern. Das alleine bietet die Chance, Ottakring

---

[96] Interview mit dem Leiter der Gebietsbetreuung Ottakring am 22.4.2008.
[97] Interview mit dem Besitzer des Unternehmens Staud´s am 28.4.2008.
[98] Interview mit einem Partner des Landschaftsarchitekturbüros Bauchplan am 18.4.2008.
[99] Interview mit dem Besitzer des Unternehmens Staud´s am 28.4.2008.
[100] Interview mit einem Künstler des Kunstvereins Masc Foundation/39 dada am 10.4.2008.

zu präsentieren – SOHO IN OTTAKRING, Galerien der Grundsteingasse in Ottakring, der Brunnenmarkt – der einzigartig ist in Europa"[101].

„Die Steigerung des Images führt auch zu Preiserhöhung, der lokalen Geschäftswelt beschert es einen höheren Umsatz. Dass es (Anm.: SOHO) neue Leute ins Viertel bringt, ist unbestreitbar. SOHO trägt wesentlich dazu bei, dass es nicht nur für Türken interessant ist, sondern auch für österreichisches Publikum. Diese Entmischung wird dadurch geringer"[102].

„Als Projektentwickler ist das Umfeld wichtig, was haben wir da für Ideen. Wenn man da in ein gewisses Grätzel reinkommt, das geprägt ist von der Kreativszene, dann hat man andere Ideen"[103].

Es sind auch Meinungen zu hören, die sich auf die Langsamkeit des Entwicklungsprozesses beziehen:

„Das Image von Ottakring und Neulerchenfeld ändert sich, obwohl viel passiert, nur sehr langsam. Das liegt wohl auch an der Mentalität, es dauert sehr lange, bis sich in Wien etwas verändert"[104].

3.5.4   Antworten auf die Forschungsfragen

Wie hat sich das Image des Bearbeitungsgebietes durch SOHO IN OTTA-KRING gewandelt? Gibt es in der Außenwahrnehmung eine Wechselbeziehung zwischen SOHO IN OTTAKRING und dem Stadtgebiet, in dem die Aktion stattfindet? Wie ist das neue, wie war das alte Image?

Die Diskursanalyse zeigt einen deutlichen Wandel des medial konstruierten Bildes von Neulerchenfeld und einiger seiner Orte wie dem Yppenplatz und dem Brunnenmarkt. Diese Umorientierung des Diskurses weg von negativen hin zu positiven Zuschreibungen steht in engem Zusammenhang mit unterschiedlichen Stadtteilerneuerungs- und Revitalisierungsmaßnahmen. Gemäß der vorliegenden medialen Berichterstattung und Aussagen von InterviewpartnerInnen – sowohl PionierInnen (Innensicht) als auch BauträgerInnen (Außensicht) – hatte und hat SOHO IN OTTAKRING einen deutlichen Effekt auf die positive Entwicklung des Stadtteils Neulerchenfeld . Die Wiedervermietung ehemals leer stehender

---

[101] Interview mit dem Bezirksvorsteher von Ottakring am 16.5.2008.
[102] Interview mit dem Besitzer des Café Club International am 10.4.2008.
[103] Interview mit einer Mitarbeiterin der Firma PRISMA am 10.4.2008.
[104] Interview mit der Besitzerin des Unternehmens sowie Geschäftslokals Mano Design am 11.4.2008

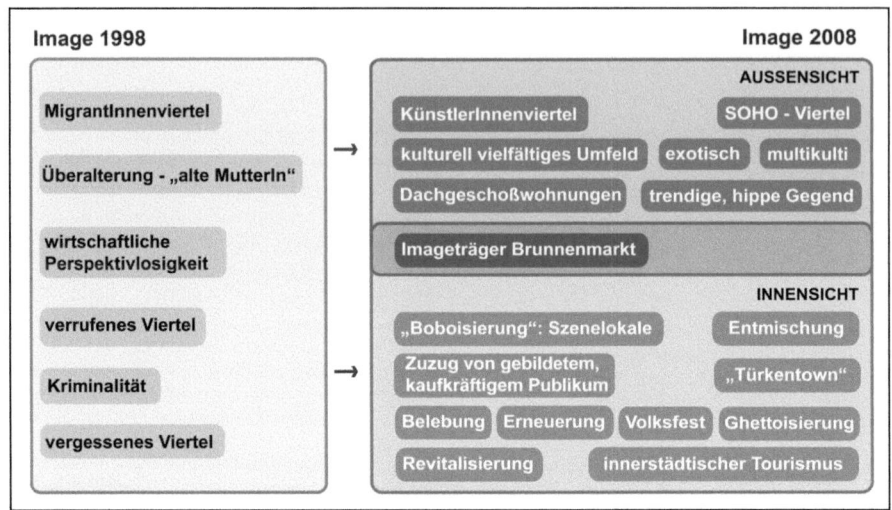

Abbildung 19:   Imagewandel des Brunnenviertels von 1998 bis 2008.

Geschäftslokale und die Revitalisierung verfallener Gebäude werden mit SOHO in direkten Zusammenhang gebracht. Sogar von einem SOHO-Effekt ist die Rede, der die Niederlassung neuer *Start-Ups* im Kreativbereich beschreibt, die sich erst durch die Initiative von SOHO IN OTTAKRING für dieses Quartier zu interessieren begonnen haben. Auch die SOHO-Gegend als Attribut in Wohnungsannoncen für zahlungskräftige KäuferInnen und MieterInnen spricht für die Attraktivität, die das Brunnenviertel mittlerweile ausstrahlt. Die starke migrantische Prägung dieses Quartiers erfährt ebenfalls einen Imagewandel weg vom negativ besetzten Ausländerquartier hin zu einem positiv besetzten Bild eines multikulturellen Schmelztiegels. Wie in der Abb. 19 dargestellt, hat sich dieser Wandel laut Medienanalyse in den letzten zehn Jahren vollzogen. Attribute wie verrufenes Quartier oder MigrantInnenviertel mit hoher Kriminalitätsrate wandeln sich zu: kulturell vielfältiges Umfeld, exotisch, trendige, hippe Gegend. So nehmen Menschen wie BauträgerInnen und InvestorInnen, die nicht im Stadtteil wohnen oder arbeiten, aber an ihm Interesse zeigen, das Quartier wahr. Von InterviewpartnerInnen, die ihren Alltag in Neulerchenfeld verbringen, ist eine realitätsnahe Sicht zu erwarten. Auch sie bestätigen einen Wandel hin zu Belebung und Erneuerung und einer neuen Form des innerstädtischen Tourismus. Gleichzeitig weisen sie auf die Etablierung von unterschiedlichen Lebenswelten hin, ausgedrückt in markanten Begriffen wie Bobotown und Türkentown.

In der Gesamtreflexion von Medienanalyse und Aussagen der Interview-partnerInnen fällt auf, dass die mediale Diskussion einen sehr wesentlichen Einfluss auf die Veränderung dieses Quartiers hatte. Die wiederholte Beschreibung des Flairs von Neulerchenfeld hat in der Wahrnehmung der LeserInnen seine Spuren hinterlassen. Menschen, die sich von diesem Image angesprochen fühlen, beginnen sich allein schon wegen des Rufes für das Quartier zu interessieren.

Damit wird deutlich, wie einflussreich die mediale Berichterstattung sein kann. Mit öffentlichkeitswirksamen Aktionen wie Kunst- und Kulturprojekten kann mediale Aufmerksamkeit erzeugt werden. Für einen langfristigen Imagewandel muss allerdings die Realität mitziehen, sonst verpufft die mediale Blase. In Neulerchenfeld ist eine Synergie zwischen medialer Imagepflege und realen Bewegungen in der Kunst- und Kulturszene, der Unternehmens- und Bevölkerungsstruktur sowie bei Sanierungen und Neubautätigkeiten festzustellen (siehe Kap. 3.4 und 3.6).

3.6 Soziodemografische Entwicklung

Die Veränderung der Struktur der Wohnbevölkerung besitzt für das Forschungsinteresse im Zusammenhang von Kunst- und Kulturprojekten und Aufwertungsprozessen eine besondere Relevanz. Es wird dabei davon ausgegangen, dass sich Aufwertungsprozesse auch auf die Struktur der Wohnbevölkerung eines aufgewerteten Quartiers auswirkt. In Anschluss an die angloamerikanische Gentrification Debatte (vgl. Meinharter / Rode 2001) werden dabei sozio-ökonomisch schwache Gruppen verdrängt. Die Fragestellung beleuchtet das quantitative Ausmaß der bevölkerungsstrukturellen Veränderung und diskutiert den möglichen Anteil der Kunst- und Kulturprojekte daran. Zur Beantwortung des ersten Teils wurde mit Daten auf Baublockebene gearbeitet, während für den zweiten Teil zur quantitativen Darstellung zumindest Daten auf Parzellenebene benötigt worden wären. Da diese im Rahmen dieser Untersuchung nicht zur Verfügung standen, beschränken sich die diesbezüglichen Aussagen auf qualitative Aspekte.

Generell kann voraus geschickt werden, dass ein direkter Zusammenhang zwischen bevölkerungsstruktureller Veränderung und der Durchführung von SOHO IN OTTAKRING auf quantitativer Ebene nicht herstellbar ist. Das Wirkungsgefüge ist zu komplex, um die Einflussgröße von SOHO zu quantifizieren.

3.6.1 Analyse der soziodemografischen Daten

Methodik und Datengrundlagen

Die vorhandenen statistischen Grundlagendaten der Bevölkerungsevidenzen von 1997 und 2005 werden den 31 bewohnten Gebäudeblöcken im Bearbeitungsgebiet zugeordnet. Studienrelevante Daten, wie der Anteil der 20- bis 40-jährigen als potentielle Pioniergruppe für Unternehmensgründungen, der Anteil der MigrantInnen sowie die Dynamik der Gesamtbevölkerung werden herausgefiltert und in der Folge in Form von Karten dargestellt und beschrieben. Zusätzlich wird die Cluster- und die Potenzialanalyse der Studie „Kleinräumige Konzentrations- und Segregationsprozesse in Wien" (vgl. Giffinger et al 2007) als Grundlage für die Beschreibung herangezogen. Generell ist anzumerken, dass die sozio-ökonomischen Merkmale in den zur Verfügung stehenden Datengrundlagen unzureichend dargestellt sind. Angaben zur Einkommenssituation, Erwerbsstatus, Berufsposition standen nicht zur Verfügung, weshalb Aussagen zu bevölkerungsstrukturellen Veränderungen in Bezug auf Austausch- und Verdrängungs-

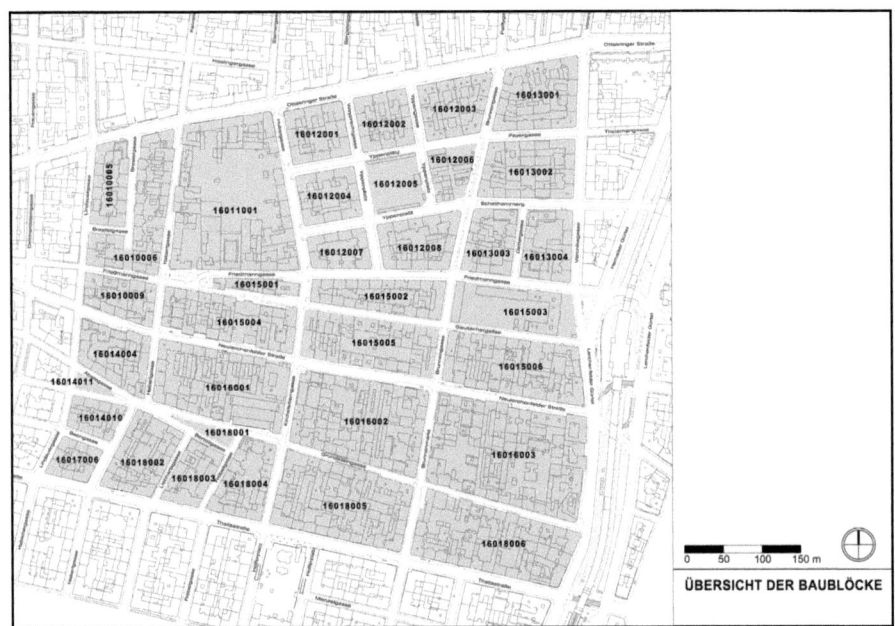

Abbildung 20:   Übersicht der Baublöcke im Untersuchungsgebiet.

prozesse von ökonomisch schwachen Bevölkerungsgruppen im Rahmen dieser Studie schwer zu tätigen sind.

Für die Studie stehen weiters die Daten der Volkszählungen 1991 und 2001 sowie die ,Kleinräumige Bevölkerungsprognose für Wien 2005 bis 2035' (vgl. Lebhart et al 2007) zur Verfügung. Da diese Daten nur in Zählgebiets- und nicht in Blockschärfe vorliegen, können die Daten nur bedingt zur Interpretation herangezogen werden.

Eine blockweise Untersuchung zeigt, welche Baublöcke im Gebietstrend liegen und welche signifikant davon abweichen. Um Rückschlüsse auf die Beeinflussung der soziodemographischen Entwicklung des Gebiets durch die bauliche Erneuerung ziehen zu können, werden die abweichenden Blöcke auf Sanierungstätigkeiten innerhalb der letzten Jahre untersucht. Datengrundlage hierfür sind die Erhebungen zu abgeschlossenen und geplanten Sanierungsprojekten der Gebietsbetreuung 16 (GB 16) aus den Jahren 2002 und 2007 sowie der im Rahmen der Studie entstandenen Karte zur Bauzustandsbeschreibung.

Aufgrund der zur Verfügung stehenden Daten können keine spezifischeren Aussagen zu einzelnen Bevölkerungsgruppen, wie etwa der Anteilsveränderung einzelner MigrantInnengruppen im Bearbeitungsgebiet gemacht werden. Um eine gezielte Untersuchung von demografisch ablesbaren Aufwertungsmaßnahmen machen zu können, müssten entsprechende Daten auch auf Parzellenebene und darunter vorliegen.

Situation im Jahr 2005

Das Bearbeitungsgebiet besteht aus insgesamt 35 Baublöcken, wovon 31 bewohnt und die restlichen vier unbewohnte Grün- oder Marktflächen sind. Im Jahr 2005 lebten laut Bevölkerungsevidenz insgesamt 10.075 Menschen im Gebiet, was bei einer Fläche von knapp 0,4 km² einer EinwohnerInnendichte von etwa 25.326 Ew/km² entspricht[105].

ÖsterreicherInnen und MigrantInnen

Von den EinwohnerInnen des Gebiets waren im Jahr 2005 laut Bevölkerungsevidenz 65,46% (6.595) österreichische StaatsbürgerInnen und 34,54% (3.480) MigrantInnen. Der MigrantInnenanteil liegt damit deutlich über dem Wiener

---

[105] Im Vergleich liegt die EinwohnerInnendichte von Wien bei 4.050,25 EW/km² [Vgl. http://www. wien.gv.at/statistik/daten/aktuell.html, letzter Zugriff 8.7.2008].

Durchschnitt von 18,00%[106] (Jahr 2005) und das Quartier kann als migrantisch geprägt bezeichnet werden. Bei den ZuwanderInnen dominieren die für Wien klassischen Gruppen von TürkInnen und Ex-JugoslawInnen. Entsprechende Daten liegen der Studie nur in der Bevölkerungsevidenz des Jahres 1997 vor. Damals stellten im ehemaligen Jugoslawien geborene Menschen[107] mit 46,90% den größten Anteil unter den MigrantInnen im Quartier. Der Anteil der TürkInnen lag bei 28,91% und damit an zweiter Stelle. Vergleichsdaten für das Jahr 2005 stehen für die Studie nicht zur Verfügung. Auffällig hoch ist der Anteil der MigrantInnen (laut Bevölkerungsevidenz 2005) im Bereich um den Yppenplatz (Baublöcke 16012002, 16012003, 16012004, 16012007, 16012008, 16013001) sowie an der Thaliastraße im Südwesten des Bearbeitungsgebiets (16017006, 16018002), wo er deutlich über 40%, zum Teil sogar über 50% liegt.

Deutlich unterdurchschnittlich ist der Anteil hingegen nur in den Blöcken 16015003 (Yppenheim) und 16018003, mit knapp 12%.

20- bis 40-jährige

Im Jahr 2005 lebten laut Bevölkerungsevidenz im Gebiet 3.571 Personen im Alter zwischen 20 und 40 Jahren, was einem Anteil von 35,44% entspricht.

Überdurchschnittlich hoch ist der Anteil im Nordwesten des Bearbeitungs-gebiets (Blöcke 16010005, 16010006) sowie im Block 16012003 an der Ot-takringer Straße, wo er über 40% beträgt. Unterdurchschnittlich ist der Anteil der 20- bis 40-jährigen in den Blöcken 16012004 und 16012007 am Yppenplatz, im Block 16018003 sowie im Block 16015003 (Yppenheim).

Clusteranalyse

Bei der zugrunde liegenden Clusteranalyse aus der Studie ‚Kleinräumige Kon-zentrations- und Segregationsprozesse in Wien' (vgl. Giffinger et al 2007), wer-den unterschiedliche demografische Daten kombiniert dargestellt. Eine sozi-oethnische, eine soziodemografische und eine sozioökonomische Dimension werden beschrieben. Durch die blockweise Überlagerung von Daten werden in der Studie mehrere Sozialraumtypen gebildet, die zum besseren Verständnis in der folgenden Tabelle kurz beschrieben werden:

---

[106] [vgl. http://www.statistik.at/, letzter Zugriff 8.7.2008].
[107] Damit sind sämtliche StaatsbürgerInnen von Nachfolgestaaten der bis 1991 bestehenden Sozialis-tischen Föderativen Republik Jugoslawien erfasst.

Sozial-raumtyp	Sozioethnische Dimension	Soziodemografische Dimension	Sozioökonomische Dimension
Sozial-raumtyp 1	ethnische Vielfalt bei hoher Bevöl-kerungsdichte; keine besondere Konzentration einzelner im Aus-land geborener ZuwanderInnen-gruppen	‚ältere Wohnbevöl-kerung, Ein Perso-nen-Haushalte'; starke Konzentrati-on von alter Wohn-bevölkerung und überdurchschnittli-cher Anteil von Ein Personenhaushalten; signifikant unter-durchschnittlicher Anteil von Jugend-lichen.	‚Wiener Durch-schnitt ohne soziale Polarisierung'; keine Dominanz einzelner Gruppen; leicht un-terdurchschnittliche Dichte von Absol-ventInnen höherer Bildungseinrichtun-gen
Sozial-raumtyp 2	‚ethnische Vielfalt mit ehemals ju-goslawischer Prägung'; mäßige Bevölkerungs-dichte	‚Ein-Personen Haushalte'; starke Konzentration von kleinen Haushalten	‚Mittelschicht'; keine signifikanten Kon-zentrationen
Sozial-raumtyp 3	‚österreichische BewohnerInnen bei leichter inter-nationaler Prä-gung'; geringe Bevölkerungs-dichte; geringe ethnische Durch-mischung	Konzentration von kleinen Haushalten; stärkere Überalte-rung als bei den Typen 1 und 2, kaum kinderreiche Familien	‚geringe Schulbil-dung, Arbeitslose, Arbeiter'; signifikant hohe Konzentration von Pflichtschulab-gängerInnen sowie unterer Berufs- und Einkommensgruppen
Sozial-raumtyp 4	‚hohe Dichte bei stark unterschied-licher Zuwande-rInnenprägung'; überdurchschnitt-liche Konzentrati-on von TürkInnen und Ex-JugoslawInnen	‚Jugendliche'; über-proportionaler An-teil von junger Wohnbevölkerung	‚höher Gebildete, Vollerwerbstätige'; hohe Dichte an Ab-solventen der höchs-ten Bildungseinrich-tungen, hohe Kon-zentration an voller-werbstätiger Bevöl-kerung

Sozial-raumtyp 5	,hohe Dichte mit deutlicher Prägung durch Zuwanderer aus ehemaligen Gastarbeiterländern'; hohe Konzentration von Ex - JugoslawInnen	,große, kinderreiche Haushalte'; geringer Anteil kleiner Hauhalte, hoher Anteil an jugendlicher Wohnbevölkerung	,Vollerwerbstätige bei Bildungsdifferenzierung"; höhere Konzentration sowohl von PflichtschulabgängerInnen als auch von AbsolventInnen höherer Bildungseinrichtungen
Sozial-raumtyp 6	,ÖsterreicherInnendominanz bei leichter Durchmischung'; hohe Bevölkerungsdichte		

Tabelle 1:   Charakterisierung der im Bearbeitungsgebiet vorkommenden Sozialraumtypen (nach Giffinger et al 2007).

Das Bearbeitungsgebiet wird in der Studie folgendermaßen dargestellt:

- Sozioethnische Dimension: Im Gebiet überwiegt der Sozialraumtyp 4 (19 Blöcke) mit hoher Wohndichte und ethnischer Vielfalt. Die größten Gruppen sind dabei TürkInnen und Ex-Jugoslawinnen. Vier Blöcke sind dem Sozialraumtyp 1 und jeweils zwei den Typen 2 und 5 zugehörig, die ebenfalls stark migrantisch geprägt sind. Ausnahmen bilden die Blöcke 16015003 (Yppenheim), 16015001 und 16014004, die dem Sozialraumtyp 6 und der Block 16018002, der dem Sozialraumtyp 3 angehört. Beide Typen sind stärker von ÖsterreicherInnen dominiert.
- Soziodemografische Dimension: Der Sozialraumtyp 2, der von kleinen Haushalten geprägt ist, überwiegt im Bearbeitungsgebiet (18 Blöcke). Sieben Blöcke, vor allem um den Yppenplatz und entlang der Gaullachergasse gehören zum Sozialraumtyp 5, in dem große kinderreiche Haushalte dominieren. Der Anteil von junger Bevölkerung (unter 20 Jahre) ist in den Blöcken 16012004 und 16010009, die zum Sozialraumtyp 4 gehören, besonders hoch. Umgekehrt verhält es sich in den Blöcken 16018002, 16018003 (Sozialraumtyp 3), in dem kleine Haushalte und starke Überalterung dominieren sowie in den Blöcken 16014004 und 16013003 (Sozialraumtyp 1), wo ebenfalls die ältere Wohnbevölkerung dominiert.

- Sozioökonomische Dimension: 25 Baublöcke gehören dem Sozialraumtyp 3 an. Sie sind geprägt durch einen unterdurchschnittlichen Bildungsgrad der Bevölkerung sowie einem hohen Anteil an ArbeiterInnen und Arbeitslosen. Eine starke Bildungsdifferenzierung sowie einen hohen Grad an Erwerbstätigkeit weisen die Blöcke 16015001, 16016001, 16016002, 16016003 und 16018005 auf, die entlang der Grundsteingasse und der Neulerchenfelder Straße liegen (Sozialraumtyp 5). Die einzige Ausnahme stellt erwartungsgemäß das Yppenheim mit dem Sozialraumtyp 4 dar, ein Wohnheim für Militärangehörige (Block 16015003), wo ein hoher Bildungsgrad dominiert.

Veränderungen 1997-2005

Zwischen 1997 und 2005 ist es laut der Bevölkerungsevidenzen der beiden Jahre zu einem geringfügigen Bevölkerungsrückgang im Bearbeitungsgebiet um 0,94% gekommen. In absoluten Zahlen ausgedrückt, bedeutet dies einen Rückgang um 96 Personen auf 10.075 BewohnerInnen.

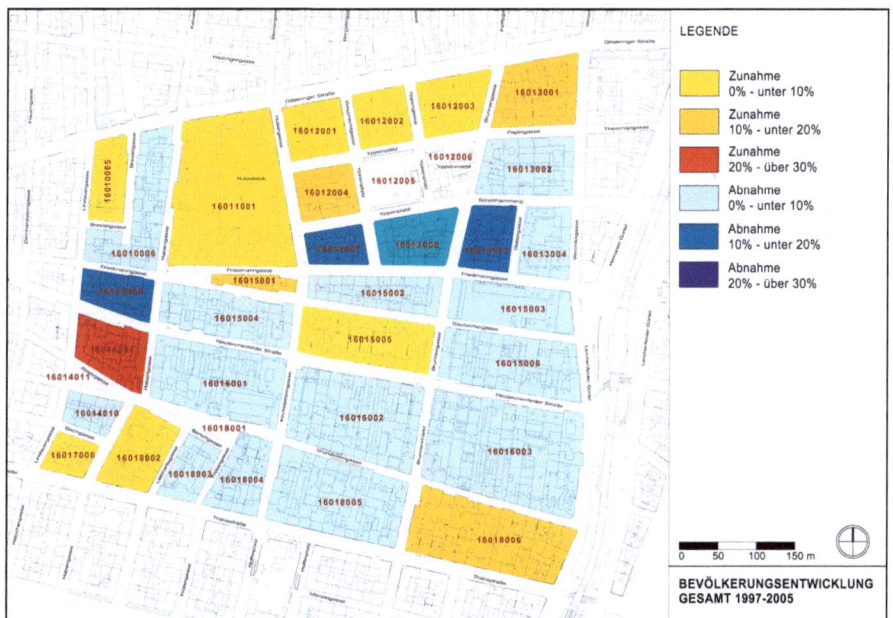

Abbildung 21: Bevölkerungsentwicklung 1997-2005, blockweise Darstellung (Quellen: Bevölkerungsevidenzen 1997 und 2005).

Auf Blockebene zeichnet sich ein wesentlich differenzierteres Bild. In 18 der 31 bewohnten Baublöcke ist eine Bevölkerungsabnahme zu verzeichnen, in den restlichen ist es zu einer Zunahme gekommen. Besonders auffällige Veränderungen gab es südlich des Yppenplatzes (Blöcke 16012007, 16012008 und 16013003) sowie im westlich gelegenen Block 16010009, wo es durchwegs einen Bevölkerungsrückgang von etwa 10-17% gab. Eine bemerkenswerte Ausnahme stellt der Block 16014004 im Westen des Projektgebiets dar, wo ein Anstieg um 20,75% zu verzeichnen war.

ÖsterreicherInnen und MigrantInnen

Der Anteil der MigrantInnen ist auf Baublockebene sehr heterogen verteilt. Insgesamt ist es bei den MigrantInnen zu einem Rückgang um 2,9% (von 3.584 auf 3.480) gekommen, was einer Veränderung des Anteils an der Gesamtbevölkerung von 35,24% auf 34,54% entspricht. Von diesem Wert weichen einige Baublöcke wesentlich ab. In den Bereichen südlich, östlich und nordwestlich des Yppenplatzes (Blöcke 16012001, 16012007, 16012008, 16013003 und 16013002) hat sich die Zahl der MigrantInnen zwischen 1997 und 2005 stark verringert (zwischen 17,28% und 37,33%). Ähnlich verhält es sich im Südwesten des Gebiets, entlang der Lindauer- und der Haberlgasse (Blöcke 16010009, 16014010, 16015004, 16017006). Stark angestiegen hingegen ist die Zahl der MigrantInnen in den Blöcken 16011001, 16012004, 16014004, 16015001 und 16015003.

In den Potenzialkarten (vgl. Giffinger et al 2007) sind die Veränderungen nach türkischen und ex-jugoslawischen MigrantInnengruppen dargestellt. Demnach ist in den Blöcken um den Yppenplatz (16011001, 16012004, 16012003, 16013001), welche einen Bevölkerungszuwachs verzeichnen konnten, auch der Anteil der türkischen StaatsbürgerInnen gestiegen, sodass von einem Konzentrationsprozess ausgegangen werden kann. Für die Gruppe der Ex-jugoslawische StaatsbürgerInnen ist dies nur für den Block 16013001 der Fall. Für den Block 16012003, der in Abb. 22 eine leichte Abnahme der MigrantInnen ausweist, kann von einem Austausch zwischen Ex-JugoslawInnen und TürkInnen ausgegangen werden. Auffallend ist die Entwicklung des großen Baublocks 16016003 am Gürtel, der eine insgesamt schrumpfende Gesamtbevölkerung aufweist, dessen Anteile von türkischen und ex-jugoslawischen StaatsbürgerInnen jedoch steigen. In allen anderen Blöcken ist die Entwicklung weniger auffällig.

Insgesamt zeigen die Potenzialkarten einen quartiersbezogenen Trend zur Abnahme der Konzentrationen von Ex-jugoslawischen StaatsbürgerInnen, während sich dieser Trend für türkische StaatsbürgerInnen auf die Baublöcke entlang

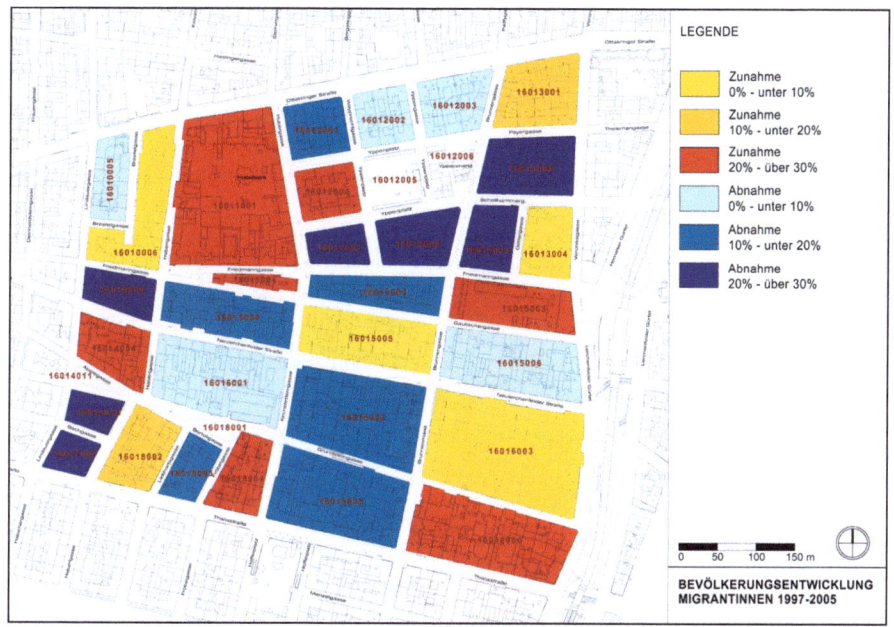

Abbildung 22: Bevölkerungsentwicklung der MigrantInnen 1997-2005, blockweise Darstellung (Quellen: Bevölkerungsevidenzen 1997 und 2005).

der Grundsteingasse beschränkt. Um den Yppenplatz gibt es baublockweise Tendenzen zur Konzentration türkischer StaatsbürgerInnen.

20- bis 40-jährige

Die Anzahl der 20- bis 40-jährigen ist im Gebiet zwischen 1997 und 2005 nur unwesentlich, um 8 Personen zurückgegangen. Aufgrund des allgemeinen Bevölkerungsrückgangs hat sich der Anteil an der Gesamtbevölkerung von 35,19% (1997) auf 35,44% (2005) erhöht. Auf Blockebene betrachtet ergibt sich, ähnlich wie bei den MigrantInnen, ebenfalls ein sehr heterogenes Bild. Stark überwiegen die Baublöcke mit einer gemäßigten Entwicklung. Stark abgenommen (mehr als 20%) hat die Zahl der 20 bis 40-jährigen südlich des Yppenplatzes und entlang des Lerchenfeldergürtels (16012007, 16012008, 16013003, 16015003) sowie im Block 160115004. Stärkere Zuwächse (über 20%) bei der untersuchten Altersgruppe gab es vor allem im Nordosten an der Ottakringer Straße (16012002, 16012003, 16013001) und im Block 16016002.

Bildungsniveau

Da das Bildungsniveau in Form der höchsten abgeschlossenen Schulausbildung
lediglich zu den Volkszählungen erhoben wurde, liegen die entsprechenden
Daten nur für die Jahre 1991 und 2001 auf Zählgebietsebene vor. Das Zählgebiet
1601 – Neulerchenfeld ist etwas größer als das Projektgebiet (knapp 3.000 EinwohnerInnen mehr), wodurch die Daten nicht ganz vergleichbar sind. Dennoch
zeigt sich bei der Gegenüberstellung der beiden Volkszählungsergebnisse, dass
in den 1990er Jahren eine interessante Entwicklung stattgefunden hat, wenn die
für Aufwertungsprozesse relevante Gruppe der AkademikerInnen betrachtet wird
(vgl. Tab. 6 im Anhang).
Von den insgesamt 13.246 BewohnerInnen des Zählgebietes im Jahr 1991 hatten
5,26% der Gesamtbevölkerung (697 Personen) einen Hochschul- oder hoch-
schulähnlichen Abschluss. Wienweit waren es 1991 7,00%[108] und Österreichweit

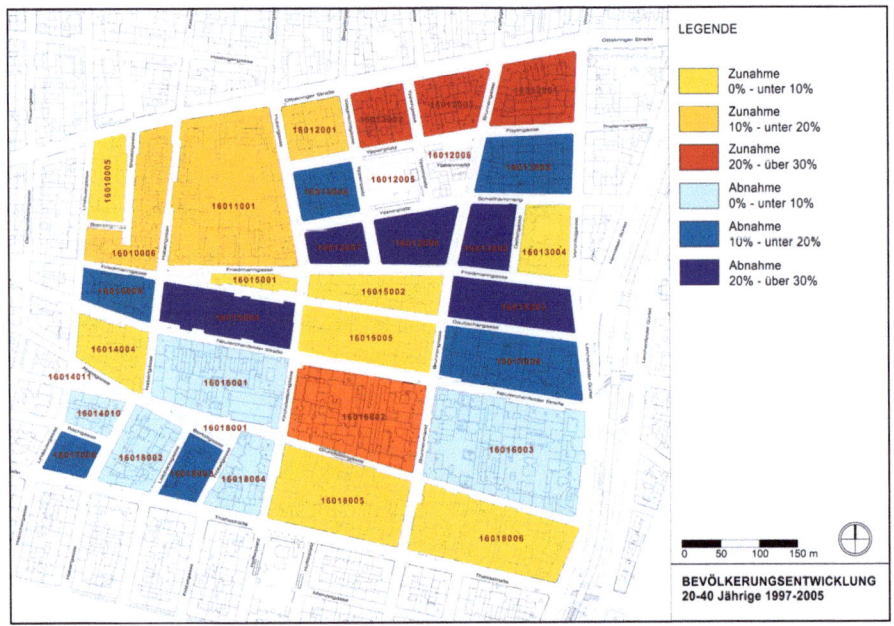

Abbildung 23:   Bevölkerungsentwicklung der 20- bis 40-jährigen1997-2005, blockweise
                    Darstellung (Quellen: Bevölkerungsevidenzen 1997 und 2005).

---

[108] [vgl. http://www.statistik.at, letzter Zugriff 8.7.2008].

4,30%[109]. Zehn Jahre später ist der Anteil der AkademikerInnen laut Volkszählung 2001 auf 9,03% (1.124 von 12.452 Personen) angestiegen. Das entspricht einem Zuwachs von 427 Personen bzw. 61,26%. Der Wiener Durchschnittswert lag 2001 bei 10,10% und bundesweit bei 6,20%[110]. Durch diesen starken Anstieg hat sich der Anteil der HochschulabsolventInnen in Neulerchenfeld von einem deutlich unterdurchschnittlichen Niveau im Jahr 1991 dem Wiener Durchschnitt im Jahr 2001 angenähert.

Umgekehrt ist der Anteil der Personen mit Lehrabschluss im gleichen Zeitraum von 24,35% auf 22,43% zurückgegangen. Ähnlich verhält es sich bei den AbsolventInnen von Fachschulen, deren Anteil sich von 9,41% auf 7,25% reduziert hat. Bei den MaturantInnen ist nur ein leichter Rückgang von 11,60% auf 11,46% zu verzeichnen. Deutlich angestiegen ist zwischen 1991 und 2001 auch der Anteil der PflichtschulabsolventInnen, der sich von 34,85% auf 38,48% verändert hat.

Es scheint sich im Zählgebiet Neulerchenfeld eine gewisse Polarisierung einzustellen, was die Entwicklung des Bildungsniveaus betrifft, da sich sowohl der Anteil der AkademikerInnen, als auch der Anteil der PlichtschulabsolventInnen erhöht hat.

Bevölkerungsprognose

Die ‚Kleinräumige Bevölkerungsprognose für Wien 2005 bis 2035' geht, ähnlich wie bei anderen dichten, gründerzeitlichen Stadtvierteln außerhalb des Gürtels, von einer deutlichen Bevölkerungszunahme für das Zählgebiet – Neulerchenfeld in den nächsten Jahren und Jahrzehnten aus. Bis zum Jahr 2010 wird der Studie zufolge die Bevölkerung auf 13.199, bis zum Jahr 2015 auf 14.005 und bis zum Jahr 2020 auf 14.739 anwachsen (Vgl. Lebhart et al 2007: 76f). Das entspricht einem Bevölkerungswachstum von etwa 13,7% bis zum Jahr 2020. Der Wert liegt damit knapp über dem prognostizierten Bezirksdurchschnitt für Ottakring von 10,1%, liegt aber deutlich unter dem der benachbarten Auszählgebiete ‚Ludo Hartmannplatz' (20,14%) und ‚Alt Hernals' (19,02%).

In der Bevölkerungsprognose wird zwischen ÖsterreicherInnen und MigrantInnen unterschieden. Aufgrund eines stärkeren Anwachsens der Zahl der MigrantInnen wird der Anteil der ÖsterreicherInnen bis zum Jahr 2020 von 67,52% auf 64,09% absinken. Analog dazu wird der Anteil der MigrantInnen im Zählgebiet auf 35,91% ansteigen.

---

[109] ebenda.
[110] ebenda.

Diese Prognose unterscheidet sich von den Vergleichsdaten von 1997 und 2005, die im Rahmen der Studie für das Bearbeitungsgebiet zur Verfügung standen. Dies ist zum einen dadurch zu erklären, dass für die mathematischen Modelle der ‚Kleinräumigen Bevölkerungsprognose' wesentlich genauere demografische Daten und Zeitreihen zur Verfügung standen (Vgl. Lebhart et al 2007: 9ff). Zum anderen ist zu berücksichtigen, dass sich während des Vergleichszeitraums 1997-2005 zahlreiche Stadterneuerungsprogramme und Sanierungsoffensiven im Gebiet überlagert haben, die Einfluss auf die demografische Entwicklung genommen oder das Bevölkerungswachstum gebremst haben können. Das Nachlassen der, durch die politischen Ereignisse am Westbalkan bedingten starken Zuwanderungswelle nach 1994 dürfte ein weiterer Grund für eine rückläufige Entwicklung der MigrantInnen bis zum Anfang der 2000er-Jahre sein (vgl. Gollner 2001: 82).

3.6.2 Überlagerung der Daten mit Kunst- und Kulturaktivitäten

Direkte Einflüsse von SOHO IN OTTAKRING und der lokalen Kunstszene auf die demografische Entwicklung im Bearbeitungsgebiet sind aufgrund der zur Verfügung stehenden Daten nur schwer nachzuweisen. Darüber hinaus stehen der demografische Wandel, Aufwertungstendenzen sowie die Entwicklung der lokalen Kunst und Kultur im Brunnenviertel in starker Wechselwirkung. Ursachen und Wirkungen sind kaum auseinander zu halten (vgl. Weingartner 2007: 61f.).

Dennoch ist ein Vergleich der zuvor beschrieben demografischen Entwicklungen mit Standorten der künstlerischen Bespielung sowie mit aufwertungsrelevanten Leitbetrieben lohnenswert. Im Folgenden werden die Dynamik der Gesamtbevölkerung sowie die Entwicklung bei den MigrantInnen und bei den 20- bis 40-jährigen im Zeitraum von 1997-2005 jeweils mit SOHO-Projektstandorten und Leitbetrieben räumlich überlagert:

Dynamik der Gesamtbevölkerung

Sowohl bei den SOHO-Projektstandorten, als auch bei den Leitbetrieben gibt es räumliche Konzentrationen im östlichen Teil der Grundsteingasse, am Yppenplatz und in geringerem Maße auch in der Neulerchenfelder Straße. Abgesehen von wenigen Ausnahmen (nördlicher Yppenplatz und Block 16018006) ist

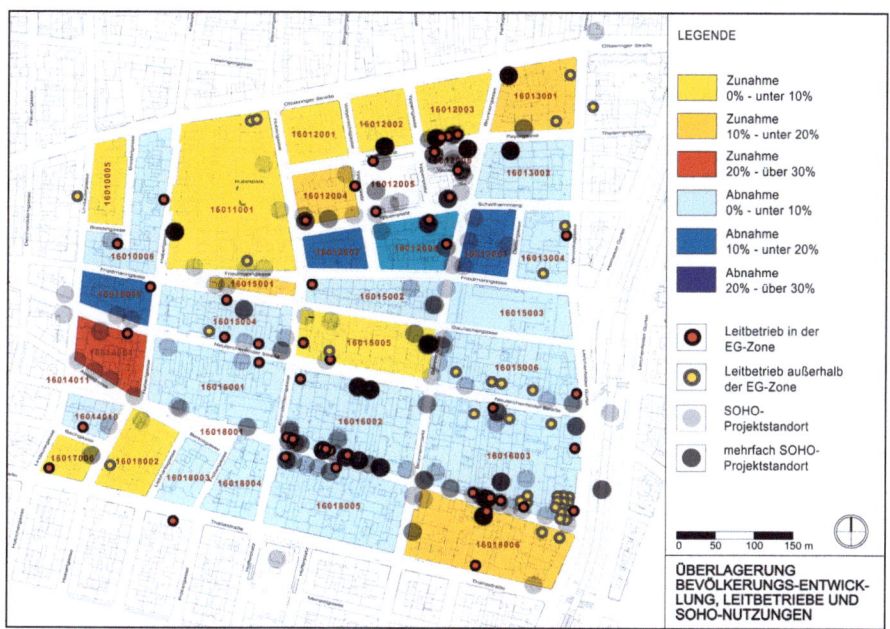

Abbildung 24:   Überlagerung der Bevölkerungsentwicklung 1997-2005 mit SOHO-Projektstandorten und Leitbetrieben.

in diesen Bereichen auch ein eher moderater Rückgang der Gesamtbevölkerung
zwischen 1997 und 2005 festzustellen (vgl. Abb. 21).

Bevölkerungsentwicklung der MigrantInnen

Die Dynamik fällt bei der Überlagerung mit der Entwicklung des migrantischen
Bevölkerungsanteils deutlich stärker aus. Im Bereich der Konzentration von
Projektstandorten und Leitbetrieben um den Yppenplatz ist ein Rückgang der
MigrantInnen auf Blockebene von bis zu 37,33% festzustellen (Vergleichszeit-
raum 1997-2005).

Etwas differenzierter verhält es sich beim Kreativcluster Grundsteingasse:
Im mittleren Abschnitt (Baublöcke 16016002, 16018005) ist ein Rückgang bei
den MigrantInnen von etwa 11% zu verzeichnen, während es bei dem gürtelnahen Baublock 16018006, möglicherweise aufgrund der geringen Attraktivität
dieses Standorts, zu einem Anstieg von über 20% gekommen ist.

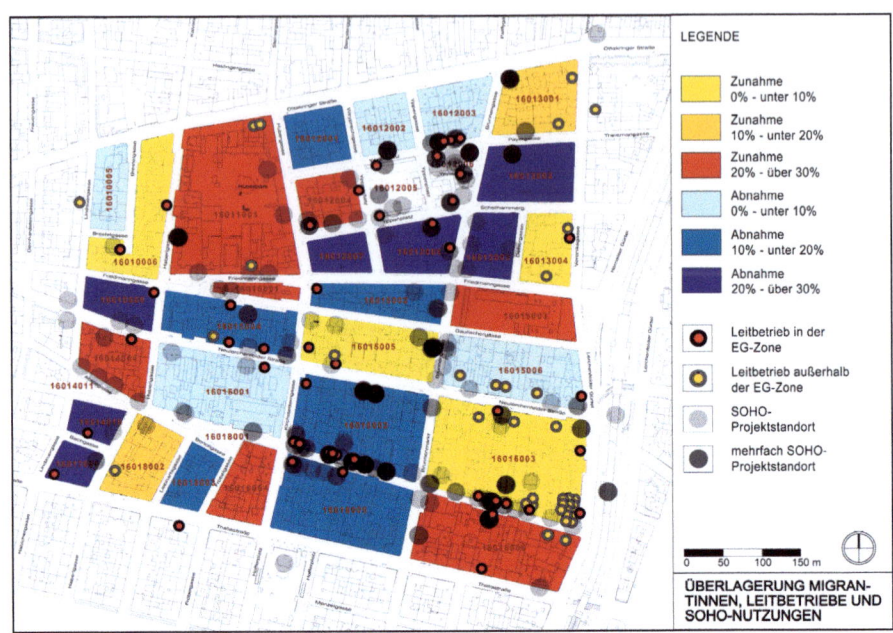

Abbildung 25:   Überlagerung der Bevölkerungsentwicklung der MigrantInnen 1997-2005 mit
                   SOHO-Projektstandorten und Leitbetrieben

Ein ähnliches Bild zeigt sich auch in der Neulerchenfelder Straße, wo die Baublöcke, in denen ein Rückgang der MigrantInnen zu verzeichnen ist, überwiegen.

Bevölkerungsentwicklung der 20- bis 40-jährigen

Bei der Überlagerung der Entwicklung der 20- bis 40-jährigen mit den SOHO-
Projektstandorten und Leitbetrieben zeigt sich keine eindeutige Tendenz: Sowohl
um den Yppenplatz, als auch in der Grundsteingasse und in der Neulerchenfelder
Straße gibt es sehr heterogene Entwicklungen auf Baublockebene. Eine genauere
Untersuchung mit Datengrundlagen auf Parzellenebene und darunter wäre
wünschenswert, da sie Rückschlüsse auf die soziale Zusammensetzung in dieser
Altersgruppe zulassen würde.

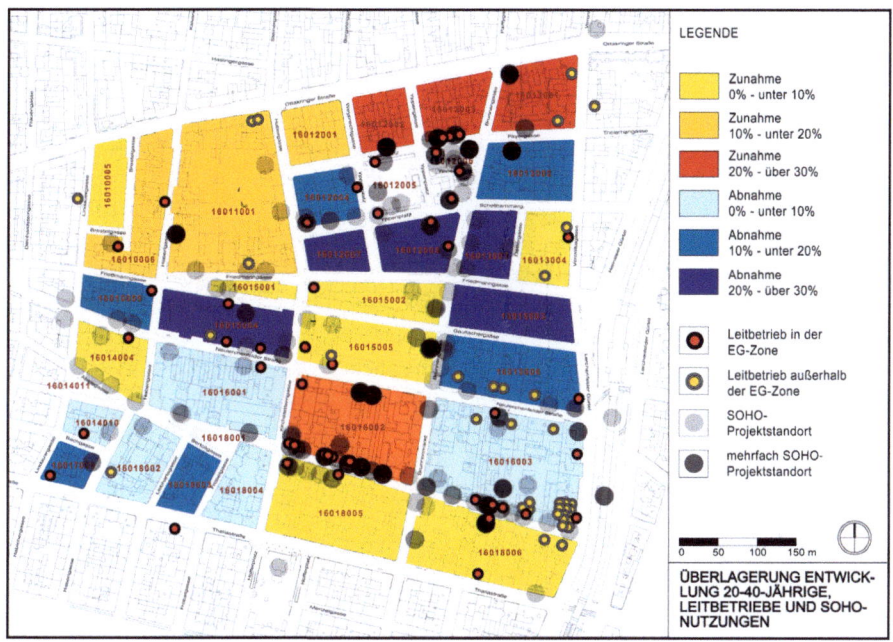

Abbildung 26: Überlagerung der Bevölkerungsentwicklung der 20- bis 40-jährigen 1997-2005 mit SOHO-Projektstandorten und Leitbetrieben.

3.6.3 Überlagerung mit Daten zur baulichen Erneuerung

Ein Zusammenhang zwischen den demografischen Veränderungen im Bearbeitungsgebiet und den baulichen Erneuerungstendenzen der letzten Jahre liegt auf der Hand. Diesen quantitativ nachzuweisen ist aufgrund der begrenzt vorliegenden Daten schwierig.

Um mögliche Auswirkungen erkennen zu können, werden die demografischen Veränderungen (Gesamtbevölkerung und MigrantInnen) von 1997 bis 2005 mit den Gebäudesanierungen verglichen. Letztere liegen allerdings nur für den Zeitraum seit 2002 und für das engere Brunnenviertel (Bereich östlich der Achse Hubergasse – Kirchstetterngasse) vor, wodurch die Aussagekraft dieser Überlagerung eingeschränkt ist. Zusätzlich zur Darstellung einer Gesamtübersicht, werden im Folgenden einzelne Blöcke, mit signifikant vom Gebietsdurchschnitt abweichenden demografischen Entwicklungen, beschrieben.

Von den achtzehn betrachteten Blöcken östlich der Achse Hubergasse – Kirchstetterngasse kam es seit dem Jahr 2002 in sechzehn Blöcken zu Gebäudesanierungen. In elf dieser Baublöcke schrumpfte die Bevölkerung zwischen 1997 und 2005, während sie in den restlichen fünf anstieg. Insgesamt ist die Bevölkerung in den untersuchten Baublöcken mit Sanierungstätigkeit zwischen 1997 und 2005 um 1,97% zurückgegangen, in den beiden Blöcken ohne Gebäudesanierungen ist sie hingegen um 7,47% angestiegen.

Die Bevölkerungsdynamik der MigrantInnen zeigt ein ähnliches Bild: In zehn Baublöcken mit Sanierungstätigkeit ist ihre Zahl zum Teil erheblich zurückgegangen, in sechs angestiegen. Betrachtet man die Gesamtheit der Blöcke mit Sanierungstätigkeit ist die Anzahl der MigrantInnen um 6,40% zurückgegangen, was einer Anteilsverringerung von 38,87% auf 36,97% entspricht. In den beiden verbleibenden Baublöcken ist die Anzahl um 8,85% angestiegen, was einer Anteilserhöhung von 36,69% auf 37,16% entspricht.

Die Überlagerungen zeigen einen Zusammenhang zwischen Sanierungstätigkeit und bevölkerungsstruktureller Entwicklung. Auffallend ist die starke Dynamik, die sich in den kleinen Baublöcken rund um den Yppenplatz zeigt. Alle Blöcke mit signifikanter Dynamik um den Yppenplatz gehören dem Sozialraumtyp mit geringem Bildungsgrad und einem hohen Anteil Arbeitslose an.

Eine weitere Gemeinsamkeit besteht darin, dass eine hohe Wohndichte in diesen Blöcken herrscht, die meist von TürkInnen und Ex-JugoslawInnen dominiert wird. Diese Information ist insofern interessant, als daraus angenommen werden kann, dass der Bevölkerungsaustausch am stärksten in bildungsfernen, migrationsgeprägten und ökonomisch schwachen Gruppen vonstatten geht.

Mit dieser Annahme wird der Zusammenhang von Sanierungstätigkeit und Abnahme der Bevölkerungszahl, sowie des MigrantInnenanteils erklärt. Auf die Aufwertung der günstigen Wohnungen, die von diesen Bevölkerungsgruppen bewohnt werden, zielt die Sanierungstätigkeit ab. Die Zunahme der Bevölkerung in einzelnen Baublöcken kann mit einem Nachverdichtungsprozess erklärt werden, beispielsweise durch Dachgeschossausbau oder Aufstockungen. Jedoch kann die starke Zunahme des MigrantInnenanteils in den beiden Blöcken am Yppenplatz mit dem vorliegenden Datenmaterial nicht erklärt werden. Die weniger signifikanten Entwicklungen in den großen Baublöcken kann durch die Größe der Baublöcke erklärt werden, die die Auswirkungen von punktuellen baulichen Erneuerungen auffangen. Auffallend in diesen Blöcken ist allerdings der höhere Bildungs- und Beschäftigungsgrad, während die kleinen Haushaltsgrößen wiederum auf ein Potenzial für Sanierungstätigkeiten hinweist.

Ein weiterer Aspekt ist die Art der Sanierung, die sich auf die Bevölkerungsstruktur auswirken kann. Diesbezüglich kann die Art der Finanzierung bzw. die Förderung seitens der Stadt Wien als Indiz heran gezogen werden. Dabei wird unterstellt, dass die Regulation der Mietpreise, welche durch eine öffentliche Förderung erzwungen werden, zu einer weniger starken Änderung der Bevölkerungsstruktur führt.

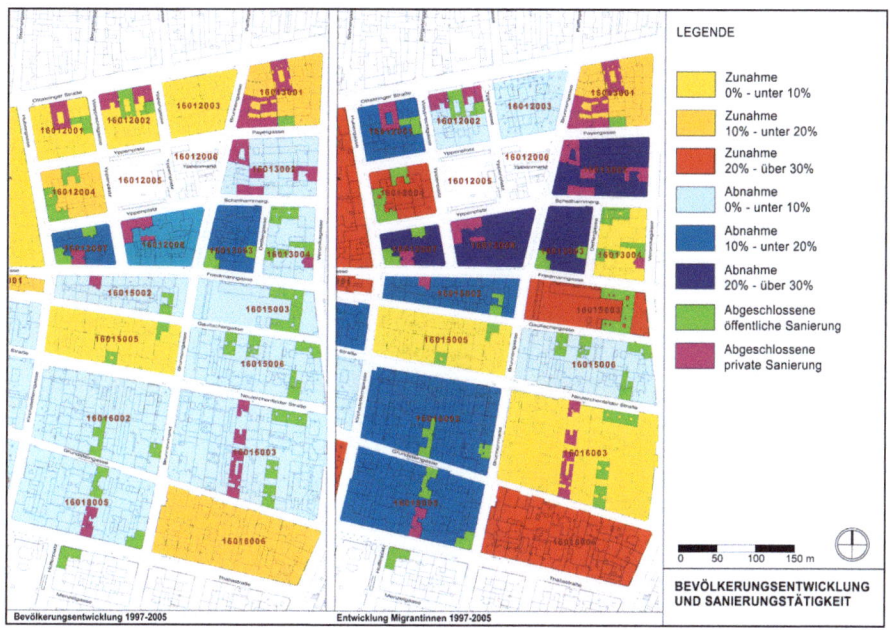

Abbildung 27:   Überlagerung der Entwicklung der Gesamtbevölkerung (li.) und der Entwicklung der MigrantInnen (re.) 1997-2005 mit den seit 2002 sanierten Gebäuden im Brunnenviertel.

Baublockweise Untersuchung

Dieser Annahme wird in der folgenden Untersuchung von ausgewählten Blöcken, die signifikant von den Gebietsmittelwerten abweichen, nachgegangen (vgl. Abb. 28). Alle vier Blöcke gehören zum Sozialraumtyp mit geringem Bildungsgrad und hohem Anteil von Arbeitslosen sowie einer hohen, migrantisch geprägten Wohndichte. Bei allen vier untersuchten Baublöcken kam es zu einem Rückgang der Gesamtbevölkerung. Dort, wo überwiegend mit öffentlichen Fördermitteln saniert wurde, ging sowohl die Zahl der MigrantInnen als auch jene der ÖsterreicherInnen zurück. In den Baublöcken mit einem hohen Anteil von privat finanzierten Sanierungen ging die Zahl der MigrantInnen teilweise sehr deutlich zurück, während die Zahl der ÖsterreicherInnen anstieg. Diese Tendenzen fallen bei großen Baublöcken und geringem Anteil von sanierten Gebäuden entsprechend abgemildert aus.

Eine Erklärung für diese Tendenzen liegt in der bereits erwähnten Mietpreisregulierung, die für eine Förderzusage seitens der Stadt Wien notwendig ist.

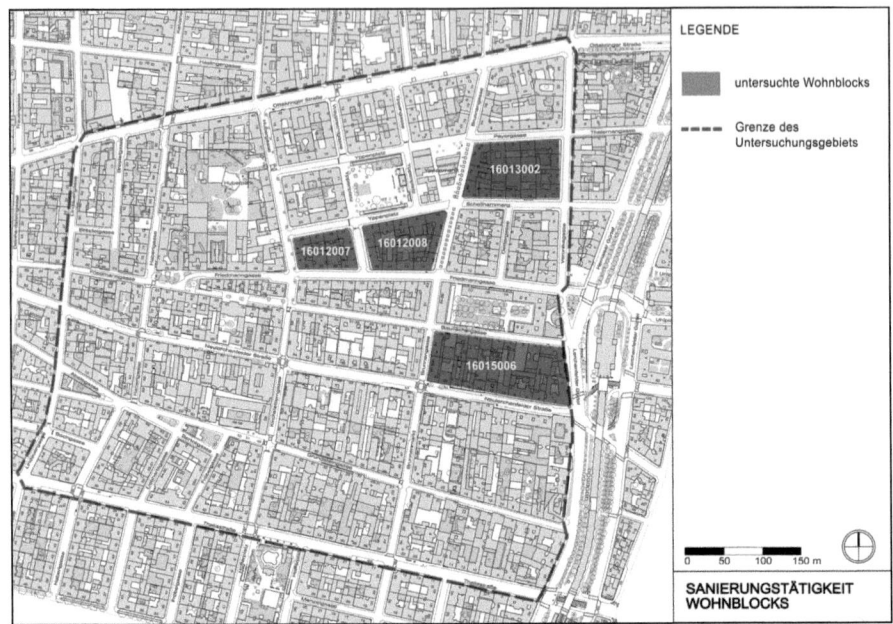

Abbildung 28:   Darstellung der vier ausgewählten Baublöcke zur Untersuchung der Sanierungs-
                   tätigkeit und bevölkerungsstrukturellen Veränderungen.

Dadurch wird eine Mietpreiserhöhung nach erfolgter Sanierung gedeckt, was den Austausch der Wohnbevölkerung minimieren soll. MigrantInnen sind in der Regel schlechter mit Kapital ausgestattet, weshalb ein starker Rückgang von MigrantInnen als Indiz für eine starke Erhöhung der Mietpreise gewertet werden kann. Der Schluss aus dieser Betrachtung liegt in der Annahme, dass die rein privat finanzierten Sanierungen tendenziell zu höheren Mietpreisen geführt haben und aus diesem Grund stärker zu einem Wandel der Bevölkerungsstruktur beigetragen haben, als die mit öffentlichen Fördermitteln sanierten Projekte

3.6.4   Interpretation von Interviewaussagen

Die qualitativen Aussagen aus den durchgeführten Interviews geben Hinweise auf die verschiedenen aktuellen Entwicklungsprozesse.

   Die bevölkerungsstrukturelle Charakterisierung des Brunnenviertels vor Beginn des Beteiligungsprozesses am Yppenplatz wird mit Überalterung („wer hat denn da gewohnt? Ein paar alte Mutterln..."[111]) bzw. Halblichtmilieu („...die Leute mit den Tätowierungen bis zu den Ohren rauf, die Häfenbrüder..."[112]) beschrieben. In den 1990er Jahren wird die Bevölkerungsstruktur aber auch als migrantisch gefärbt, damals noch stark vom Gastarbeitermilieu aus Ex-Jugoslawien, erlebt.

In der Beschreibung der aktuellen bevölkerungsstrukturelle Situation wird oftmals der hohe MigrantInnenanteil zur Charakterisierung verwendet. Begriffe wie ,*Türkentown*', ,*Migrantenviertel*', ,*Monokulti*', ,*Ghettobildung*' zeichnen ein eindeutiges Bild und bilden eine Verschiebung von ex-jugoslawischen zu türkischen MigrantInnen ab. Die Zunahme der türkischstämmigen Bevölkerung wird insofern als kritisch angesehen, als Entmischungstendenzen erkannt werden und der Bildungsgrad der migrantischen Bevölkerung sehr niedrig ist[113].

Allerdings wird auch erkannt, dass es durch die Entwicklungen der letzten Jahre zu einer „anderen Durchmischung" gekommen ist: „Es sind mehr junge Leute, gebildetere Leute hingezogen"[114], „das Viertel wird wesentlich bunter und jünger"[115]. Einige GesprächspartnerInnen sind davon überzeugt, dass das Kunstfestival SOHO IN OTTAKRING neue Menschen ins Viertel zieht und sich dadurch eine ihrer Ansicht nach günstigere soziale Durchmischung im Viertel ergibt. „...das ungute Milieu wird verdrängt"[116].

Auffallend oft wird der Gentrification Diskurs erwähnt: Zum einen wird betont, dass der Bevölkerungsaustausch nicht signifikant ist[117], zum anderen wird auf die Belastung der Wohnbevölkerung durch die erhöhten Mietpreise hingewiesen, welche ein Produkt des Aufwertungsprozesses seien. Die Erhaltung bzw. Herbeiführung einer sozialen und ethnischen Ausgewogenheit der Wohnbevölkerung ist in einigen Interviews ein wichtiges Thema: „Das Wichtigste ist, dass die soziale Durchmischung bleibt und es kein Reichenviertel wird"[118].

Zusammenfassend wird festgestellt, dass im Quartier von den Interviewten zwei parallel verlaufende Entwicklungen geortet werden: Einerseits wird bemerkt, dass das Brunnenviertel in den letzten Jahren für höher gebildetes, trendiges und zahlungskräftiges Publikum in zunehmendem Maß attraktiver wird. Es wird erwartet, dass durch die bauliche Erneuerung auch ein neues Klientel das Quartier bevölkern wird: „... da krieg ma gute Leute her – auch in der Brunnengasse, wenn das fertig ist (die Neubauten Dichterhof und Roller, Anm.). Da

---

[111] Interview mit dem Besitzer des Unternehmens Staud's am 28.4.2008.
[112] Interview mit dem Besitzer des Café Club International am 10.4.2008.
[113] Interview mit dem Besitzer des Café Club International am 10.4.2008.
[114] Interview mit einer Mitarbeiterin der Firma PRISMA am 10.4.2008.
[115] Interview mit einer Künstlerin desAtelier Blumberg am 29.4.2008.
[116] Interview mit dem Besitzer des Café Club International am 10.4.2008.
[117] Interview mit einer Mitarbeiterin der Firma PRISMA am 10.4.2008.
[118] Interview mit einem Partner des Landschaftsarchitekturbüros Bauchplan am 18.4.2008.

kommen ja ein paar hundert - neu – ist ja auch gut fürs Geschäft, für den Markt"[119].

Letztere Aussage wird auch von Seiten der Gebietsbetreuung bestätigt, die mit einem Zuzug von weiteren 500 Menschen in den nächsten Jahren rechnet. Allerdings gehen die Erwartungen auch von einer Zunahme des Anteils der TürkInnen im Quartier aus[120]. Die starke innere Vernetzung und Aktivität der türkischstämmige Bevölkerungsgruppe wird eine „noch stärkere Ethnifizierung"[121] produzieren.

3.6.5 Antworten auf die Forschungsfragen

Hat sich die soziale Zusammensetzung der Wohnbevölkerung des Bearbeitungsgebietes durch SOHO IN OTTAKRING signifikant verändert?

Die soziale Zusammensetzung der Bevölkerung zeigt in der Gesamtanzahl der Wohnbevölkerung und im Anteil der migrantischen Bevölkerung in den kleinen Baublöcken rund um den Yppenplatz die stärksten Veränderungen – allerdings in einem heterogenen Bild. Auffallend ist, dass sich die stärksten Veränderungen im bildungsfernen, stark migrantisch geprägten Milieu abspielen, wie die Überlagerungen mit den Sozialraumtypen belegen. Für die beiden Faktoren, die in quantitativer Hinsicht am ehesten Rückschlüsse auf einen Gentrifizierungsprozess geben können, liegt entweder unzureichendes Datenmaterial vor (Bildungsdaten auf Zählgebietsebene), oder sind die Entwicklungen auf Baublockebene zu unspezifisch (Anteil der 20- bis 40 jährigen). Generell ist davon aus zu gehen, dass sich vorhandene Gentrifizierungsprozesse quantitativ im Mikrobereich (also auf Parzellen- bzw. Wohneinheitsebene) nachweisen und in weiterer Folge erklären lassen.

Der Nachweis einer gentrifizierungsinduzierten Änderung der Bevölkerungsstruktur muss im Rahmen dieser Studie mit den qualitativen Aussagen der InterviewpartnerInnen auskommen. Diese konstatieren eine doppelte Dynamik: Zum einen den Zuzug von gut gebildeten, jungen und kaufkräftigen Schichten – dieses Klientel würde dem Gentrification Paradigma entsprechen. Zum anderen wird weiterhin ein Zuzug von migrantischen Bevölkerungsgruppen beobachtet, was auf eine verstärkte Ethnifizierung des Viertels hindeutet. Diese Situation kann als Etablierung eines Inselurbanismus gelesen werden, zumal die beiden

---

[119] Interview mit dem Besitzer des Unternehmens Staud's am 28.4.2008.
[120] vgl. Interview mit dem Leiter der Gebietsbetreuung Ottakring am 22.4.2008. Diese Aussage stützt sich auf Aussagen der kleinräumigen Bevölkerungsprognose für Wien (vgl. Lebhart et al 2007).
[121] Interview mit dem Besitzer des Café Club International am 10.4.2008.

Sphären (‚Migrantenviertel' und ‚SOHO Viertel') als weitgehend isoliert voneinander erlebt werden. Die architektonische Gestaltung und Funktionalisierung einzelner Neubauprojekte verstärkt diesen Eindruck, der sich in der Produktion von ‚Reichenoasen' mit Concierge Systemen und Sicherheitseinrichtungen im Gebäude manifestiert.

Als Grund für die bevölkerungsstrukturellen Veränderungen kann am ehesten die starke Sanierungstätigkeit angegeben werden. SOHO IN OTTAKRING hat für diese Sanierungsoffensive unterstützenden Charakter, da dadurch die Attraktivität des Viertels und damit die Marktpreise von sanierten Wohnungen, Gebäuden oder neu errichteten Immobilien gestiegen sind. Die AkteurInnen dieser Dynamik sind einerseits Gebietsbetreuung und Bezirksvertretung, die sich bemühen, durch Investitionen eine „soziale Durchmischung der Wohnbevölkerung"[122] zu erreichen. Zum anderen die Wirtschaftskammer, die die Attraktivität des Quartiers als lukrativen Investitionsstandort international präsentiert[123]. Die Auswirkungen der Sanierungen auf die Bevölkerungsstruktur können aus der Art der Sanierung – frei finanziert oder mit öffentlichen Fördermitteln – gefolgert werden: Die Überlagerung von Finanzierungsart und bevölkerungsstrukturellen Veränderungen gibt Hinweise darauf, dass durch die (Mietpreis)regulationen, die an öffentliche Förderungen gekoppelt sind, der bevölkerungsstrukturelle Wandel weniger stark ist als bei frei finanzierten Sanierungen. Jedoch sind auch hier die quantitativen Daten zu verfeinern und um die Art und die Rahmenbedingungen der einzelnen Sanierungsprojekte zu ergänzen, um zu detaillierten Aussagen zu gelangen. Geeignet hiefür wäre die Durchführung von Fallstudien.

3.7 Zusammenfassung

Der erste Forschungsschwerpunkt der vorliegenden Untersuchung fokussiert auf die Auswirkung von Kunst- und Kulturprojekten auf die umgebende Stadtstruktur. Am Beispiel von SOHO IN OTTAKRING wurden in unterschiedlichen Dimensionen die möglichen Einflüsse auf das umgebende Brunnenviertel beleuchtet.

In der Darstellung ‚Was ist SOHO IN OTTAKRING?' wird deutlich, dass von einer eindimensionalen Wirkungsrichtung des Kunstprojektes auf den umgebenden Stadtraum nicht gesprochen werden kann. Vielmehr ist von einem differenzierten Wirkungsgefüge auszugehen, das durch vielfältige Wechselwirkungen zwischen Kunst und Stadt gekennzeichnet ist. Ein wesentliches Kennzeichen von SOHO ist, dass es von Beginn an mit dem vorgefundenen Stadtraum

---

[122] Interview mit dem Bezirksvorsteher von Ottakring am 16.5.2008.
[123] vgl. Interview mit dem Leiter des Servicecenters der WK Wien am 26.8.2008.

arbeitet - und zwar nicht nur mit den physisch-räumlichen Ressourcen (wie den leer stehenden Geschäftslokalen), sondern ebenso mit dem lokalen sozialen, ökonomischen und kulturellen Substrat. In diesem Ansatz wird das Kunstprojekt selbst Teil der Stadt. SOHO wirkt auf das Brunnenviertel ein, ebenso wie es selbst vom Brunnenviertel geformt wird.

Interaktion Kunst und Stadt

In der thematischen Schwerpunktsetzung von SOHO IN OTTAKRING wird das interagierende Verhältnis zwischen Kunst und Stadt aufgenommen: Der umfassende Aufwertungsprozess des Brunnenviertels fußt auf Initiativen und Programmen, die bereits vor SOHO initiiert wurden. Mit SOHO wurde ab 1999 ein Label sukzessive entwickelt, das dem Quartier eine thematische Fokussierung verleihen konnte. Diese Integration in Prozesse der Stadterneuerung wurde innerhalb wie auch außerhalb von SOHO kritisch diskutiert und als Vereinnahmung wahrgenommen. Dies führte zu einer Selbstreflexion des Projekts, die die Stellung, Aufgabe und den Handlungsspielraum der Kunst in Aufwertungsprozessen hinterfragte. Es wurden kritische Diskurse über Gentrification und Partizipation, über Machtstrukturen und Integration aufgenommen, künstlerisch bearbeitet und öffentlich diskutiert.

SOHO IN OTTAKRING hat das Brunnenviertel zweifellos verändert: indem der Aufwertungsprozess reflektiert wurde, hat sich das Kunstprojekt allerdings auch selbst verändert. Damit hat sich SOHO vom Kunstfestival zum Stadtteilprojekt gewandelt, das sich selbst als *public art* Projekt versteht. Als solches hat SOHO innerhalb der dynamischen Veränderungsprozesse des Brunnenviertels die wichtige Funktion der Kritik inne und setzt damit stetig Impulse.

Netzwerkknoten SOHO

SOHO IN OTTAKRING hat sich im Laufe seines Bestehens zu einem Netzwerkknoten entwickelt. Diese Funktion ist einerseits in der Intention begründet, als Plattform für lokale KünstlerInnen zu agieren, andererseits in der spezifischen Umsetzung dieses Ansinnens. Indem die lokalen räumlichen und sozialen Ressourcen für die künstlerische Bespielung und Bearbeitung genutzt werden, wurden bisher zahlreiche lokale Initiativen, Institutionen und Einzelpersonen in das Projekt integriert. Manche dieser AkteurInnen wurden nur für punktuelle Kooperationen aktiviert, andere konnten über einen längeren Zeitraum involviert werden. Aus diesen Verbindungen ist ein stabiles Netzwerk entstanden, aus

KünstlerInnen, lokalen Wirtschaftsbetrieben, Politik, Verwaltung und lokaler Bevölkerung. Darüber hinaus nimmt SOHO IN OTTAKRING auch an europäischen und globalen Kunstnetzwerken teil, was wesentliche Impulse für den künstlerischen Diskurs liefert. Die Motivation für die Bildung des Netzwerkknotens ist zum einen in der Gleichwertigkeit der involvierten AkteurInnen zu sehen, die ihre Interessen im Kunstprojekt artikuliert sehen. Daraus sind teilweise problematische Tendenzen der Vereinnahmung entstanden. Zum anderen ist der Netzwerkknoten SOHO bereits als selbstverstärkend zu sehen.

Die jährliche Wiederholung des Projekts aktiviert bereits bewährte Kooperationen, erschließt auch neue AkteurInnen und bereitet den Boden für neue Kooperationen außerhalb des unmittelbar künstlerischen Zusammenhangs auf. Daraus ist ein deutlicher Mehrwert ableitbar, der dem Brunnenviertel direkt zugute kommt.

Partizipation

Die künstlerische Bearbeitung des lokal Vorhandenen zeigt sich im partizipativen Charakter vieler Projekte, die im Rahmen von SOHO IN OTTAKRING realisiert wurden. Dabei ist ein Fokus auf das Festivalpublikum und die österreichische Wohnbevölkerung erkennbar. Die künstlerische Interaktion mit migrantischen Bevölkerungsgruppen wird in der Selbsteinschätzung als verbesserungswürdig bezeichnet. Auf dieses Feld fokussiert seit kurzem die Brunnenpassage, die Kunstformate anbietet, welche sich auf die Interaktion zwischen ÖsterreicherInnen und MigrantInnen konzentrieren. Die gegenseitige Ergänzung der unterschiedlichen Kunstformen ermöglicht so die Einbeziehung breiter Bevölkerungskreise.

Temporalität

Die Fokussierung der künstlerischen Bespielung durch SOHO auf zwei Wochen im Jahr verursacht die Produktion eines ‚Ausnahmezustands'. Dieser ermöglicht die Bündelung von Kräften - indem verschiedene AkteurInnen für einen begrenzten Zeitraum aktiviert werden können. Er erlaubt auch die temporäre Realisierung von Ideen und Utopien, die in einem business as usual als nicht administrierbar erklärt würden. Dem oft gehörten Argument des Gleichheitsgrundsatzes („da kunnt jo jeder kumman") kann entgegnet werden, dass es ja nur für die zwei Wochen während des Festivals wäre. Für diesen kurzen Zeitraum ist es leichter, Verbündete zu bekommen, die u.a. auch die politische Verantwor-

Abbildung 29:   Unmittelbare (li.) und mittelbare Effekte (re.) von Kunst- und Kulturprojekten auf
das Brunnenviertel.

tung übernehmen. Dadurch werden temporäre Ideen realisiert, die aufzeigen, was möglich wäre und so einen Möglichkeitsraum im Publikum und bei den AkteurInnen schaffen.

Die Temporalität des Festivals ermöglichte bereits in den Anfangsjahren eine hohe mediale Aufmerksamkeit. Durch die zeitliche Konzentration der Aktivitäten wird eine Verdichtung erreicht, die den medialen (und politischen) Anforderungen entgegen kommt. Diese Fokussierung besitzt allerdings den Nachteil, dass notwendige dauerhafte Organisationsarbeit unbeleuchtet bleibt und kontinuierliche Aktivitäten weniger stark wahrgenommen werden. Das Brunnenviertel wird für zwei Wochen im Jahr zum SOHO-Viertel.

Durch die jährliche Wiederkehr des Festivals und parallel verlaufende Bemühungen auf künstlerischer und stadtplanerischer Ebene wurde ein dauerhaft wirksamer Prozess sichtbar, der sich in einem Imagewandel manifestierte. In der medialen Darstellung, wie auch in der Wahrnehmung der InterviewpartnerInnen kommt dies klar zum Ausdruck. Dieser Wandel ist eindeutig mit SOHO konnotiert, da das Projekt als Aushängeschild des Viertels propagiert wurde. Tatsächlich jedoch ist er Ausdruck eines dauerhaften Ineinandergreifens unterschiedlicher Sphären und Initiativen, die sich mit dem Ziel einer ‚sanften‘ Aufwertung des Brunnenviertels identifizieren.

Renaissance des Öffentlichen

Der öffentliche Raum nimmt in der Konzeption von SOHO IN OTTAKRING einen besonderen Stellenwert ein. Zum einen fungiert er für das dezentrale Raumkonzept des Kunstprojekts als fußläufiger Verbindungsraum, der das Flanieren als urbane Aktivität belebt. Zum anderen stellt der öffentliche Raum in einem *public art* Projekt die Sphäre gesellschaftlicher Auseinandersetzung dar. Der öffentliche Raum wird solcherart zu Gegenstand und Medium des künstlerischen Diskurses.

Das räumliche Gerüst von SOHO stützt sich zu einem maßgeblichen Teil auf die vorhandenen öffentlichen Räume. Die intensive Nutzung führt nicht nur zu einer Wahrnehmung des tatsächlichen öffentlichen Raumes, sondern auch zu einer Vermittlung darüber, was öffentlicher Raum sein könnte. In diesem Aspekt leistet SOHO eine wesentliche Vorleistung zur Attraktivierung des öffentlichen Raumes, die die Funktionalität der Stellplatzbereitstellung und des Konsums übersteigt. Das urbane Öffentliche wird in dieser Konzeption von Differenz und Simultaneität definiert, die Vielfalt und Offenheit ermöglicht.

Dieser Diskurs überschreitet während des SOHO-Festivals die geläufige bauliche Grenze zwischen öffentlich und privat. Es werden räumliche Ressourcen aktiviert, die der Öffentlichkeit zugänglich gemacht werden. Dadurch wird der Raum des Öffentlichen erweitert.

Kreative Wirtschaft

Die Bespielung der leer stehenden Geschäftslokale im Brunnenviertel bildete die Grundlage für die Zusammenarbeit mit und Unterstützung durch die Wirtschaftskammer. In dieser Kooperation liegt auch die Forcierung der Positionierung des Brunnenviertels als Standort der kreativen Wirtschaft begründet. Die anfängliche Fokussierung auf die Bespielung leer stehender Lokale dürfte tatsächlich zu einem Rückgang der Leerstände beigetragen haben. Mit der Etablierung neuer kunstaffiner Orte und einer Änderung der Bespielungsmöglichkeiten durch die Verwertung großer Bauvolumina wurde die Fokussierung auf leer stehende Erdgeschosslokale im Lauf der Zeit geringer.

Für die offensive Positionierung des Brunnenviertels als Kreativstandort ist der Aufhänger SOHO als ebenso wichtig einzuschätzen wie die bereits etablierte Kunst- und Kulturszene. Zusätzlich waren weitere Vorleistungen notwendig, wie Öffentlichkeitsarbeit, Aktivierung und Koordination von HauseigentümerInnen, sowie der Aufbau eines lokalen Informationsnetzwerks. Es ist auch in diesem Bereich von einem Zusammenwirken unterschiedlicher Faktoren und Kräfte auf verschiedenen Ebenen auszugehen, das die Etablierung eines Kreativclusters in der Grundsteingasse und einer Lokalszene um den Yppenplatz ermöglichte. Die AkteurInnen sind im künstlerischen Zusammenhang, auf politisch- administrativer Ebene und im privatwirtschaftlichen Bereich zu suchen.

Die Effekte dieser Prozesse bestehen in der Etablierung von aufwertungsrelevanten Leitbetrieben, die das lokale Waren- und Dienstleistungsangebot differenzieren und erweitern. Charakteristisch ist die stärker marktorientierte Entwicklung dieser Szene, die ein Indiz für den Wandel vom Pionier- zum Gentrifierstatus darstellt.

Bauliche Erneuerung

Die Aktivitäten von SOHO IN OTTAKRING stützten sich wesentlich auf vorhandene räumliche Ressourcen wie leer stehende Geschäftslokale und untergenutzte Liegenschaften. Die Bespielung erfolgte als Zwischennutzung, wobei private BauträgerInnen und InvestorInnen geeignete KooperationspartnerInnen darstellten. Eine dauerhafte künstlerische Nutzung wurde nur in Einzelfällen erreicht, wo die räumliche Einheit von Wohnen und Arbeiten ein wesentliches Argument für die individuelle Standortwahl darstellen dürfte.

Der bauliche Erneuerungsprozess wurde von Seiten der Stadt Wien über Förderungs- und Aktivierungsmaßnahmen, wobei hier besonders die Aktivitäten der Gebietsbetreuung und des Bezirks hervorzuheben sind, und von der Wirtschaftskammer über Bewerbungsmaßnahmen forciert. Dafür wurde SOHO als Imageträger verwendet, der gemeinsam mit der dauerhaften Institution des Brunnenmarktes eine attraktive Investitionsatmosphäre zu schaffen in der Lage war. Gegenwärtig weist das Brunnenviertel die höchste Sanierungsquote Wiens aus. Die bauliche Erneuerung erfolgt sowohl über öffentlich geförderte Sanierungen, wie auch über privat finanzierte kleinteilige Verdichtungsmaßnahmen. Diese Balance spiegelt sich auch in den beiden Neubauten in der Brunnengasse wider.

Wesentliche Vorleistungen für den Aufwertungsprozess wurden durch die kontinuierliche Abfolge von unterschiedlichen Erneuerungs- und Aufwertungsprogrammen geleistet. Dabei waren nicht nur verschiedene Verwaltungsebenen (von EU bis zum Bezirk) involviert, sondern auch unterschiedliche thematische Fokusse bearbeitet. SOHO IN OTTAKRING bildet daher ein Element von mehreren Initiativen und Bemühungen, die ineinander greifen und aufeinander aufbauen.

Soziale Durchmischung und Inselurbanismus

Die Auswirkungen von SOHO IN OTTAKRING auf die Bevölkerungsstruktur sind quantitativ nicht nachweisbar. Um etwaige kunstinduzierte Gentrifizierungsprozesse darstellen zu können, würde eine Bearbeitung auf Parzellen- bzw. Haushaltsebene weitere Hinweise liefern. Es kann allerdings eine doppelte Dynamik wahrgenommen werden, in der die künstlerischen Aktivitäten eine indirekte Rolle spielen.

Die aktuellen Tendenzen weisen in Richtung einer sozialen Durchmischung der Wohnbevölkerung des Brunnenviertels. Durch den Aufwertungsprozess hat sich eine Pluralität von Lebensstilen und -kulturen etablieren können, die die ‚Verslumungstendenzen' (vgl. STEP '96) in diesem Teil des Westgürtels minimiert haben. Der Beitrag von SOHO IN OTTAKRING ist darin zu sehen, dass das Brunnenviertel für breite und vor allem andere Bevölkerungskreise in deren Wahrnehmung erschlossen wurde. Die Wahrnehmung des Brunnenviertels als exotischer Möglichkeitsraum hat vor allem in den Köpfen eine Neubewertung dieses Stadtraums ermöglicht, der nunmehr in seiner gesteigerten Nachfrage als Wohn- und Arbeitsstandort mündet.

In der baulich-räumlichen und lebensweltlichen Manifestation dieser Pluralität ist die Herausbildung eines Inselurbanismus erkennbar. Dieser wird vor allem entlang kultureller Grenzlinien wahrgenommen, jedoch in sozio-ökonomischer Hinsicht verstärkt. Die Integrationsbemühungen der künstlerischen Aktivitäten (hier ist neben SOHO insbesondere die Brunnenpassage zu nennen) werden zum einen durch die Fokussierung von InvestorInnen auf die Maximierung des wirtschaftlichen Ertrags und zum anderen durch eine als konsumistisch zu beschreibende Haltung des Festivalpublikums konterkariert. Es besteht dadurch die Gefahr, dass die kulturelle Trennung der verschiedenen Lebenswelten noch durch eine Differenzierung in arbeitende und konsumierende Bevölkerung verstärkt wird.

4 Kunst in der Stadt - drei Blitzlichter

Zur Vertiefung der Wissensbasis um die Entstehung und Entwicklung von Kunst- und Kulturprojekten in Wien werden im Folgenden drei ausgewählte Kunstprojekte präsentiert und analysiert. Der Schwerpunkt dieses Teils der Untersuchung liegt auf den Projekten selbst, auf ihren AkteurInnen, ihren Intentionen, den Rahmenbedingungen, innerhalb derer sie sich entwickelt haben. Auf eine abgesicherte Darstellung ihrer Effekte auf den umgebenden Stadtraum wird verzichtet, vielmehr steht die Erschließung des Erfahrungswissens der ProjektbetreiberInnen im Vordergrund.

Das Ziel dieses zweiten Forschungsschwerpunkts liegt in der projektbezogenen Darstellung von hemmenden und fördernden Faktoren für die Projektetablierung und -entwicklung. Die Darstellung folgt der bereits etablierten Struktur, die für SOHO IN OTTAKRING angewandt wurde. Damit wird in Bezug auf Projektstrukturen und -entwicklung die gewünschte Vergleichbarkeit erreicht. Die ausgewählten Projekte des *Aktionsradius Augarten* (heute Aktionsradius Wien), *cultural sidewalk* und *WOLKE 7* werden als Fallbeispiele bearbeitet, die in ihrer reduzierten Darstellung als Blitzlichter zu verstehen sind, welche zusätzliche und ergänzende Aspekte in die Diskussion bringen.

4.1 Aktionsradius Augarten

4.1.1 Projektgebiet

Das primäre Projektgebiet des Aktionsradius Augarten ist der Augarten selbst, Veranstaltungsräume wie Bunkerei Augarten oder Kirche Gaußplatz, nahe gelegene Plätze und zentrale Orte wie Gaußplatz, Pfarrplatz und Wallensteinplatz, sowie das vereinseigene Veranstaltungslokal am Gaußplatz 11.

Das Stadtgebiet rund um den Augarten führte viele Jahre ein ‚Schattendasein', unbemerkt für viele BewohnerInnen der westlich von der Innenstadt gelegenen Stadtteile. Der Stadtraum um den Gaußplatz bildet das Randgebiet des II. Bezirks zum XX. Bezirk und wurde im Unterschied zum Karmeliterviertel von Erneuerungsprozessen weit weniger beachtet. Bekannt war der erste kaiserliche Garten, der für die Öffentlichkeit 1775 geöffnet wurde, eher für seine beiden

Flaktürme, die barocke Parkanlage fand lange Zeit kein besonderes öffentliches Interesse über die Grenzen des Quartiers hinaus. Bekannter waren hingegen die Wiener Porzellanmanufaktur Augarten am östlichen Ende der Oberen Augartenstraße und die Schule der Wiener Sängerknaben, die allerdings nicht öffentlich zugänglich ist. Um die Vorzüge des Augartens und des gesamten Stadtteils bewusst zu machen, gründete sich der Arbeitskreis Augarten (1989) und in Folge der Verein Aktionsradius Augarten (1992). Heute ist der Augarten ein viel besuchter und beliebter öffentlicher Freiraum an der Grenze zwischen Brigittenau und Leopoldstadt. Seit dem Jahr 2000 steht der Park unter Denkmalschutz, wird von den Bundesgärten betreut und verändert sich stetig weiter zum urbanen Kulturpark.

Das Viertel um den Augarten ist mit den Straßenbahnlinien 5, 31, 33 und der U4, Station Friedensbrücke, zu erreichen. Der Augarten liegt wie eine grüne Insel eingebettet zwischen Neuer Donau und Donaukanal, zwei Naherholungs- gebiete, die in unterschiedlicher Ausprägung in den letzten Jahren mehr Bedeutung für das urbane Leben gewinnen.

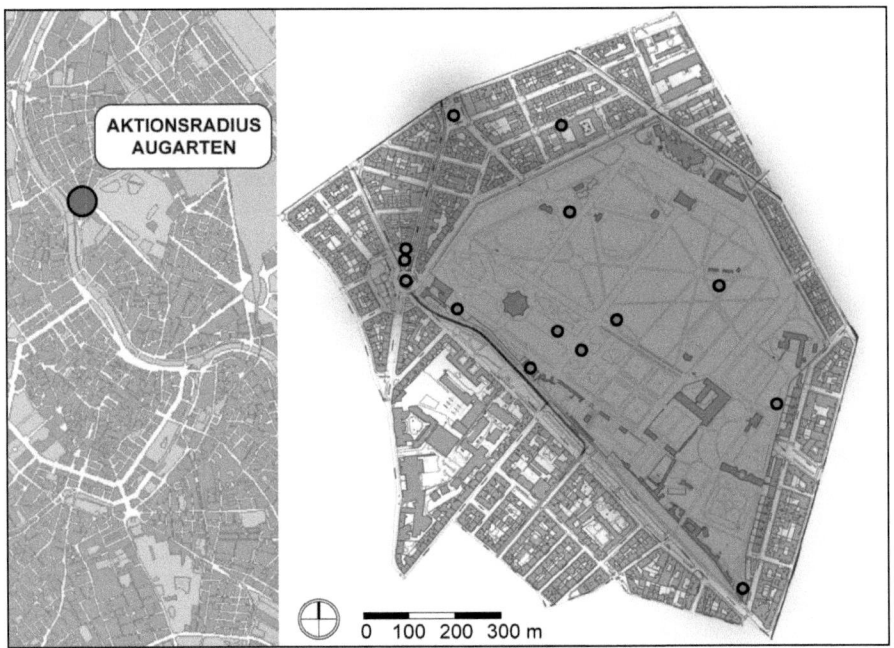

Abbildung 30:   Lage des Aktionsradius Augarten im Stadtraum (li.), Projektgebiet und
                    Projektstandorte vom Aktionsradius Augarten (re.)

4.1.2 Entstehung und Intention

„Die BürgerInnnen gaben den Anstoß. Sie wollten im Stadtteil etwas bewegen, ihr Wohnumfeld attraktivieren. Es gab Bürgerbeteiligungsprojekte im Stadtteil - Verkehrsprojekte (...), die Neugestaltung von Parkeingängen. Die oberste Priorität der BewohnerInnen war es, den Augarten zu beleben",

so umreißt die Initiatorin Uschi Schreiber den Start des Aktionsradius Augarten[124]. Bis dieser tatsächlich gegründet wurde, verging noch Zeit. Die Initiatorin arbeitete damals in der Gebietsbetreuung 20 (GB 20). Zu dieser Zeit waren Projekte mit sozialem bzw. künstlerischem Ansatz schwierig im Rahmen der GB 20 zu entwickeln. Das war Anlass für die Entwicklung einer Projektidee, die ein paar Jahre später bei der Kulturabteilung Stadt Wien von der Initiatorin eingereicht wurde. Daraus entstand der Aktionsradius mit dem „Ansporn, den Stadtteil aufzuwerten und mit all seinen Ressourcen zu optimieren"[125].

Das Ziel wird auf der Website folgendermaßen umrissen:

„Der Aktionsradius Augarten – ursprünglich als Initiative der Anrainer des Wiener Augartens entstanden – ist seit Beginn der 1990er Jahre treibende Kraft der kulturellen Entwicklung des Augartenviertels und als Kulturverein organisiert"[126].

Folgende Entwicklung lässt sich aus heutiger Sicht nachzeichnen: Die ersten Aktionen starteten im Jahr 1989 mit der Produktion einer Augarten-Festschrift zur Historie und der Organisation von Führungen zur Geschichte des Parks, wobei eine ältere Bewohnerin aus dem Stadtteil die rund 90 BesucherInnen durch den Park führte. Der Andrang war bereits bei der ersten Veranstaltung sehr groß.

Eine fünftägige Kulturwoche im Augarten (Mai / Juni 1990) mit den Wiener Sängerknaben, klassischer Musik, aber auch einem multikulturellen Programm (z.B. Wiener Tschuschenkapelle) und einem Jugendabend war die erste größere Veranstaltung im Park. Weitere Aktionen waren Klassische Morgenkonzerte, Kooperationen mit dem Wiener Klangbogen, sowie die Feste der Völker, die von 1991 bis 2001 acht Mal organisiert wurden und als Weltmusik Openairs insgesamt ca. 250.000 BesucherInnen in den Augarten lockten[127]. In den Jahren 1991 bis 1995 wurden gemeinsam mit dem Polytechnischen Lehrgang Vorgartenstraße sowie in Kooperation mit Eltern-Kind-Gruppen aus der Umgebung insgesamt vier neue Spielplätze im Park errichtet.

---

[124] Interview mit Initiatorin am 3. Juni 2008.
[125] ebenda.
[126] [vgl. http://www.aktionsradius.at, letzter Zugriff am 8.12.2008].
[127] vgl. Interview mit Initiatorin am 3. Juni 2008.

Aus dem losen ‚Arbeitskreis Augarten' wurde schließlich der ‚Aktionsradius Augarten' im Jahr 1992 offiziell als Verein gegründet. Dessen Projekte wurden mit Fördergeldern von den Kulturabteilungen des Bundes und der Stadt Wien ermöglicht, die bereits damals interdisziplinäre Projekte unterstützten. 1992 wurde auch das Stadtteilzentrum Aktionsradius Augarten am Gaußplatz 11 eingerichtet, am Standort des ehemaligen Café Troppau.

„Der Aktionsradius will ein Treffpunkt im Stadtviertel sein, Kontaktstelle und Betätigungsfeld für engagierte Bewohner, Aktionsraum für Künstler, ein Ort für Veranstaltungen, Kommunikation, Nachbarschaft und sozialen Austausch. (...) Lebendige Kommunikation steht im Mittelpunkt der Arbeit des Aktionsradius Augarten. Kulturimpulse, konkrete Maßnahmen im öffentlichen Raum, Stadtteilaktivierung und Stadtteilplanung bilden die Schwerpunkte der Stadtteilarbeit"[128].

4.1.3 AkteurInnen, Organisation und Finanzierung

Die InitiatorInnen des Aktionsradius Augarten waren ein Architektenpaar, die gemeinsam mit BewohnerInnen des Quartiers als treibende Kräfte für das Anliegen der Veränderung eingetreten sind. Sukzessive wurde der Kreis der Engagierten immer größer.

Die Finanzierung erfolgte immer durch die öffentliche Hand, heute über die MA 7 und den Bund in Form einer Jahresförderung auf Basis des konzipierten Veranstaltungsprogramms für das jeweils nächste Jahr.

Für das Erdgeschoßlokal am Gaußplatz, in dem sich heute der Aktionsradius Wien befindet, kam starke Unterstützung von der Hausherrin (einer Künstlerin), „denn sie wollte unbedingt, dass in ihrem Haus ein Kunstprojekt einzieht. Sie hat wirklich alles in Bewegung gesetzt, damit das gelingt"[129].

Ein weiterer Meilenstein in der Entwicklungsgeschichte war das EU-Projekt mit dem Titel ‚Kultur.Park Augarten', das in den Jahren 2002 bis 2006 bearbeitet wurde. Die Schwerpunkte lagen in der Vernetzung aller relevanten AkteurInnen sowohl in die Institutionen hinein als auch in Richtung BürgerInnen, der Gründung des Parkparlaments und der IG-Kulturpark Augarten. Ein wichtiger Teil des Projekts war die Markenbildung, Öffentlichkeits- und Medienarbeit, der Aufbau einer Website und die Etablierung einer offiziellen Kooperation mit den Wiener Festwochen (z.B. Mozartjahr). So wurde aktiv Imagearbeit für dieses Gebiet betrieben. Im Park selbst konnten in Zusammenarbeit mit den Bundesgärten und der Burghauptmannschaft, sie waren Projektpartner im EU-Projekt,

---

[128] ebenda.
[129] ebenda.

konkrete Verbesserungen in Bezug auf Öffentlichkeitsarbeit, Infrastrukturverbesserungen, Gartenrevitalisierung und Kulturpositionierung erzielt werden. Das EU-Projekt wurde vom Aktionsradius Augarten als Projektbetreiber im Jahr 2006 frühzeitig aufgrund „unüberschaubarer Abrechnungsbürokratie, sowie ständig wechselnder Formalvorgaben"[130] beendet. Diese Erfahrung war ausschlaggebend für eine konzeptuelle Änderung des Projekts, wodurch die Aktivitäten des Aktionsradius im und für den Augarten stark zu reduziert bzw. auf Eis gelegt wurden[131].

Die Initiatorin gründete im Jahr 2007 mit verändertem Team einen neuen Verein mit neuer inhaltlicher Ausrichtung: den Aktionsradius Wien, der ebenfalls ein „unabhängiger, aber von öffentlicher Hand geförderter Kulturverein"[132] ist. Anlass für die Neugründung und Namensänderung war die sukzessive Erweiterung des Tätigkeitsfeldes auch auf andere Gebiete als die Augartenumgebung, sowie der Abschluss des Projekts ‚Kulturnetz' in den Bezirken Floridsdorf und Simmering, in dem sie ebenfalls involviert war.

Der Aktionsradius Wien versteht sich heute
„als überregionaler, urbaner Stadtakteur. [...] Der Neustart des Aktionsradius Wien 2007 unterstreicht nun den Anspruch, nicht auf eine beschränkte lokale Aufmerksamkeit abzuzielen, sondern auf die Aufmerksamkeit der Stadt (und der Welt). Der Run auf Veranstaltungsformate wie ‚Fest der Völker' oder ‚Klassik Picknick' ließ und lässt ahnen, dass dieser Anspruch ein realer ist. Der Aktionsradius ist von einem Grätzl -Akteur zu einem Stadt-Akteur geworden. Zu einem Stadt -Akteur allerdings, der dieses hybride Gemisch von Bezirksbezogenheit und Weltgewandtheit in spielerischer Form kultiviert"[133].

Ganz gezielt wurde von Beginn an auf die Vernetzung der lokalen *Player* gesetzt, wie Pfarre Gaußplatz, Gastronomielokale im Stadtteil, andere Kulturinstitutionen und BürgerInneninitiativen. Es wird aber auch stadtweit Netzwerkarbeit betrieben und auf Kooperationen gesetzt, bspw. mit der Wienbibliothek im Rathaus, der Medienmanufaktur, mit anderen Kulturstandorten (3Raum Anatomietheater, Ragnarhof, Arena Bar), mit Wienweiten Festivals (Akkordeonfestival etc.); darüber hinaus konnten gute Medienpartnerschaften etabliert werden.

---

[130] Initiatorin, schriftlich am 10.2.2009.
[131] ebenda.
[132] [vgl. http://www.aktionsradius.at, letzter Zugriff am 8.12.2008].
[133] [vgl. http://www.aktionsradius.at, letzter Zugriff am 8.12.2008].

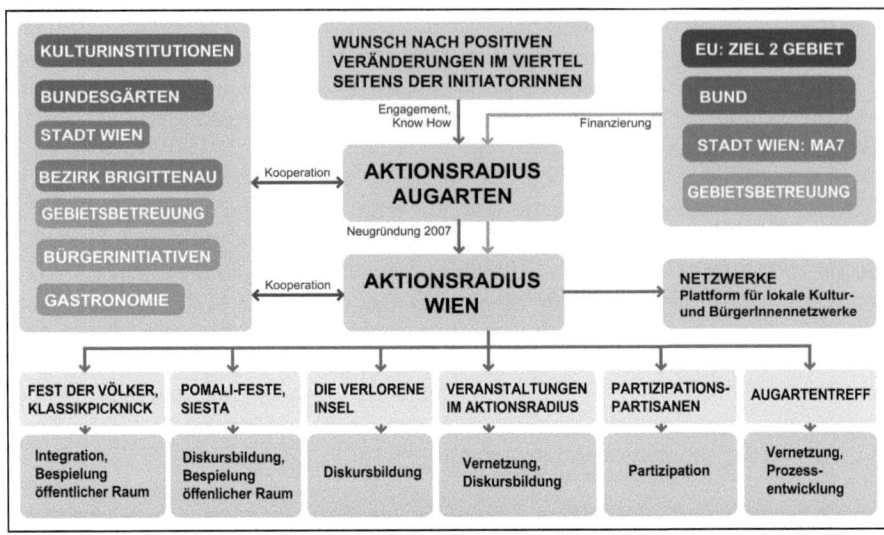

Abbildung 31:   Organigramm des Aktionsradius Augarten

4.1.4 Die Rolle von Kunst und Kultur

Von Beginn an setzte der Aktionsradius Augarten auf Kunst- und Kulturprojekte, die den Austausch zwischen Menschen verschiedener Kulturen anregen sollten. Mit Veranstaltungen wie dem Klassikpicknick, dem Fest der Völker oder
den Pomalifesten am Gaußplatz – um nur einige zu nennen – machte der Augarten und seine Umgebung auf sich aufmerksam und zog sehr rasch viele Menschen an. Anfangs kamen die BesucherInnen eher aus dem Viertel, doch bald
zog der Bekanntheitsgrad des Aktionsradius weite Kreise und die BesucherInnen
strömten aus ganz Wien in den Augarten und zu anderen bespielten Locations.

Gezielt wurden „anfangs sehr viele Menschen und KünstlerInnen aus dem
Viertel/Bezirk beteiligt. Das war ein ganz bewusster Ansatz, wir wollten vor
allem die Menschen direkt aus dem Stadtteil, um die Gemeinschaft und Identifikation zu fördern"[134]. Auch wurde früher mehr in Arbeitskreisen gearbeitet, „sie
waren eigentlich die Quellen des Sozial- und Beteiligungsprojektes"[135]. Auch
innerhalb des EU-Projektes gab es mit der Entwicklung des Parkparlaments
einen partizipativen Ansatz.

Mittlerweile ist das Auswahlkriterium für die KünstlerInnen nicht mehr

---

[134] Interview mit Initiatorin am 3. Juni 2008
[135] ebenda.

vorwiegend ihre Zugehörigkeit zum Bezirk. Das Team des Aktionsradius Wien erstellt das Veranstaltungsprogramm und sucht die KünstlerInnen in erster Linie nach den gewählten Monatsthemen selbst aus.

Inhaltlich konzentrierten sich die Aktionen immer auf gesellschaftsrelevante Themen, gleichsam als antreibende Kraft für den Aktionsradius selbst. War der ursprüngliche Auslöser die Verkehrssituation in der Parkumgebung und die Vernachlässigung des Augartens, so entwickelte sich daraus schnell ein grundlegender gesellschaftspolitischer Anspruch. Umgesetzt wird diese Intention mit künstlerischen Mitteln in Form von Filmaufführungen, Aktionistischem, Tanz- und Musikveranstaltungen und auch kritischen Diskussionen und Vernetzungsprojekten. Bespielt wird der Augarten, Plätze wie der Gaußplatz, Lokalitäten wie die Bunkerei Augarten oder die Kirche Gaußplatz.

Der Aktionsradius Augarten bzw. Aktionsradius Wien ist mittlerweile seit nahezu 20 Jahren aktiv und hat viele Spuren hinterlassen. In Wohnungsanzeigen wird die Gegend heute als trendig eingestuft, „mittlerweile sind sehr viele Dachböden ausgebaut, Baulücken geschlossen und fast jede Immobilienanzeige im 2./20. Bezirk wirbt mit dem Stichwort Augartennähe"[136], auch die Lokalszene ist bunter geworden. Dennoch hat der

„Gentrification-Prozess nicht wirklich eingesetzt. Es ist eine sehr gute Durchmischung hier, ich habe auch keine Sorge, dass der Prozess schnell gehen würde. Es verändert sich ja noch was in Richtung Durchmischung: immer mehr MigrantInnen beginnen nun erst, Geschäfte hier im Stadtteil zu eröffnen"[137].

Der Aktionsradius Wien wird auch in Zukunft seinen kritischen Blick auf das Augartenviertel werfen:

„Zur Aufwertung, die der Stadtteil zwischen neu gestaltetem Gaußplatz und Wallensteinplatz und dem zum ‚Kultort' avancierten Augarten erfährt, hat die Tätigkeit des Aktionsradius Augarten und die Bürgerbeteiligung Gaußplatz einen wichtigen Beitrag geleistet. Die Ambivalenz dieser Aufwertung wird eine der Angelegenheiten des neuen Aktionsradius Wien sein. Im Bewusstsein, dass KünstlerInnen und Kulturorganisationen oft die unfreiwilligen Pioniere der Gentrification eines Stadtteils sind (d.h. einer schleichenden Ersetzung ärmerer durch reichere Bewohner), wird der Beitrag gegen die Exklusion sozialer VerliererInnen ein Kriterium der Arbeit des Aktionsradius Wien darstellen"[138].

---

[136] Interview mit Initiatorin am 3. Juni 2008.
[137] ebenda.
[138] [vgl. http://www.aktionsradius.at, letzter Zugriff am 8.12.2008].

4.1.5 Resumée

Der Aktionsradius Augarten sind ein etablierter Teil der Kunst- und Kulturszene des Augartenviertels. Der Aktionsradius Augarten wollte Einfluss nehmen auf die konkrete Ge-staltung des Stadtteils sowie gesellschaftspolitische Akzente setzen. Mittlerweile ist der Aktionsradius eine etablierte Marke für Kunst- und Kulturprojekte mit gesellschaftspolitischem Anspruch. Die Kraft, die von diesen Aktionen ausging und -geht, verschaffte dem Quartier Aufmerksamkeit, die mit Kunst und Kultur konnotiert ist.

Fördernde und hemmende Faktoren

Laut der Initiatorin waren das große Engagement der Beteiligten und das hohe Maß an Eigentätigkeit grundlegende Erfolgsfaktoren. Gerade anfangs „muss man hartnäckig sein und darf vor behördlichen Hürden nicht zurück schre-cken"[139]. Als weiteren Erfolgsfaktor schätzt sie die „von Beginn an sehr profes-sionelle Arbeit ein. Von Seiten der FördergeberInnen besteht aktives Interesse, was sich auch darin zeigt, dass immer wieder Delegationen nationaler und inter-nationaler Kulturfachleute, Vertreter von Kulturabteilungen etc. in den Aktions-radius kommen"[140].

Weiters förderlich bzw. hemmend sei die Einstellung der Bezirkspolitik zu innovativen Kulturprojekten. Für die Bezirkspolitik ist die Qualität solcher Pro-jekte anfänglich oft sehr schwer zu beurteilen. Teilweise wären Bezirke mit der qualitativen Beurteilung von Kulturprojekten überfordert, weil sie nicht über genügend fachliches Wissen verfügen. Die Gründe, weshalb nur wenige Bezirke Anreize für kulturelle Aktivitäten setzen, sieht die Initiatorin in der mangelnden Offenheit gegenüber Kunst- und Kulturprojekten:

> „künstlerische Projekte (erscheinen) für Bezirkspolitiker oft unkalkulierbar, unbere-chenbar, politisch nicht einzuordnen und auch nicht kontrollierbar (...) - Faktoren, die in der Politik leider eine viel zu große Rolle spielen. Damit geht viel kreatives Potenzial verloren"[141].

---

[139] Interview mit Initiatorin am 3. Juni 2008.
[140] ebenda.
[141] Initiatorin schriftlich am 10.2.2009.

Leer stehende Lokale sind auch im Augartenviertel ein bekanntes Phänomen. Die Schwierigkeit, auf privates Eigentum Einfluss zu nehmen, könnte eventuell mit einer Förderung verändert werden[142].

Dass der Aktionsradius starke Zeichen gesetzt hat, lässt sich mit den Aktionen im Augarten und deren mediale Präsenz belegen. Das Viertel wandelte sich von einem wenig beachteten zu einem mit Kunst- und Kulturprojekten gebrandeten Stadtteil, „vom barocken Lust- zum modernen Kulturpark" betitelt das Businessworld Magazine im Jahr 2004 die sichtbaren und spürbaren Veränderungen (Business World Magazine 2004).

4.2 Cultural sidewalk

4.2.1 Projektgebiet

Unter dem Titel ,cultural sidewalk' wurde die Gumpendorferstraße im 6. Wiener Gemeindebezirk im Jahr 2000 zwischen Ende September und Ende Oktober mit zeitgenössischer Kunst bespielt.

Die Gumpendorferstraße ist eine West-Ost verlaufende Straße im dicht bebauten, gründerzeitlich geprägten Stadtraum, sie verbindet die Innenstadt mit dem Gürtel. Als eine der wichtigsten Verkehrsachsen des Bezirks mit einer Länge von rund drei Kilometern hat sie eine bedeutende Funktion. Die Buslinie 57A fährt in der gesamten Straße und verbindet die Innenstadt mit dem 6. und 15. Bezirk. Weitere öffentliche Verkehrsmittel nahe der Gumpendorferstraße sind die U-Bahnlinien U4, U3 und U2.

Die Funktion als Verkehrsachse zieht Folgeerscheinungen nach sich: Eine hohe Verkehrsdichte aus fließendem und ruhendem, vorwiegend privatem PKW-Verkehr sowie Luftschadstoffe und Lärm prägen die Straße; als Freiraum für Fuß gängerInnen hat sie nach und nach an Bedeutung verloren. Die Straße war lange Jahre eine Geschäftsstraße mit einer hohen Dichte an Geschäftslokalen in den Erdgeschoßzonen. In den letzten Jahrzehnten des 20. Jahrhunderts setzte auch hier der Trend des Geschäftesterbens ein. Seit der Jahrtausendwende und ungefähr zeitgleich mit cultural sidewalk ist eine Trendumkehr zu verorten, die Straße ist wieder zum Leben erwacht.

Das Projektgebiet von cultural sidewalk konzentrierte sich auf die Untere Gumpendorferstraße, im zentrumsnahen Bereich zwischen Getreidemarkt und Esterhazy Park.

---

[142] vgl. Interview mit Initiatorin am 3. Juni 2008.

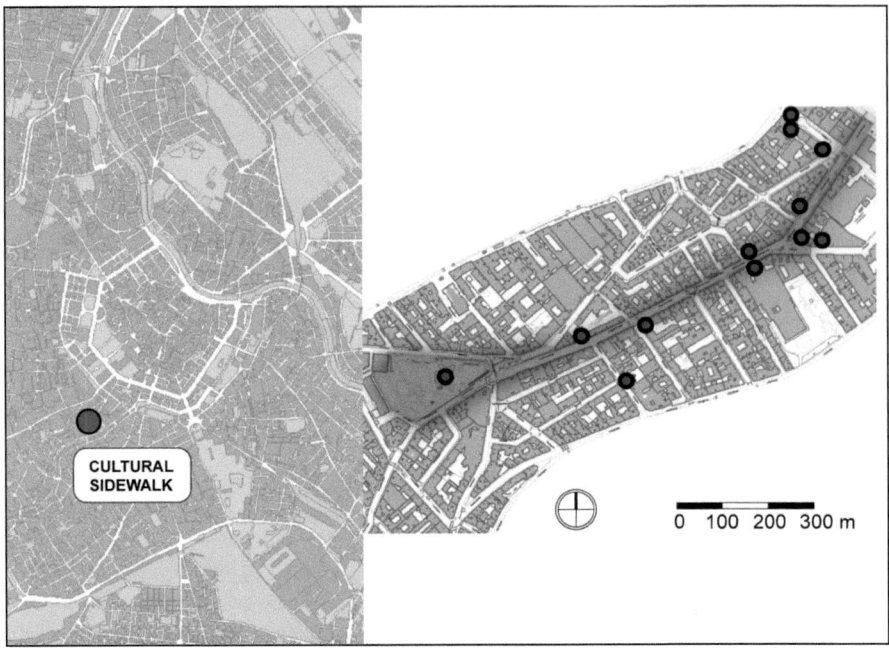

Abbildung 32:   Lage des Projektgebiets von cultural sidewalk im Stadtraum (li.), Projektstandorte
                    von cultural sidewalk in der unteren Gumpendorferstraße (re.)

4.2.2 Entstehung und Intention

Unter dem Titel cultural sidewalk – der Name leitet sich von ‚Gehsteig' ab –
wurde im Jahr 2000 ein Projekt ins Leben gerufen, das der Gumpendorferstraße
und ihren angrenzenden Gassen mehr Leben einhauchen sollte. Die Initiatorinnen Karoline Brand und Claudia Dohr von cultural sidewalk, lebte zu dieser Zeit
im Viertel und wollten die Lebensqualität in ihrem Umfeld verbessern. Das Ziel
ihrer Aktivität war:

> „...auf die Situation und Missstände wie leer stehende Lokale aufmerksam zu ma-
> chen, Diskussionen anzuregen, zu schauen wie und was möglich ist; insgesamt einen
> kritischen Diskurs zu führen. (...) Die Gumpendorferstraße war eine sehr tote Zone.
> Das Projekt war ähnlich wie SOHO, allerdings auf einen Straßenzug beschränkt"[143].
> „Das Projekt sollte wie eine Sternschnuppe etwas bewegen"[144].

---

[143] Interview mit Initiatorin D am 16. August 2008.
[144] Interview mit Initiatorin B am 29. April 2008

Viele Geschäfte wurden damals aufgelassen, weil die BesitzerInnen in Pension gingen oder der Konkurrenz von Supermärkten nicht Stand halten konnten. Solche Geschäfte wurden nicht mehr übernommen. Danach standen diese Geschäfte leer oder wurden zu Garagen umgebaut. Die Zahl der Leerstände belief sich laut der Initiatorin auf rund 70% der Lokale in der Gumpendorferstraße und ihren Nebengassen. Trotz geringer Nachfrage blieben die Mieten der Erdgeschoßlokale relativ hoch.

Die beiden Initiatorinnen - beide damals im Quartier lebende Künstlerinnen - konzipierten ein Projekt zur Belebung der Straße und starteten 1999 mit dessen Organisation. Zu diesem Zeitpunkt war die Straße auch dem Bezirk ein großes Anliegen. Etwas später kam zum Organisationsteam der lokal ansässige Architekt Heidulf Gerngross hinzu.

Schließlich konnte mit cultural sidewalk ein auch durch den Bezirk unterstützter Impuls gesetzt werden. Und es blieb bei diesem Impuls, eine mehrjährige Veranstaltung kam nicht zustande. Die Gründe mögen verschieden sein: „Es war nicht gedacht, dass es ein mehrjähriges Festival wird, es eine Wiederholung gibt. Das wäre auch für zwei - drei Personen allein zu anstrengend gewesen"[145]. Als Argument wird allerdings auch angeführt, dass es einen Wechsel in der Bezirksvorstehung und damit einen ganz anderen Zugang zu diesem Projekt gab[146].

4.2.3 AkteurInnen, Organisation und Finanzierung

Die Anbahnung der Finanzierung erforderte viel Zeit und Geduld. Zahlreiche Gespräche mussten geführt und viel Überzeugungsarbeit geleistet werden, bis der Ball ins Rollen kam und einzelne GeldgeberInnen von der Qualität und den Chancen dieses Projektes überzeugt werden konnten. „Anfangs gab es von den Geschäftsleuten eher Abneigung gegen unsere Aktivitäten, letztendlich waren dann fast alle dabei und interessiert"[147].

Mit der Autohandelsbetrieb Denzel konnte ein erster und sehr wichtiger Partner gefunden werden, insbesondere da Denzel als ‚Zugpferd' des Projektes von EntscheidungsträgerInnen ernst genommen wurden, im Gegensatz zu den „no name-KünstlerInnen"[148]. Denzel war am Projekt interessiert, da ein großes Umbauvorhaben im Gange war, das sich emissionsmäßig auf das Quartier auswirkte. Nach und nach kamen weitere FördergeberInnen und SponsorInnen hin-

---

[145] ebenda.

[146] vgl. Interview mit Initiatorin Dam 16. August 2008.

[147] Interview mit Initiatorin B am 29. April 2008

[148] Die Projektinitiatorinnen haben sich selbst als ‚no-name Künstlerinnen' zu diesem Zeitpunkt begriffen.

zu wie Bezirk, verschiedene Abteilungen der Stadt Wien, Palmers, die Wirtschaftskammer Wien. Auch die GeschäftsbetreiberInnen in der Straße waren
mehr und mehr interessiert.

Insgesamt konnte schließlich ein umfangreiches Budget aufgestellt werden.
„Die Finanzierung lag bei 1,5 Mio. Schilling (ca. € 100.000.-, Anm.). Viel Budget war notwendig, um Sachkosten zu zahlen (z.b. Krähne, Bemalung der Wän-
de in Lokalen etc.). Extra wurden SachsponsorInnen gewonnen wie Fahnenfir-
men etc."[149] z.b. erfolgte der Einladungsversand über die Firma Denzel.

4.2.4 Die Rolle von Kunst und Kultur

Die künstlerische Interventionen und Ausstellungen von cultural sidewalk fanden an sehr unterschiedlichen Orten statt: auf Gehsteigen, in leer stehenden Erdgeschoßlokalen oder den Vitrinen von bestehenden Lokalen, in Gasträumen oder
Firmenlokalen (z.B. Liegenschaft der Firma Denzel). Die Akquisition der leer
stehenden Lokale gelang allerdings erst nach langer Überzeugungsarbeit:

> „Es gab rund 20 Leerstände. Mit allen BesitzerInnen mussten lange Gespräche ge-
> führt werden. Für manche Lokale mussten wir dann Miete zahlen, andere wurden
> uns gratis zur Verfügung gestellt. Wien Energie kam für die Stromkosten auf"[150].

Als cultural sidewalk startete, gab es in der Gegend wenige KünstlerInnen. Sie
kamen eher aus dem Bekanntenkreis der OrganisatorInnen. Für die Auswahl der
KünstlerInnen wurden die persönlichen Netzwerke des Organsiationsteams aktiviert, in denen einzelne AkteurInnen persönlich angesprochen wurden, ein Jury-
verfahren gab es nicht. Auch bekamen die KünstlerInnen keine Honorare, sondern nur den Ersatz der Sachkosten. Das Engagement der KünstlerInnen war
ehrenamtlich, laut Initiatorin fühlten sich die KünstlerInnen allerdings nicht
ausgenützt oder instrumentalisiert. Insgesamt waren 90 KünstlerInnen aktiv[151].
Die Kunstsparten von cultural sidewalk reichten von Malerei, Video- und Bildender Kunst in Einzel- und Kollektivausstellungen bis zu Diskussionen über
verschiedene Themen. Auch die Kunstrichtung Soziale Skulptur war in einem
Projekt mit Obdachlosen vertreten. Thematisch konzentrierten sich einige Projekte stark auf das Quartier (v.a. Diskussionen), andere legte keinen Fokus auf

---

[149] Interview mit Initiatorin D am 16. August 2008.
[150] ebenda.
[151] vgl. Interview mit Initiatorin D am 16. August 2008

den umgebenden Stadtraum. Einen Bezug zum Quartier herzustellen war keine Vorgabe, viel wichtiger war es, die leeren Lokale zu füllen[152].

Die rund 35 Veranstaltungen mit etwa 80 KünstlerInnen waren sehr gut besucht. Das Publikum kam sowohl aus der näheren Einzugsbereich als auch von außerhalb. Vom starken Publikumsstrom hat auch die Gastronomie profitiert, einen langfristiger Profit sieht die Initiatorin für die Gewerbetreibenden[153].

Cultural sidewalk wollte auf Missstände wie leer stehende Lokale nicht nur aufmerksam machen, sondern bespielte sie aktiv als Ausstellungsorte. Sowohl ein Teil der Kunstprojekte als auch die zur Diskussion gestellten Themen sollten zur kritischen Reflexion der Entwicklungen im Viertel anregen.

4.2.5 Resumée

Cultural sidewalk ist angetreten, die sterbende Geschäftsstraße Gumpendorferstraße wieder zu beleben. Die beiden Initiatorinnen, selbst im Quartier wohnende Künstlerinnen, hatten nicht nur Eigenbedarf an Veränderung in ihrem

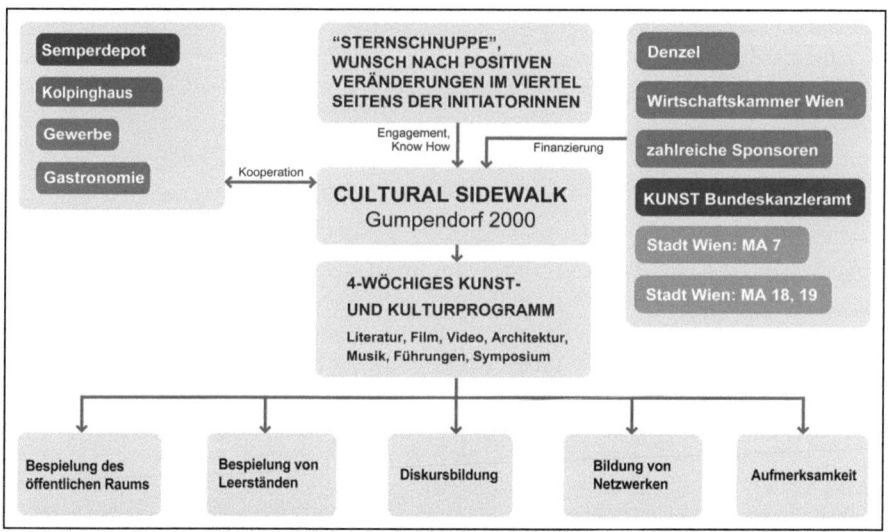

Abbildung 33:   Organigramm von cultural sidewalk.

---

[152] ebenda.
[153] vgl. Interview mit Initiatorin D am 16. August 2008.

Wohnumfeld, sondern auch genügend Einfühlungsvermögen und Kreativität, um eine Projekt mit viel Eigensinn auf die Beine zu stellen.

Nach vielen Gesprächen gelang es schließlich, eine kritische Masse für das Projekt zu interessieren und Förderungen zu akquirieren. Dies allerdings erst, als mit der Firma Denzel ein für die potenziellen FördergeberInnen vertrauensvoller Partner gefunden werden konnte. Dann erst taten sich andere Finanzierungsquellen auf. Schließlich konnten mit der Vielzahl von Projekten hohe BesucherInnenzahlen erreicht werden. Auch die anfangs tendenziell skeptischen Geschäftsleute waren letztendlich fast alle dabei und interessiert.

Seit dem Jahr 2000 gab es laut InterviewpartnerInnen durchaus Veränderungen in der Straße. Inwiefern Zusammenhänge mit cultural sidewalk bestehen, darüber sind sich die Initiatorinnen uneinig: Eine sieht die Wirkungskette nicht so klar nachvollziehbar[154]. Während auf der anderen Seite ein eindeutiger Zusammenhang zwischen der Änderung der Quartiersimages und der Durchführung des Kunstprojektes hergestellt wird: „Es ist jetzt ein sehr junges Gebiet und zu einem Szenegebiet geworden; sehr alternativ. Das Image ist ein Selbstläufer, wurde durch das Projekt angeregt"[155].

Ergänzend sei hinzugefügt, dass es in diesem Quartiers vor cultural sidewalk ein Projekt zur Begrünung der Innenhöfe gegeben hatte, das laut Initiatorin zu mehr Zusammenhalt zwischen den AnrainerInnen geführt haben soll.

Jedenfalls ist die Gumpendorferstraße mittlerweile eine lebendige Geschäftsstraße mit vielen trendigen Geschäften und einer Markenbildung als Möbelmeile.

Fördernde und hemmende Faktoren

Insgesamt lassen sich aus dem Projekt cultural sidewalk einige Faktoren ableiten, die für vergleichbare Kunst- und Kulturprojekte Gültigkeit haben können.

Erfolgsfaktoren auf der Seite der ProjektwerberInnen sind „sehr gut ausgearbeitete Konzepte inklusive gutem, nachvollziehbaren Finanzierungsplan. Nur dann wird das Projekt ernst genommen"[156]. Weiters ist ein sehr hohes Engagement notwendig, um vor allem zu Beginn zu Unterstützung zu kommen.

Von Seiten des Bezirks sollte es ein prinzipielles o.k. für ein solches Projekt geben. Wichtig sei, dass Bezirksvorstehungen erkennen, dass sie selbst kein Kunstprojekt machen können, ihre Chance und Stärke allerdings im Herstellen von Kontakten oder dem aus-dem-Weg-räumen von Hürden liegt.

---

[154] vgl. Interview mit Initiatorin B am 29. April 2008
[155] Interview mit Initiatorin D am 16. August 2008
[156] vgl. Interview mit Initiatorin D am 16. August 2008.

Eine Kooperation von Kunst und Stadtentwicklung sei essentiell. Von Vorteil könnte es sein, eine eigene Anlaufstelle für Bezirke einzurichten, wo auch Schulungen angeboten werden. Eine solche Stelle sollte „die Projekte in einem Gebiet besser vernetzen und Kräfte bündeln"[157]. Mehrfachfinanzierungen müssen möglich sein. Ein Gießkannenprinzip sei nicht förderlich, vielmehr sollen die Projekte beweisen, dass sie Erfolg versprechend sind.

Von Seiten des Bezirks sollten in der Vorbereitungsphase solcher Projekte finanzielle Mittel zur Analyse der Situation bereitgestellt werden. Nie sollte versucht werden, Konzepte auf andere Stadtgebiete umzulegen, denn die Ansätze sind für jeden Bezirk ganz verschieden. Immer ist zu fragen: „Wie leben die Menschen hier"[158]?

4.3 WOLKE 7 Kaiserstraße (2003-2008)

4.3.1 Projektgebiet

Das Projektgebiet des 2003 begonnenen Projekts WOLKE 7 Kaiserstraße liegt im 7.Wiener Gemeindebezirk und umfasst die Kaiserstraße und ihr Umfeld. Der 1,6 km lange und tangential verlaufende Straßenzug stellt das Herz des Schottenfeld-Quartiers innerhalb des Bezirks dar, welches im Nahbereich des Gürtels und abseits des Bezirkszentrums liegt. Das Quartier ist von einer dichten, im rechtwinkeligen Raster angeordneten Gründerzeitbebauung geprägt (vgl. Förster / Peutl 2008). Darüber hinaus herrscht in der Kaiserstraße sowie im restlichen Bezirk der, für Wiener Gründerzeitbezirke typische Mangel an Grünflächen und öffentlichen Freiräumen (vgl. Grimm-Pretner 2000: 11ff.).

Die Erschließung der Kaiserstraße mittels öffentlichen Verkehrs erfolgt durch die Straßenbahnlinie 5, die entlang der gesamten Straße verläuft. Zusätzlich gibt es mehrere kreuzende Autobus- und Straßenbahnlinien sowie die U3-Station Westbahnhof, von welcher der südliche Teil der Kaiserstraße erreichbar ist. Neben der Straßenbahn sind auch motorisierter Individualverkehr und ruhen- der Verkehr prägende Faktoren der Straßenzonierung. Für breite Gehsteige, Straßenbäume oder separate Fahrradstreifen steht in diesem dichten Stadtraum wenig Platz zur Verfügung. Die Kaiserstraße liegt in unmittelbarer Nähe der Mariahilferstraße, Wiens bedeutendster Einkaufsstraße und der Lugner City, einem Einkaufs- und Kinozentrum, das sich auf der stadtauswärtigen Seite des Gürtels im 15. Bezirk befindet.

---

[157] vgl. Interview mit Initiatorin D am 16. August 2008.
[158] ebenda.

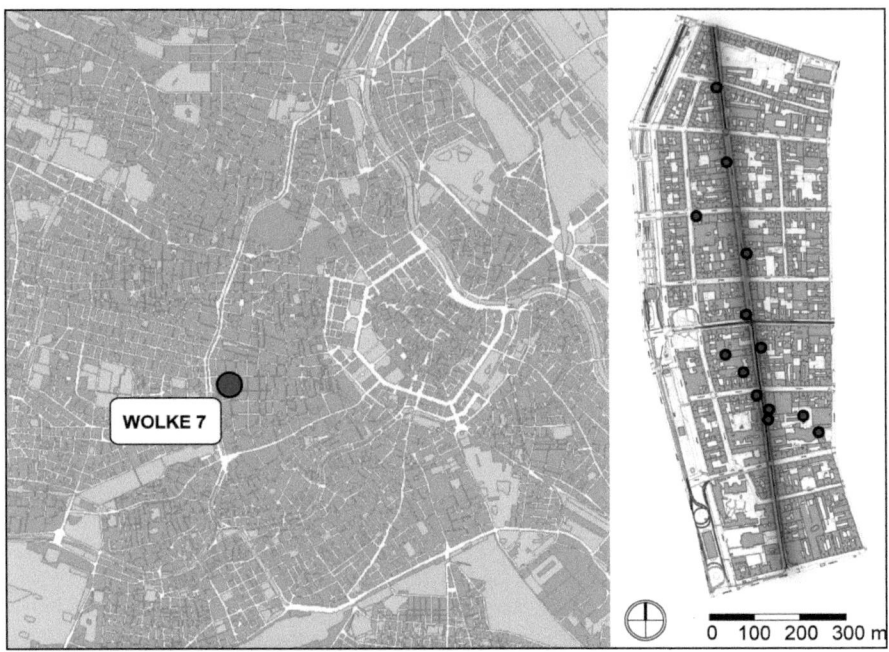

Abbildung 34:   Lage des Projektgebiets von WOLKE 7 Kaiserstraße (li.), und Aktionsstandorte
                    innerhalb des Projekts (re.).

4.3.2 Entstehung und Intention

Ähnlich wie andere kleinere Geschäftsstraßen, war auch die Kaiserstraße in den
letzten Jahrzehnten von der Abwanderung von kleineren und mittelgroßen Geschäften betroffen. Eine hohe Leerstrandsrate mit rund 40 ungenutzten und teils
verwahrlosten Geschäftslokalen sowie eine damit verbundene stetige Abnahme
der Lebensqualität waren die Folge. Gründe für diese Abwärtsspirale waren
neben der mangelnden Attraktivität des Stadtraums zweifellos die negativen
Auswirkungen der nahen Einkaufsstraßen und Shopping Malls (vgl. Förster /
Peutl 2008).

Sowohl die Stadt- als auch die Bezirksverwaltung begannen die problematische Entwicklung im Quartier zu erkennen. Im Herbst 2002 gab es einen offenen
Brief des Bezirksvorstehers an die BewohnerInnen des Bezirks, in dem er für die

Entwicklung von neuen Ideen und Konzepten für den gesamten Bezirk warb[159]. In weiterer Folge entwickelte sich daraus eine ExpertInnenrunde aus ArchitektInnen, PlanerInnen, KünstlerInnen und WissenschaftlerInnen, die sich nach und nach verstärkt mit dem Quartier um die Kaiserstraße beschäftigte[160]. Das Gründungsteam von WOLKE 7 Kaiserstraße - bestehend aus den Wiener Büros artminutes, dsp architekten, architektur in progress und archipel architekten - begann sich Ende 2002 in diesem Rahmen zu formieren und legte Konzepte für ein mehrjähriges Projekt in der Kaiserstraße vor. Das Vorhaben verfügte zu diesem Zeitpunkt über keine gesicherte Finanzierung[161], dennoch wurde an den Projektideen weiter gearbeitet und die erste Aktion mit dem Titel „Hinterhof 7" gemeinsam mit anderen lokalen AkteurInnen umgesetzt.

In den folgenden Monaten erhielt die Stadt Wien den Zuschlag für die Teilnahme am INTERREG-IIIC-Projekt POSEIDON (*Partnership On Socio-Economic and Integrated Development Of Deprived Neighbourhoods*) der Europäischen Union. Teilnehmende Partnerstädte waren Amsterdam, Genua, London-Haringey, North-Kent, Stockholm und als Lead-Partner mit zwei Projekten die Stadt Wien (vgl. Förster / Peutl 2008: 19ff). Die beiden Projekte des Projektkoordinators Wien waren WOLKE 7 Kaiserstraße und ANKER 10.

Die Intentionsanalyse des Projekts ergibt auf Basis der Interviewaussagen unterschiedliche Schwerpunkte: so wird als Hauptziel von Seiten des Bearbeitungsteams eine Aufwertung der Kaiserstraße auf kultureller und wirtschaftlicher Ebene angegeben, das durch die Entwicklung einer nachhaltigen wirtschaftlichen Perspektive und die Verbesserung des Images erreicht werden sollte[162]. Von der Stadt Wien als Auftraggeberin wurde die Thematik der Leerstandsproblematik artikuliert und als Projektthema ins „Spiel gebracht", wie es ein Mitglied des Bearbeitungsteams formuliert[163]. Ein weiterer Schwerpunkt wurde von der Wirtschaftskammer bei der Vorbereitung für das Projekt – noch vor dem Auftauchen des POSEIDON Projektes - artikuliert:

„Das Ziel war, eben diese (die Kreativen, wie ArchitektInnen, Werbeagenturen und Kreativdienstleister, Anm.) dort ins Gebiet verstärkt zu holen, bzw. Architekten in die Erdgeschoßlokale zu bekommen mit einer klaren Umsiedlungsstruktur, um in den oberen Geschossen zusätzlich Wohnraum zu schaffen"[164].

---

[159] vgl. Interview mit der Kuratorin des Kulturvereins to be continued und der Geschäftsführerin von artminutes am 3.6.2008.
[160] [vgl. www.wolke7.at, letzter Zugriff am 13.8.2008].
[161] vgl. Interview mit dem Architekt und Besitzer des Büros Denk Architektur am 19.5.2008.
[162] Interview mit dem Kuratorin des Kulturvereins to be continued am 16.5.2008.
[163] Interview mit dem Architekt und Besitzer des Büros Denk Architektur am 19.5.2008.
[164] Interview mit dem Leiter des Servicecenters der WK Wien am 26.8.2008.

Das interdisziplinäre Gründungsteam von WOLKE 7 wurde nach der Zuschlags-
erteilung für das POSEIDON Projekt von der Stadt Wien zur Mitarbeit eingeladen. Diese Phase des Projektstarts im Rahmen des POSEIDON-Projekts wurde
von Teilen des Teams als „von oben" gesteuert gesehen: „Die Leute kannten sich
vorher nicht, es wurde ein Team von oben zusammen gestellt und beauftragt"[165].
Tatsächlich führte der Umstand des Nicht-Kennens nach Aussage eines anderen
Teammitglieds im Projektverlauf immer wieder zu einem intensiven gruppendy-
namischen Prozess, der als „sehr schwierig" beschrieben und mit Aufstellungen
und Mediationen bearbeitet wurde[166]. Diese Wahrnehmungen dürften sich u.a.
aus den teilweisen Diskontinuitäten einzelner Teammitglieder bezüglich ihrer
Projektmitarbeit ergeben: die Zusammensetzung des Gründungsteams hat sich
vom Bearbeitungsteam im POSEIDON-Projekt unterschieden, ebenso wie nach
Auslaufen der EU-Förderung eine neuerliche Teamänderung erforderlich wurde.
Die Teammitglieder des schließlich von Sommer 2004 bis Dezember 2006 laufenden Wiener EU-Pilotprojekts WOLKE 7 Kaiserstraße waren die Dramaturgin
Angela Heide, die Kulturjournalistin Christa Salchner, die Kuratorin Bernadette
Ruis, sowie die Architekten Franz Denk, Volker Dienst und Johannes Kraus, die
sich mit „hoher Fachkompetenz aus unterschiedlichen Bereichen"[167] dem Projekt
aus unterschiedlichen Perspektiven widmeten.

Folgende Umsetzungsstrategien wurden dabei formuliert (vgl. Förster /
Peutl 2008: 92):

▪ Schaffung neuer Identitäten für die Kaiserstraße.
▪ Initiierung neuer lokaler Netzwerke.
▪ Anwendung neuer und innovativer Methoden bei BürgerInnenbeteiligung
  und Partizipation.
▪ Lokales Arbeiten und internationales Agieren.
▪ Kontinuierliche Vermittlung der Zwischenresultate an eine breitere Öffent-
  lichkeit, interessierte PartnerInnen und ExpertInnen.

In der Folge wurde vom Team WOLKE 7 Kaiserstraße, entsprechend seiner
Zusammensetzung, ein breites Bündel an Maßnahmen und Aktivitäten in den
Bereichen Kulturmanagement, Dramaturgie, Ausstellungswesen, Architektur-
vermittlung, Architektur und Stadtplanung entwickelt (vgl. Förster / Peutl 2008:
92ff.).

---

[165] Interview mit der Kuratorin des Kulturvereins to be continued am 16.5.2008.
[166] Interview mit dem Architekt und Besitzer des Büro Denk Architektur am 19.5.2008.
[167] ebenda.

4.3.3 AkteurInnen, Organisation und Finanzierung

Das EU-Pilotprojekt WOLKE 7 Kaiserstraße war auf eine Laufzeit von Juli 2004 bis Dezember 2006 ausgelegt[168]. Für die gesamte Laufzeit gab es ein jährliches Budget von etwa 100.000 €, welches zu jeweils 35 % von der EU und der Stadt Wien und zu 30 % vom Bezirk Neubau finanziert wurde[169]. Die Fördergelder des INTERREG-IIIC-Projekts wurden über die Stadt Wien akquiriert und über die Magistratsabteilung 50 - Wohnbauforschung verwaltet. Die finanziellen Mittel wurden vom Team WOLKE 7 verwaltet und neben den laufenden Kosten für die unterschiedlichen Projekte in der Kaiserstraße verwendet. Die Gelder, die nach der Umsetzung der jährlichen Aktionen übrig blieben, fungierten als Honorar für das Projektteam[170].

Nach dem Auslaufen der Förderungen der EU und der Stadt Wien unterstützte der Bezirk Neubau das Projekt weitere zwei Jahre (2007/2008) in der Höhe seines bisherigen Anteils (30.000.- €). Die Laufzeit konnte dadurch, bei entsprechenden budgetären Einbußen, über das geplante Ende hinaus verlängert werden[171]. Im Rahmen einer organisatorischen Verkleinerung des Teams schieden bereits vor Projektende zwei Architekten aus. Ende 2008 wurde auch die Finanzierung durch den Bezirk eingestellt.

Wichtigste AnsprechpartnerInnen im Rahmen des Projekts waren die BewohnerInnen, HausbesitzerInnen und vor allem die Geschäftstreibenden in der Kaiserstraße. Die Aktivierung der AkteurInnen gestaltete sich oft als aufwändig und kostenintensiv, da die Kooperationsbereitschaft zum Teil nicht gegeben war und zahlreiche, vor allem ältere Geschäftstreibende über keine modernen Kommunikationsmittel, wie E-Mail und Mobiltelefon verfügten (vgl. Förster / Peutl 2008: 93). Schwierigkeiten gab es anfangs vor allem aufgrund der mangelnden Kooperation von HausbesitzerInnen bezüglich Leerstandsbespielungen. Die Zusammenarbeit funktionierte am besten mit den Geschäftstreibenden in der Kaiserstraße, die nicht zuletzt aus eigenem vitalem Interesse partizipierten. Initiiert durch WOLKE 7 reaktivierte sich die IG Kaiserstraße, eine bis heute aktive Interessensgemeinschaft und Kommunikationsplattform der Geschäftstreibenden im Quartier[172].

Im Rahmen der Bespielung von Orten mit Kunstaktionen kam es auch zur Zusammenarbeit mit lokalen Kulturschaffenden aus dem Quartier. Der Zusammenarbeit ging eine Recherche der bestehenden künstlerischen Betriebe voraus:

---

[168] [vgl. www.wolke7.at, letzter Zugriff am 13.3.2010].

[169] vgl. Interview mit dem Architekt und Besitzer des Büro Denk Architektur am 19.5.2008.

[170] vgl. Interview mit dem Architekt und Besitzer des Büro Denk Architektur am 19.5.2008.

[171] vgl. Interview mit einer Kuratorin des Kulturvereins to be continued am 16.5.2008.

[172] [vgl. http://www.kaiserstrasse.at, letzter Zugriff am 13.8.2008].

„Es waren vor allem DesignerInnen, Modebetriebe, Keramik u.a., die wir dann versucht haben, einzubinden. (...) Von dem im Gebiet vorhandenen KünstlerInnen wurden viele involviert – vor allem die Video Sisters und die Murmelcomics fallen mir da jetzt ein"[173].

Dennoch wurden in der Realisierung einzelner Kunst- und Kulturprojekte bewusst KünstlerInnen von außen eingeladen und zum Mitmachen aufgefordert. Der Grund für diese Herangehensweise ist im Qualitätsanspruch zu suchen:

„Das ist uns zu gefährlich – lokale KünstlerInnen bespielen die Kaiserstraße, im eigenen Saft braten – das ist noch keine Qualität. Wir haben bewusst immer auch von woanders Leute eingeladen, damit der urbane Spielraum bleibt"[174].

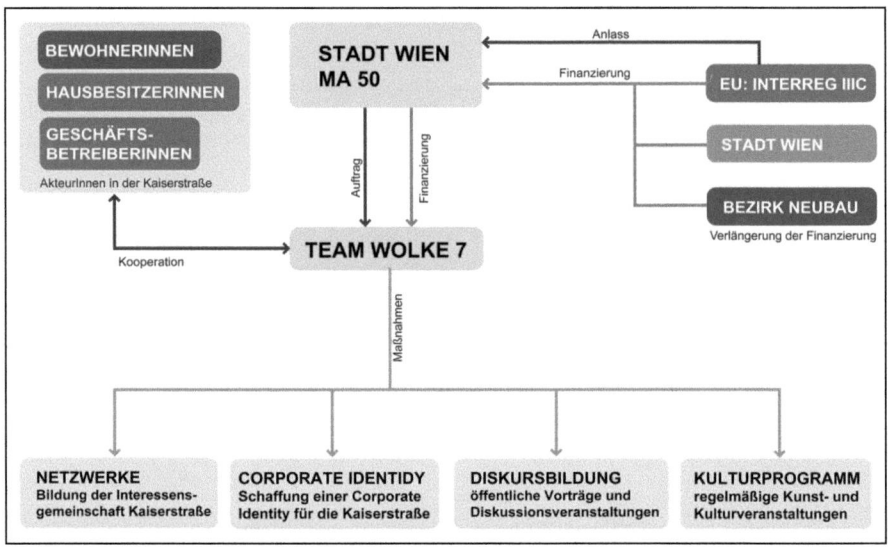

Abbildung 35:   Organigramm des Pilotprojekts WOLKE 7 Kaiserstraße (2004-2006)

4.3.4   Die Rolle von Kunst und Kultur

Die umgesetzten Kunstprojekte stellten im Rahmen des EU-Pilotprojekts in der Kaiserstraße gemäß der inhaltlichen Fokussierung auf wirtschaftliche Belebung,

---

[173] Interview mit einer Kuratorin des Kulturvereins to be continued am 16.5.2008.
[174] Interview mit dem Architekt und Besitzer des Büros Denk Architektur am 19.5.2008.

Aufwertung und positive Veränderung des Images nur einen Teil der Aktivitäten dar und wurden im Gesamtprojekt „als Mittel zum Zweck" und als „Beteiligungsstrategie"[175] eingesetzt. Die wichtigste Maßnahmen wurden im Bereich Netzwerkbildung, der Entwicklung eines positiven Images, der Diskursbildung sowie bei der Nutzung von leer stehenden Lokalen gesetzt. Im Folgenden wird eine Auswahl von künstlerischen und kulturellen Aktivitäten, die im Rahmen von WOLKE 7 realisiert wurden, vorgestellt:

city system/s

Von Mai bis Oktober 2007 wurde die Veranstaltungsreihe city system/s durchgeführt. Im Zentrum der Veranstaltungen standen Themen am Schnittpunkt von Stadtplanung und Kunst, wie etwa Zwischen- und Mehrfachnutzungen, PublicArt oder Stadtwahrnehmung und -konstruktion[176]. Neben Vortrags- und Diskussionsabende mit einer Reihe von ExpertInnen wurden Kunstprojekte im städtischen Raum von Wien vorgestellt. Das Projekt leistete damit einen Beitrag zur öffentlichen Diskursbildung über Stadt und Kunst.

gegenLICHT

Die Veranstaltungsreihe gegenLICHT wurde Ende 2004 organisiert. Neben einem Designmarkt in einem leer stehenden Straßenlokal, an dem sich über 30 KünstlerInnen beteiligten, wurden Lesungen, Installationen und Filmabende, veranstaltet[177]. Die Veranstaltungsreihe zog große Aufmerksamkeit auf das Quartier und half mit, den Ort in einen Kunst- und Kreativkontext zu stellen.

Kunstsackerl Kaiserstraße

In Kooperation mit der IG Kaiserstraße wurde 2006 ein Designpreis zur Entwicklung einer Einkaufstasche für die Kaiserstraße ausgelobt[178]. Unter zahlreichen Einreichungen ermittelte eine Fachjury drei Siegerprojekte, die in einem leer stehenden Straßenlokal ausgestellt wurden. Das Projekt spielte nicht zuletzt für die Entwicklung einer *Corporate Identity* für die Kaiserstraße eine Rolle.

---

[175] Interview mit dem Architekt und Besitzer des Büros Denk Architektur am 19.5.2008.
[176] [vgl. www.wolke7.at, letzter Zugriff am 13.8.2008].
[177] ebenda.
[178] ebenda.

sidewalkCINEMA

Das jeweils zehntägige Film- und Videofestival fand an mehreren temporären ‚Schaustationen' im öffentlichen Raum entlang der Kaiserstraße statt. Es wurde der Versuch unternommen, filmische Arbeiten aus dem geschlossenen Kinoraum in den öffentlichen Raum zu transferieren. Das erste sidewalkCINEMA wurde im Jahr 2005 veranstaltet und war kombiniert mit dem Neubauer Kurzfilmpreis, der vom Bezirk ausgelobt und finanziert wurde. Weitere Ausgaben fanden in den Jahren 2006 und 2007 statt[179].

sidewalkCINEMA leistete einen Beitrag bei der temporären Bespielung des öffentlichen Raums im Projektgebiet. Durch die Orte im Freien und den kostenfreien Zugang war eine Niederschwelligkeit für die Veranstaltungen gewährleistet. Durch die künstlerische Bespielung des öffentlichen Raumes konnte interessiertes Publikum auch außerhalb des Quartiers angesprochen und die Aufmerksamkeit auf die genutzten Orte in der Stadt erhöht werden.

WOLKE 7 Prekarium / WOLKE 7 vorOrt

Im Rahmen von WOLKE 7 Kaiserstraße wurde unter dem Arbeitstitel Prekarium ein leer stehendes Geschäftslokal in der Kaiserstraße 34 bespielt. Der Raum fungierte dabei vor allem als niederschwelliger Veranstaltungs- und Kommunikationsort sowie als erkennbares Zeichen des Projekts in der Kaiserstraße[180].

HINTERHOF 7

Ab 2003 fanden unter dem Titel HINTERHOF 7 mehrere Hof- und Straßenfeste im Quartier statt. Der öffentliche Raum wurde durch Veranstaltungen und Kunstprojekte bespielt und temporär auf sonst nicht zugängliche Hinterhöfe erweitert. Durch HINTERHOF 7 konnten die BewohnerInnen und HauseigentümerInnen in die Entwicklung von Projektaktivitäten und die Aufwertung des Quartiers integriert werden (vgl. Förster / Peutl 2008: 94).

4.3.5 Resumée

Die Einschätzung der Effekte, die durch das Projekt WOLKE 7 Kaiserstraße eingeleitet wurden, bezieht sich auf einen Imagewandel und die Initiierung eines Aufwertungsprozesses entlang der Kaiserstraße: Seit Beginn des Projekts haben

---

[179] [vgl. www.wolke7.at, letzter Zugriff am 13.8.2008].
[180] [vgl. www.wolke7.at, letzter Zugriff am 13.8.2008].

sich die Vermietungsraten der leer stehenden Geschäftslokale signifikant erhöht und es sind verstärkt bauliche und unternehmerische Tätigkeiten im Quartier festzustellen (vgl. Förster / Peutl, 2008: 95). Bezüglich einer ökonomischen Restrukturierung werden einige Neueröffnungen von Geschäften angeführt, allerdings sind einige ambitionierte Unternehmungen relativ schnell wieder abgewandert[181]. Für den Imagewandel war die Schaffung einer *Corporate Identity* mit der Findung eines gemeinsamen Slogans förderlich, eine Gentrifizierung hat nach Meinung der Projektbearbeiter nicht stattgefunden[182]. Die veränderte Wahrnehmung des Quartiers ist allerdings als temporär anzusehen:

> „Es hat sich in den Köpfen was verändert, aber nur temporär. (...) Wenn man nichts tut, geht das schnell weg; es braucht das permanente Gefühl, dass wer da ist"[183].

In materieller Hinsicht zeugen die überdimensionalen Blumentöpfe, die in der Kaiserstraße aufgestellt sind, von den Aktivitäten der WOLKE 7. Ansonsten sind die sichtbaren Auswirkungen des Projektes auf einige Relikte beschränkt: „Dort und da Plakate, die in einer Auslage hängen. Sonst ist nicht viel geblieben"[184].

Auf der Ebene der Netzwerkbildung ist es WOLKE 7 gelungen, mit der IG Kaiserstraße eine erfolgreiche Vernetzung und Interessensvertretung der lokalen Geschäftreibenden zu reaktivieren. Sowohl Mitgliederzahl als auch Aktivitäten des Geschäftsstraßenvereins steigen seither stetig. Die Kommunikation und das Marketing nach außen erfolgen über einen gemeinsamen Internetauftritt (vgl. Förster / Peutl, 2008: 95).

Mit Problemen war man hingegen bei der Aktivierung und Beteiligung von BewohnerInnen und HausbesitzerInnen konfrontiert, die sich zum Teil äußerst schwierig gestaltete (vgl. Förster / Peutl, 2008: 95). Durch eine Vielzahl von Veranstaltungen und Maßnahmen gelang es zwar, das Interesse dieser Gruppen für das Projekt WOLKE 7 und deren Bewusstsein für die Kaiserstraße zu steigern, nachhaltige Netzwerkbildung und Partizipation fand jedoch überwiegend bei den Wirtschaftreibenden statt[185]. Als Grund für den schwachen Fokus auf Projekte, die direkt auf die Beteiligung der Wohnbevölkerung abzielten, wird ein Mangel an Ressourcen genannt[186].

---

[181] vgl. Interview mit dem Architekt und Besitzer des Büros Denk Architektur am 19.5.2008.
[182] vgl. Interview mit einer Kuratorin des Kulturvereins to be continued am 16.5.2008.
[183] Interview mit dem Architekt und Besitzer des Büros Denk Architektur am 19.5.2008.
[184] ebenda.
[185] vgl. Interview mit einer Kuratorin des Kulturvereins to be continued am 16.5.2008.
[186] vgl. Interview mit dem Architekt und Besitzer des Büros Denk Architektur am 19.5.2008.

Fördernde und hemmende Faktoren

Neben der mehrere Jahre anhaltenden Unterstützung von WOLKE 7 durch VertreterInnen von Stadt Wien und Bezirk Neubau, war und ist das interdisziplinär ausgerichtete Projektteam Grundlage für die positive Bilanz von WOLKE 7 Kaiserstraße. Die einzelnen Personen des Projektteams wurden aus Eigeninitiative in der Frühphase des Projekts aktiv, etablierten eine offene, flexible Arbeitsstruktur und hatten die Möglichkeit, den Arbeitsauftrag selbst zu definieren sowie entsprechend der Lernerfahrungen zu korrigieren und zu ändern. Dieser positive Arbeitsansatz wurde von der das Projekt 2004-2006 finanzierenden Magistratsdienststelle mit einer offenen Auftragsstruktur ermöglicht und mit hoher Akzeptanz gegenüber nachträglichen und argumentierbaren Änderungswünschen unterstützt. Allerdings führte die Unerfahrenheit in der persönlichen Zusammenarbeit zu Reibungsverlusten. Die stetige Präsenz vor Ort und das Arbeiten im Mikrobereich waren für das Gelingen von besonderer Bedeutung.

Als ein weiterer fördernder Faktor wurde vom Bearbeitungsteam der klare organisatorische und finanzielle Rahmen innerhalb des INTERREG-IIIC-Projekts genannt[187]. Dabei stellte die gute Zusammenarbeit zwischen den verschiedenen Verwaltungs- und Politikebenen einen fördernden Faktor dar. Der internationale Austausch im Rahmen des INTERREG-IIIC_Projekts, der dadurch mögliche Fachdiskurs und Evaluierung stellten weitere fördernde Faktoren dar. Allerdings stellten die unterschiedlichen Abrechnungsmodi von Bezirk und EU sowie die Projektdokumentation (mit Zwischenberichten und Präsentationen) erhebliche Mehrbelastungen dar. Die abrupte Reduzierung der finanziellen Mittel nach Auslaufen des INTERREG-IIIC-Projektes hätte durch eine *Fading-out*-Lösung reduziert werden können.

Trotz der starken und kontinuierlichen Unterstützung seitens der Stadt und des Bezirks, würde die deutliche Verstärkung der geschäftsgruppenübergreifende Kommunikation innerhalb der Verwaltung, um Reibungsverluste bei Veranstaltungsgenehmigungen etc. zu minimieren[188]. Auch Synergie-Effekte – wie die Nutzung vorhandener Strukturen und Wissens, etwa in der Öffentlichkeitsarbeit, wurde in der Kooperation mit der Stadt Wien unzureichend lukriert.

Für zukünftige Projekte dieser Art wäre im Falle einer Beauftragung an ein ansonsten unabhängig agierendes Label eine von Beginn an klar definierte Leistungsbeschreibung hilfreich, die gemeinsam von Auftraggeberin und Projektteam erarbeitet werden sollte und Möglichkeiten für Korrekturen anbietet. Darin sollte der zeitliche Rahmen definiert und eine projektweise (i. S. von abgrenzbaren Einzelaktivitäten, s. o. unter Punkt 3.3.4) Abrechnung ermöglicht werden.

---

[187] vgl. Interview mit einer Kuratorin des Kulturvereins to be continued am 16.5.2008.
[188] vgl. Interview mit dem Architekt und Besitzer des Büros Denk Architektur am 19.5.2008.

5 Stadt macht Kunst

In diesem Kapitel wird ein Fazit aus den untersuchten Fallbeispielen gezogen. An erster Stelle steht dabei eine generalisierende Darstellung, wie sich die Beziehungen zwischen Kunst und Quartier gestalten. Es liegt im Wesen von Fallstudien, dass deren Erkenntnisse nur bedingt generalisierbar sind, deshalb sind die folgenden Aussagen als Hypothesen zu verstehen, die in anderen Kontexten und Zusammenhängen um weitere Dimensionen zu ergänzen bzw. zu widerlegen sind.

Die mögliche Integration künstlerischer Bearbeitung in eine Strategie der Quartiersentwicklung diskutiert der zweite Schritt. Hier werden einige Fragen bewusst offen gelassen, da eine Beantwortung nur im konkreten Projektkontext möglich erscheint. Andere werden in den beiden letzten Kapiteln konkretisiert bzw. beantwortet. Diese stellen eine Zusammenschau der untersuchten Projekte dar und filtern die relevanten Faktoren für die Etablierung und Entwicklung von Kunstprojekten auf Quartiers- und auf Projektebene heraus.

5.1 Macht Kunst Stadt? - Generalisierungen

Gentrification durch Kunst?

Die quantitativen Auswirkungen von Kunstprojekten auf die soziale Zusammensetzung der Quartiersbevölkerung scheinen wenig signifikant zu sein. Der Beitrag von Kunstprojekten liegt eher in einer Erhöhung des quartiersspezifischen Kapitals (vgl. Giffinger 2007), woraus weitere Maßnahmen ermöglicht werden, deren bevölkerungsstrukturelle Auswirkung direkter ist. So können im Zuge von Aufwertungs- bzw. Sanierungsmaßnahmen merkbare Austauschprozesse stattfinden, von denen Bevölkerungsgruppen mit niedrigem sozialem, kulturellem und ökonomischen Kapital betroffen sind. Allerdings besitzen Kunstprojekte dafür maximal unterstützenden Charakter. Welchen Grad diese Unterstützung erreicht, ist abhängig von der strukturellen und inhaltlichen Einbindung der Kunstprojekte in den Aufwertungsprozess.

Die Beschreibung des Gentrificationprozesses spricht von einer spezifischen Abfolge von sozialen AkteurInnengruppen. Diese Abfolge ist in den Ergebnissen der Fallstudie nicht bzw. nur in Teilbereichen der Wohnbevölkerung erkennbar. In der Etablierung und Verstärkung der künstlerischen Besiedlung stellen die künstlerischen Pioniere wichtige Impulsgeber dar. Die nachkommenden - stärker marktorientierten Kreativen, welche als Gentrifier bezeichnet werden könnten - verursachen allerdings keine Verdrängungsdynamik, die zur Abwanderung der Pioniere führte. Ebenso zeigt die Fallstudie, dass ein Zuzug sowohl von Besserverdienenden als auch von migrantischen Gruppen in das Quartier festzustellen ist, was einen klaren Widerspruch zum Invasions- Sukzessionsmodell darstellt.

Die Verstärkung eines Austauschprozesses stößt anscheinend auf regulatorische und sozio-kulturelle Grenzen. Dafür ist einerseits die Wiener Mietrechtsgesetzgebung mit Mietzinsobergrenzen im Altbaubereich und andererseits die Herausbildung einer gewissen Autonomie der migrantischen Bevölkerungsgruppen gegenüber den Auf- und Verwertungsprozessen verantwortlich.

Die Grundlage für diese Autonomie ist in der Tradition des Quartiers als *gate* der Zuwanderung zu suchen, die die Herausbildung enger ethnischer Netzwerke ermöglicht. Es ist dabei davon auszugehen, dass diese Netzwerke mit zunehmender Etablierung und Integration das Anfangsangebot an Informationen und Kultur erweitert auf die Faktoren Arbeit, Wohnung und Kapital. Indem migrantische AkteurInnen auch ökonomisch vollwertige AkteurInnen werden, können Aufwertungsprozesse von ihnen beeinflusst werden. In diesem Zusammenhang wäre es lohnend zu untersuchen, ob und wie ethnische PionierInnen agieren, welche Abfolgen sich dabei ablesen lassen und nach welchen Motivationen diese erfolgen.

Die Übertragung des Konzepts der Gentrification und seiner Dynamik kann nur nach Berücksichtigung der regulatorischen und sozio-kulturellen Rahmenbedingungen erfolgen. Für die im Diskurs beschriebenen Abfolgen sind die Verzögerungs- und Änderungsfaktoren zu berücksichtigen, die deren Richtung und Intensität beeinflussen. Aus diesen Gründen kommt es in der untersuchten Fallstudie zu Widersprüchlichkeiten, deren gemeinsamer Schluss eine Monokausalität des Kunstprojektes in Abrede stellt. Vielmehr ist von gradueller, faktorieller und individueller Differenzierung auszugehen.

Künstlerische Beteiligung und Produktion von sozialem Kapital

Ein Kunstprojekt kann über die wiederkehrende Durchführung bzw. kontinuierliche Aktivitäten einen Netzwerkknoten herausbilden, der auch selbstverstärkend wirksam ist. Die Bildung von sozialem Kapital in diesem Prozess kann differenziert werden in eine Dimension, die im Kunstprojekt selbst wirksam ist und eine, die darüber hinausgeht und auf Quartiersebene wirkt.

Bezogen auf das Kunstprojekt erfassen die Verbindungslinien des Netzwerkknotens tendenziell das professionelle und künstlerische Umfeld im Quartier: AkteurInnen, die für das Gelingen und die Umsetzung des Projektes relevant sind, wie Auftrag- und GeldgeberInnen; sowie UnterstützerInnen - bspw. SponsorInnen und KooperationspartnerInnen. Es ist auffallend, dass sich die untersuchten Kunstprojekte vorrangig auf die lokale Wirtschaft als Kooperationspartner gestützt haben. Es kann also davon ausgegangen werden, dass in dieser Dimension soziales Kapital in den Bereichen lokale Wirtschaft und Kunst produziert wird.

In der Umsetzung des Kunstprojekts werden - abhängig von der konzeptionellen Ausrichtung - auch das Publikum und die BewohnerInnen in die Produktion von sozialem Kapital einbezogen. Mögliche Verbindungslinien erfolgen entlang historischer Bezugspunkte und sozio-kultureller Diskurse. Es werden dadurch bestehende Muster aktiviert und aktualisiert, was sich in einer Verstärkung der Artikulationsfähigkeit manifestiert. Besonders in der Herausbildung widerständiger Praktiken zeigen Kunstprojekte ihr Aktivierungspotenzial. Vermittelt über Beteiligungsprozesse der Quartiersentwicklung wird das solcherart produzierte soziale Kapital sichtbar. Damit leisten Kunstprojekte in dieser Dimension einen wichtigen Vorbereitungsschritt auf dem Weg zum selbst bestimmten Quartier.

Diese Aktivierung kann über verschiedene Beteiligungspraktiken erfolgen, wobei festgestellt werden muss, dass Kunstprojekte nicht per se Integrationsprojekte sind. In den untersuchten Fallbeispielen zeigt sich, dass die direkte Einbeziehung von migrantischen Gruppen und der ansässigen Quartiersbevölkerung als Schwachpunkte zu bezeichnen sind. Zur Bearbeitung dieser Problemlage erscheinen die Fragen nach der Einbeziehung der *community leaders* und verschiedener Zielgruppen zentral.

Vorerst ist dazu zu sagen, dass unterschiedliche Kunstformen und Konzepte variierende Beteiligungsintensitäten erreichen und auch verschiedene Zielgruppen ansprechen. Klassische Galerieausstellungen sind beispielsweise primär publikumsorientiert und haben wenig Beteiligungspotenzial, auch wenn die ausgestellten Arbeiten quartiersspezifische Fragen bearbeiten.

Für eine Erhöhung der Beteiligung erscheint - neben dem Aspekt der Kontinuität - die Überlagerung von ökonomischen, sozialen, kulturellen und künstlerischen Interessen wichtig. Eine Beteiligung ist als Angebot zu betrachten, die auf wechselseitigem Interesse von Kunst und Beteiligten gründet. Dafür ist die Kenntnis und künstlerische Bearbeitung lokaler Geschichten und Traditionen notwendig, damit das sozio-kulturelle Kapital des Quartiers nicht zur einseitigen

Zur-Schau-Stellung mutiert, sondern Impulse zur Weiterentwicklung generiert. Wichtig dabei ist das Wesen der Kunst, außenstehend zu sein und nicht emotional integriert, andernfalls eine Verkitschung drohte[189]. Dementsprechend arbeiten in allen untersuchten Kunstprojekten auch Kunstschaffende ohne unmittelbaren Quartiersbezug mit, sodass die Außensicht noch verstärkt wird. Aus diesem Spannungsfeld - oszillierend zwischen innen und außen - speist sich das besondere Potenzial künstlerischer Beteiligung.

Ein möglicher Ansatz für eine künstlerische Beteiligungsstrategie könnte der Einsatz der Multiplikatorenrolle von *community leaders* darstellen. Ein Angebot könnte sich entlang der Pole rational und lustvoll entwickeln, was ein Aktivierungsfaktor auf Mikroebene sein kann.

Kunst als Image

Die Imageentwicklung wird in der Quartiersentwicklung als wesentlicher Faktor angesehen, wobei insbesondere das Außenimage als schwierig bearbeitbar gilt (vgl. Fasselt / Zimmer-Hegmann 2008: 238). Kunstprojekte können gerade in diesem Aspekt einen siginifkanten Beitrag zur Imageänderung leisten. Insbesondere die mediale Wahrnehmung kann dadurch beeinflusst werden, da die zeitliche Begrenzung und Bündelung von Aktivitäten bei Kunstfestivals den medialen Erfordernissen entsprechen. Ein zusätzlicher Aspekt besteht in der Generierung eines Ausnahmezustands, der medial besonders attraktiv ist, allerdings die Gefahr einer Festivalisierung der Förder- und Quartierspolitik birgt. Für eine langfristige Imageänderung muss demnach auch eine reale Veränderung eintreten.

Zentrale Aspekte der Imageänderung betreffen die Übernahme eines künstlerischen Blicks auf das Quartier. Dadurch werden Problemlagen zu Möglichkeitsräumen, die lediglich einer Neuinterpretation bedürfen. So ist es möglich, dass beispielsweise aus einem Überalterungsdiskurs ein Geschichtenreichtum wird; und aus einem Migrantenghetto ein lebendiges Multi-Kulti-Quartier. Ein weiterer Aspekt bildet etwa auch die Einführung eines erweiterten Urbanitätsbegriffes, der sich von einem tendenziell harmonisierenden und homogenen Urbanitätsverständnis lokaler Politiken unterscheidet.

---

[189] vgl. Oskar Aichinger im Film Herzausreißer von Karin Berger 2008: "Des erste Gedicht aus der ‚schwoazzn Tintn' (Gedichtsammlung von H.C. Artmann, Anm.) haßt nur ‚ka schmoez net'. Wo er sogt: ‚nur ka schmoez net, reis s ausse dei heazz dei bluadex...' Und die Dichter, die heut sozusagen ihr Herz aufm Tablett tragen, des san kane Dichter. Zerst muasst da dei Herz aussareissen, dann kannst a Gedicht schreiben. Zerst kummt des Schmoez und zerst kummt des G'fühl - und zerst ... do entsteht nix - im Sinn von Schmoez, also von Sentimentalität. Kunst hat immer was mit Distanz zu tun".

Außerdem bieten Kunstprojekte einen geeigneten Ansatzpunkt für die Entwicklung einer *branding* Strategie. Das Vorhandensein einer kritischen Masse - beispielsweise durch Einbeziehung / Bündelung vorhandener Kunstinitiativen - erhöht die Glaubwürdigkeit einer Markenbildung als Kunstquartier. Eine Verstärkung kann beispielsweise über gezielte Ansiedlungsstrategien erfolgen, die institutionell unterstützt wird.

Der Umbau der Quartiersökonomie zur kreativen Stadt

Kunstprojekten und künstlerischen Initiativen werden als Bestandteil des ,superkreativen Kerns' der kreativen Stadt (vgl. Florida 2005) wesentliche Impulse in der ökonomischen Entwicklung eines Quartiers zugeschrieben. Daraus stellen sich die Fragen, wie ein derartiger Impuls bewertet werden kann und in welcher Weise diese Entwicklungsstrategie als Modell verstanden werden kann?

Die besondere Rolle von Kunstprojekten in der Entwicklung der kreativen Stadt leitet sich aus ihrem Alternativangebot zu bisherigen, vorwiegend auf Kleingewerbe und Einzelhandel aufbauenden Modell der Quartiersökonomie im dicht bebauten Stadtraum ab. Die Krise dieses Modells äußert sich u.a. im Leerstand vormals gewerblich genutzter Räume, sodass eine kleinräumige ökonomische Entleerung sichtbar wird.

Kunstprojekte können kurzfristig einen Impuls über die flächige Bespielung dieser Räume geben, wobei die Besitzverhältnisse der Raumressourcen einen wesentlichen limitierenden Faktor darstellen. Mittelfristig können sich in weiterer Folge in den vormaligen Leerständen Kunstateliers, Galerien oder Werkstätten etablieren, wenn die Preise entsprechend niedrig sind. Unterstützend wirksam ist dafür eine Kontinuität der künstlerischen Aktivität im Quartier. Mit dem Zuzug weiterer - auch marktorientierter Kreativproduktionen und Dienstleistungen - kann ein partieller Rückgang der Leerstände erreicht werden, der sich teilweise auch ins Hinterland des Quartiers erstreckt, da nicht alle Nutzungen auf Laufkundschaft angewiesen sind. Wichtiger erscheint in diesem Zusammenhang die gemeinsame Adresse des Quartiers und die fußläufige Erreichbarkeit zentraler Orte im Quartier. Dennoch gibt es Tendenzen der räumlichen Konzentration, was an der Verfügbarkeit der Raumressourcen und den engen Austauschbeziehungen liegen mag. Die intensivste Form in der Entwicklung zur kreativen Stadt bildet das Gewerbezentrum für Kreativdienstleistungen, das die Adresse des Kreativquartiers nutzt und verstärkt. In der beschriebenen Dynamik bilden Kunstprojekte eine Entwicklungsperspektive für die Quartiersökonomie, die bei entsprechendem Publikumsinteresse auch um gastronomische Nutzungen erweitert wird.

Die Anwendung dieser Dynamik als Modell zur Quartiersentwicklung beinhaltet allerdings einige kritische Punkte, die in ihrer Konsequenz für eine nachhaltige Quartiersentwicklung berücksichtigt werden müssen:

Die Umstrukturierung zur kreativen Stadt äußert sich in einer vielgestaltigen Entwicklung auf kleinstem Raum. Mit der Bandbreite vom hochpreisigen Impulszentrum zur Billigwerkwohnstätte im Hinterhof oder Erdgeschoß werden die großen Unterschiede in ökonomischer Hinsicht aufgezeigt. In sozialer Hinsicht steht eine relativ enge Anbindung mit der lokalen Wohn- und Arbeitsbevölkerung auf der einen Seite, die auch auf gegenseitigen Tausch- und Kaufverhältnissen basiert, während auf der anderen Seite eine weitgehende Entkoppelung vom unmittelbaren Umfeld stattfindet. Die sozialen und ökonomischen Beziehungen zum Quartier erscheinen in letzterem Fall vernachlässigbar. Es manifestiert sich in dieser Darstellung die sozio-ökonomische Fragmentierung der kreativen Stadt.

Diese schreitet mit zunehmender Marktorientierung der Kreativproduktion voran, was zu einer Heterogenisierung der lokalen Ökonomie führt. Dies kann als Indiz gewertet werden, dass einerseits die Konsumbedürfnisse des Publikums differenzierter werden, andererseits ist damit natürlich auch eine Differenzierung der Kaufkraft verbunden. Für die ursprüngliche Quartiersbevölkerung kann dieses Marktangebot als irrelevant betrachtet werden, zielen doch die Produkte und Dienstleistungen tendenziell auf kaufkräftige KundInnen. Diese Indizien reflektieren eine Auseinanderentwicklung des sozialen Substrats des Quartiers. Das Ergebnis kann dann als erhöhte Urbanität bezeichnet werden, wenn das Segment von Alltagswaren und günstigen Dienstleistungen erhalten bleibt. Für die Erhaltung dieser Infrastruktur sorgen oftmals ethnische Ökonomien. Allerdings ist damit weniger eine soziale Mischung - im Sinne einer homogenen Sozialstruktur verbunden, als eine arbeitsteilige, ungleiche Quartiersstruktur.

In den Bedingungen der Entwicklung zur kreativen Stadt stehen prekäre Verhältnisse: einerseits die Prekarität der Kunstschaffenden, deren künstlerischer Mehrwert möglicherweise erzielt wird, aber ökonomisch meist nicht anerkannt wird. Die Kunstschaffenden scheinen dabei zwischen den Möglichkeiten der Selbstausbeutung und der Marktanpassung wählen zu können. Andererseits jene der ethnischen Ökonomien, die oftmals als Familienbetriebe geführt werden und dadurch lange Öffnungszeiten zu geringer Entlohnung gewährleisten. Beide Bedingungen erscheinen in ihrer ökonomischen Prekarität wenig geeignet, um als nachhaltige Entwicklungsperspektive zu fungieren.

Dabei könnten letztere ein wesentliches Potenzial für die weitere Quartiersentwicklung darstellen. Traditionelle Zuwanderungsquartiere mit ihren engen ethnischen Netzwerken und Ökonomien können für den kreativen Aufwertungsprozess eine exotisch anmutende Hintergrundfolie bilden, die als identitätsstiftend wahrgenommen wird. Der Wandel vom Tor der Zuwanderung zum positiv besetzten Identitätsfaktor eines Quartiers bildet ein zentrales Potenzial, das von Kunstprojekten bearbeitet wird und aus dem die Umstrukturierung zur kreativen Stadt schöpft. Eine Aktivierung der ethnischen Ökonomien und eine Öffnung des Umbauprozesses für ethnische Ökonomien könnte die sozio-kulturelle Arbeitsteilung entscheidend vermindern. Diese Perspektive könnte auch in anderen traditionellen Zuwanderungsgebieten in Wien und anderen europäischen Städten angewandt werden.

Die Interaktion zwischen baulicher Quartiersstruktur und Kunstprojekten

Kunstprojekte tragen in unterschiedlicher Weise zu baulichen und infrastrukturellen Dynamiken im Quartier bei. Die Intensität dieses Beitrags richtet sich nach der Intention des Projektes.

In der Tradition der widerständigen Kunst stehende Projekte richten sich beispielsweise direkt gegen drohende Verschlechterungen der städtebaulichen Infrastruktur, wobei besonders öffentliche Freiräume und Verkehr Gegenstände der Auseinandersetzung sein können. Der Kunst kommt dabei eine gesellschaftskritische Aufgabe zu, die ihre Freiheit zur Realisierung gelebter Utopien nutzt und damit die pragmatische Rationalität politisch-administrativer Entscheidungen konterkariert. Der konkrete Beitrag des Kunstprojekts liegt in der Erhaltung bzw. Attraktivierung des öffentlichen Freiraums. In der Umsetzung erfolgt meist eine Bündnisbildung mit Anrainerinitiativen, die für eine Verbesserung ihres Wohnumfeldes eintreten. Der Effekt dieser Projekte ist meist punktuell und auf die konkrete Maßnahmen bezogen.

Kunstprojekte, die als Festival konzipiert sind, beziehen sich in ihrer Intention weniger stark auf die Verhinderung von Verschlechterung, als die Nutzung einer Möglichkeit. In diesem Sinne sind sie als unternehmerische und weniger als politische Projekte zu verstehen. Demgemäß sind auch ihre intentierten und nicht-intentierten Wirkungen auf die Erneuerungsdynamik abhängig von zahlreichen weiteren Faktoren. Die Bündnisbildung erfolgt tendenziell mit institutionellen und ökonomischen PartnerInnen, deren Interessen durch die künstlerische Produktion eines Möglichkeitsraums bedient werden. Daraus können immer wieder Interessenskonflikte entstehen, wenn Kunst von den BündnispartnerInnen zum Vehikel reduziert und vereinnahmt wird. Diese Kunstprojekte leisten einen atmosphärischen Beitrag zur Erneuerungsdynamik: Durch die intensive Nutzung und Bespielung des öffentlichen Raums wird die Vision einer vitalen Urbanität realisiert und die Außenwahrnehmung des Quartiers erfährt einen vor allem medial getragenen Wandel. Beide Faktoren tragen mittelbar zur Erneuerungsdynamik bei, einerseits zu einem gesteigerten Bewusstsein gegenüber dem Wert und der Nutzung öffentlicher Freiräume, andererseits zu einer gesteigerten Verwertbarkeit der Quartiersadresse aufgrund des Imagewandels. In der Umsetzung leistet das Kunstprojekt daher einen Beitrag zur Attraktivierung des bestehenden öffentlichen Raumes, wobei hier auch eine Kommerzialisierung stattfinden kann. Die gesteigerte Verwertbarkeit des Quartiers führt jedoch tendenziell zu Verdichtungen - sowohl der Nutzung, indem Leerstände und untergenutzte Objekte vitalisiert werden, als auch der baulichen Dichte, indem gewidmete Baulücken und Brachflächen bebaut, sowie Altbauten saniert und aufgestockt werden. Der Effekt dieser Kunstprojekte fokussiert tendenziell auf zentrale Orte des Quartiers und kann sich bei entsprechender institutioneller Unterstützung auf das ganze Quartier erstrecken.

Als dritte Kategorie fungieren Kunstprojekte, die in Erneuerungsprojekte eingebunden sind. Die Intention liegt auf dem Beteiligungs- und Aktivierungsaspekt, Kunst wird als strategisches Instrument gesehen und kommt in die Nähe einer Dienstleistungsfunktion. Dementsprechend sind diese Projekte auch beauftragt und verfolgen mehr oder weniger eng formuliert die Intention einer Erneuerungsdynamik. Die Charakterisierung der BündnispartnerInnen folgt in einem Auftragsverhältnis einer anderen Logik, sodass von einem professionalisierten Verhältnis zum Zielpublikum bzw. KlientInnen gesprochen werden kann. Dennoch können bei entsprechender Präsenz und Projektdauer sowohl der öffentliche als auch der private Freiraum attraktiviert werden, wie auch die Nutzungsdichte erhöht werden kann. Eine bauliche Verdichtung findet, wenn überhaupt, tendenziell entkoppelt vom Kunstprojekt statt. Verantwortlich dafür sind die Eigentümerstrukturen und die meist zu geringe Projektlaufzeit, die nicht dem Trägheitsmoment baulicher Erneuerung entspricht. Räumlich konzentriert sich der Effekt dieser Kunstprojekte auf die zentralen Orte des Quartiers mit einer geringen Strahlkraft in das Hinterland.

Zusammenfassend stellen Kunstprojekte einen relevanten Akteur in Erneuerungsdynamiken dar, ihre Effekte auf die Attraktivierung des öffentlichen Freiraums und die bauliche Verdichtung sind nur in Einzelfällen als direkte Wirkungen zu bewerten. In der Bündelung unterschiedlicher Interessen und der Integration strategischer Bündnispartner kann von Kunstprojekten allerdings ein erheblicher Erneuerungsimpuls für das Quartier ausgehen.

5.2 Stadt macht Kunst - Kunst als Strategie der Quartiersentwicklung?

Die beschriebenen Wirkungen von Kunstprojekten auf das umgebende Quartier und die Fähigkeit von Kunstprojekten auf Basis von Kooperation und Kommunikation zu agieren, beschreiben ihre Rolle in Erneuerungsprozessen. Die erfolgreiche Umsetzung einzelner Kunstprojekte legen eine strategische Integration von Kunst in Projekte der Quartiersentwicklung nahe und fragen nach einer Übertragbarkeit gemachter Erfahrungen auf andere Quartiere und Projekte.

Vorerst ist dazu festzustellen, dass Kunstprojekte zwar wesentliche Akteure in Erneuerungsprozessen spielen können, für einen diesbezüglichen Erfolg jedoch ein intensives Zusammenspiel mit anderen AkteurInnen und Institutionen sowie eine Gleichzeitigkeit unterschiedlicher Strategien und Maßnahmen notwendig ist. Zudem sind - wenn tatsächlich die Entwicklung eines ganzen Quartiers erreicht werden soll - vorbereitende Maßnahmen in Form von Investitionen der öffentlichen Hand in den öffentlichen Raum und die Infrastruktur hilfreich.

Wenn Kunstprojekte als strategisches Instrument für die Quartiersentwicklung eingesetzt werden, dann würde als nächster Schritt die Entwicklung und Integration künstlerischer Methoden und Strategien in die stadtteilplanerische Arbeit notwendig sein. Dieser Schritt birgt einige offene Fragen und benötigt wesentliche Abgrenzungen: Eine Integration künstlerischer Arbeit sollte nicht nur inhaltlich und thematisch, sondern auch personell erfolgen. Wie jedoch kann die Abgrenzung des künstlerischen Leistungsumfanges erfolgen? Bis zu welchem Grad kann Kunst als Dienstleistungsanbieterin gesehen werden und welche Aufgaben übernimmt sie dann, die nicht auch eine PlanerIn übernehmen kann? Zentral erscheint jedenfalls eine Gleichstellung der Expertisen, wenngleich die Erfolgsfaktoren für ein Kunstprojekt sich von jenen herkömmlicher Quartiersarbeit unterscheiden dürften.

In der strategischen Umsetzung stellt die Wahl zwischen *bottom-up* und *top-down* Ansätzen eine wichtige Entscheidung dar. Eine soziale Verankerung im Quartier stellt sicherlich einen positiven Faktor für die Nachhaltigkeit eines Projektes dar. Die Fortführung dieser Frage bildet die planerische Positionierung einer künstlerischen Strategie. Analog zur Unterscheidung von Strategie und Taktik bei temporären Nutzungen (vgl. Arlt 2006) kann sich auch eine künstlerische Entwicklung verorten: Sind genügend Ressourcen und Entscheidungskraft vorhanden, um eine Strategie umzusetzen - oder müssen kurzfristig sich ergebende Möglichkeiten ausgenutzt werden und mit lokalem Wissen geschmiedete taktische Allianzen gebildet werden, um die Quartiersentwicklung voranzutreiben?

Zuletzt stellt sich die Frage der Übertragbarkeit von Kunstprojekten auf unterschiedliche Stadträume. Offensichtlich gibt es eine Affinität von Kunstprojekten und Randstrukturen. In Analogie zur erhöhten Artenvielfalt in jenen natürlichen Habitaten, die von Strukturwechseln geprägt sind, können unregelmäßige Stadtstrukturen, Randsituationen und Heterogenität als Anknüpfungspunkte und Potenziale für künstlerische Bearbeitung dienen. Die untersuchten Fallbeispiele

beziehen sich jedoch alle auf den dicht bebauten Stadtraum - können die diesbezüglichen Erfahrungen auch auf den peripheren Stadtraum übertragen werden?
Welche Identifikationsorte bieten Plattensiedlungen und Stadterweiterungsgebie-
te für die künstlerische Bearbeitung? Werden selbsttätig wirksame Kunstprojekte
durch Be- und Verplanung neuer Stadtquartiere verunmöglicht? Wie viel Freiraum brauchen Kunstprojekte?

Zentral bei all diesen Überlegungen ist die Anerkennung des Pioniercharak-
ters der Kunst, der sowohl bei Förderprogrammen als auch bei der Konzeptionie-
rung von künstlerischen Quartiersentwicklungen berücksichtigt werden sollte.
Aus der Zusammenschau der untersuchten Kunstprojekte können in den nach-
folgende Kapiteln einige der aufgeworfenen Fragen konkretisiert bzw. beantwortet werden. Einige andere müssen offen bleiben und könnten durch künftige
Forschungsarbeiten geschlossen bzw. in der Praxis der Quartiersarbeit bearbeitet
werden.

5.3 Hemmende und fördernde Faktoren für Kunstprojekte auf Quartiersebene

Die Interaktion von Kunst und Stadt baut in den dargestellten Beispielen auf
einigen Merkmalen auf, die offensichtlich einen animierenden Charakter für die
Eigeninitiative künstlerischer Bearbeitung hatten. Bei allen untersuchten Projekten war ein starker Bezug zum konkreten Ort und zum Quartier vorhanden. Es
kann daraus geschlossen werden, dass diese Orte spezifische Eigenschaften
bereitstellten, die die Entwicklung des Kunstprojektes und seine Interaktion
ermöglichten. In dieser Zusammenschau wird der Versuch unternommen, diese
Eigenschaften darzustellen:

Schwächen und Stärken

Der Blick auf einen konkreten Stadtraum geht meist mit einer Bewertung der
Situation in sozialer, baulich-räumlicher, funktioneller und ästhetischer Hinsicht
einher. Aus dieser Betrachtung können Stärken und Schwächen eines Stadtraums
interpretiert werden. Ein künstlerischer Blick auf einen Stadtraum durchbricht
diese weitgehend defizit orientierte Sichtweise: Statt einer Bewertung der Situation wird das Vorgefundene als Möglichkeitsraum und als Arbeitsmaterial gesehen, das zunächst wertfrei ist.

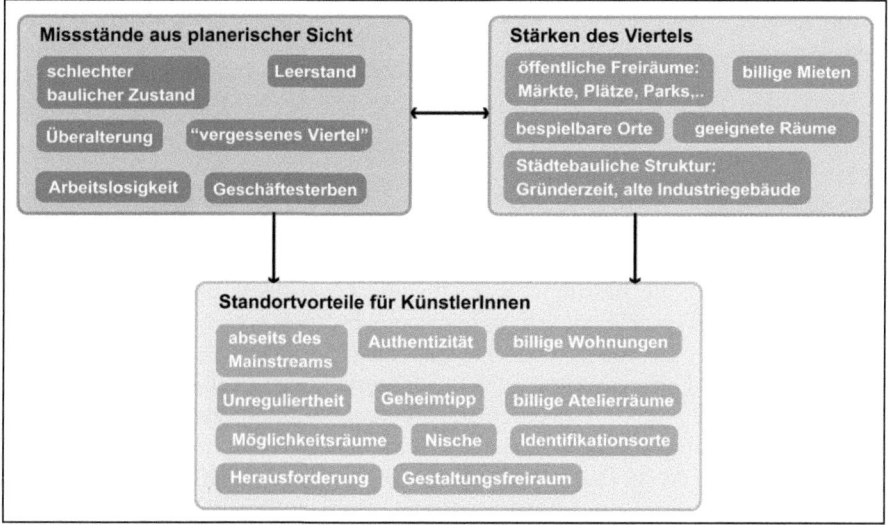

Abbildung 36:   Interaktion zwischen Stadtviertel und Kunst.

Räumliche Ressourcen

Das Vorhandensein untergenutzter oder ungenutzter räumlicher Ressourcen stellt einen ersten Ankerpunkt künstlerischer Projekte dar. Diese Räume sollten sichtbar und zugänglich sein. In den analysierten Projekten ist ein Schwerpunkt auf Erdgeschosslokale feststellbar, jedoch stellt dies keine Beschränkung dar. Das Auftreten dieser Räume ist meist mit einem wirtschaftlichen Strukturwandel (Stichwort Geschäftssterben) und einem Desinvestitionsprozess im Gebiet gekoppelt, sodass der bauliche Zustand oftmals schlecht und die städtische Struktur von hoher baulicher und sozialer Dichte geprägt ist. Die vergangenen Nutzungen haben ihre Spuren hinterlassen, was einen Anknüpfungspunkt für künstlerisches Arbeiten bilden kann.

Die Verfügbarkeit der räumlichen Ressourcen stellt oftmals einen limitierenden Faktor dar. Alle Projektverantwortlichen berichten von den intensiven zeitlichen und finanziellen Anstrengungen, die notwendig waren, um leer stehende Räumlichkeiten zu aktivieren. Dabei ist einerseits die EigentümerInnenstruktur relevant, mangelnde Regulationsmöglichkeiten betreffend der Nutzung und die oftmals überzogenen (Miet)preisvorstellungen, die auf tatsächliche Marktverhältnisse nicht reagieren. Diesbezügliche Lösungsmaßnahmen könnten bei positiven Anreizen mittels Förderungen, sowie übergreifende Marketingkonzepte ansetzen. Eine gezielte Positionierung ausgewählter Stadträume und Vermittlungstätigkeiten auf Agenturbasis könnten ebenfalls die Aktivierung räumlicher Ressourcen erleichtern.

Soziale Dichte

Die sozialen Strukturen und sozio-demografischen Verhältnisse stellen einen weiteren Ansatzpunkt für die künstlerische Bearbeitung der Stadträume dar. Es ist auffallend, dass in den bearbeiteten Beispielen die Struktur der Wohnbevölkerung durch Merkmale bestimmt war, die im planerischen und stadtsoziologischen Diskurs als problematisch bezeichnet werden. Diese problemorientierte Sicht bezieht sich auf die gewünschte gleichmäßige räumliche Verteilung verschiedener Bevölkerungsgruppen (vgl. Nieszery 2008). Tatsächlich kann die räumliche Konzentration einzelner bevölkerungsstruktureller Merkmale (wie MigrantInnenanteil, niedriges Bildungsniveau, Überalterung, etc.) auch als Potenzial gesehen werden, das sich für die künstlerische Bearbeitung von Lebenskulturen eignet.

Gemeinsam mit der hohen baulichen Dichte existiert eine hohe soziale Dichte, die sich in Form von Netzwerken und gemeinsamem Alltagswissen manifestiert. Die künstlerische Bearbeitung kann darauf aufbauen und spezifische Interaktionsformen und Formate kreieren, die der bestehenden sozialen Struktur entsprechen. Die Kernfrage dabei stellt sich nach dem WIE der Einbeziehung.

Die Kombination unterschiedlicher Kunstformen und -formate ermöglicht es, verschiedene Bevölkerungsgruppen anzusprechen. Die unterschiedlichen Strukturen der Kunstszene im Brunnenviertel ist u.a. auch ein Produkt der verschiedenen Schwerpunktsetzungen in Kunstformaten und Zielpublikum. Damit Kunst ihr ganzes Potenzial an Aktivierung, Beteiligung und Integration entfalten kann, ist das Zusammenspielen und die Ergänzung durch unterschiedliche Formen von Kunst maßgeblich. Damit wird die vorhandene soziale Dichte eines Stadtraums nicht nur als Substrat für die künstlerische Bearbeitung oder als exotisches Kolorit für die Standortvermarktung begriffen, sondern als kooperative Partnerin, auf deren Bedürfnisse eingegangen werden muss, um ihre Potenziale zu aktivieren. Das Wesentliche sind die Leute vor Ort, wie eine der ProjektbetreiberInnen treffend festgestellt hat.

Öffentlichkeit

Alle untersuchten Kunstprojekten besitzen einen dezidierten Bezug zur öffentlichen Sphäre. Ob die Intention eine Belebung, gesellschaftskritische Aktionen oder eine sanfte Aufwertung ist, die Prozesse finden zu einem wesentlichen Teil im öffentlichen Raum statt und erzielen dadurch Aufmerksamkeit. Der öffentliche Raum wird in den Projekten dadurch selbst zum Objekt der künstlerischen Bearbeitung wie auch zur Bühne für Aushandlungs- und Diskussionsprozesse. Die Struktur des öffentlichen Raums bildet daher eine wesentliche Ressource für die Entstehung und Entwicklung von Kunst- und Kulturprojekten. In allen dargestellten Projekten stellt der öffentliche Raum den zentralen Identifikationsraum dar: Augarten, Brunnenmarkt, Kaiserstraße und Gumpendorferstraße nehmen als bespielbare Verbindungsräume in den Raumkonzepten der Projekte eine zentrale Stellung ein. Die Funktionalisierung und Nutzung dieser Räume ist Teil der künstlerischen Auseinandersetzung mit dem Ort. Die Aufwertung und Attraktivierung des öffentlichen Raums ist einerseits Vorbedingung für die Etablierung der Projekte, indem bespielbare Räume geschaffen werden. Andererseits wird durch die Bespielung der Bedarf nach attraktiven, konsumfreien Freiräumen diskursiv und real erhöht. Der öffentliche Raum erlebt eine Renaissance.

Möglichkeitsraum

Die Eigenschaft des Unbeachteten, des Vergessenen manifestiert sich in einer Tendenz zur Desinvestition im Quartier und eröffnet gleichzeitig einen Gestaltungsfreiraum, da Verwertungsmechanismen nicht so stark wirken, Nutzungs- und Aktivitätsregulationen meist nicht vorhanden sind. Durch die Absenz von Aufmerksamkeit erhält ein Stadtraum auch den Status eines Möglichkeitsraums.

Das Zulassen von Aktivitäten und Impulsen stellt eine wesentliche Vorbedingung für die Etablierung von Kunst- und Kulturprojekten dar. Dabei geht es tatsächlich vorerst darum, eine Initiative nicht zu behindern, sei es aus administrativen, politischen oder wirtschaftlichen Gründen. Kreativität entsteht aus Freiheit.

5.4 Hemmende und fördernde Faktoren für Kunstprojekte auf Projektebene

Folgende Faktoren sind auf Projektebene wirksam:

Administrative / politische Bearbeitung

Die lokale Verwaltungsebene stellt die zentrale Anlaufstelle für Kunst- und Kulturprojekte dar. Umso wichtiger ist ein fachlich fundiertes Verständnis für innovative Projektansätze, deren Effekte und Qualitäten gerade am Projektbeginn schwer zu fassen sind. Aus den bisherigen Erfahrungen steht das Aufgreifen von Projektvorschlägen am Beginn, das von einer kontinuierlichen Begleitung und Austausch mit den KünstlerInnen ergänzt wird, sodass eine gemeinsame Projektentwicklung realisiert wird. Die Stärkung der Kunst- und Kulturkompetenz der Bezirksverwaltung ist auch als Chance für neue Impulse für die Bezirksentwicklung zu sehen.

Kunst- und Kulturprojekte mit Auswirkung auf das Quartier sind als Querschnittsmaterie zu begreifen, die eine geschäftsgruppenübergreifende Abstimmung erfordert. Inhaltlich sind zumindest die Bereiche Wirtschaft, Soziales, Stadt(teil)planung, Kunst- und Kultur involviert. Zusätzlich ist die Einbeziehung von externen regionalen und lokalen Körperschaften (wie z.B. Wirtschaftskammer, Arbeiterkammer, etc.) sinnvoll. Dieser integrative Ansatz erstreckt sich über die vertikalen und horizontalen Dimensionen der *Governance* Strukturen. Voraussetzung für das Gelingen ist eine optimale Koordination bereits vor dem eigentlichen Beginn solcher Projekte, da dadurch auch Finanzierungsfragen und Aufteilungsschlüssel geklärt werden können. Als ein Erfolgsfaktor wurde die Projektunterstützung in Form vom ‚hinter dem Projekt stehen' auf den verschiedenen Politik- und Verwaltungsebenen (Bezirk, Stadt, EU) angegeben.

Für die Durchführung von konkreten Aktivitäten im öffentlichen Raum sind Sammelgenehmigungen hilfreich, da dadurch der Verwaltungsaufwand erheblich verringert werden kann.

Finanzierung

Alle Projektverantwortlichen berichten von langen finanziellen Durststrecken, prekären Arbeits- und Finanzverhältnissen und generell über mangelnde Fördertöpfe. Diese Situation tritt besonders am Projektbeginn auf und stellt für die weitere Entwicklung des Projektes ein Hemmnis dar, das oftmals durch Selbstausbeutung ausgeglichen wird.

Es sollten verschiedene Abteilungen und Gebietskörperschaften, denen die Effekte von Kunst- und Kulturprojekten zugute kommen, auch die Projekte gemeinsam finanziell fördern. Dieser Grundsatz würde eine Doppel- bzw. Mehrfachförderung einschließen, was dem Charakter der Querschnittsmaterie entsprechen würde.

Als fördernd hat sich eine offene Auftragsstruktur erwiesen, beispielsweise in Form einer Förderung bis zu einem ersten - gemeinsam festgelegten - Meilenstein in der Projektarbeit. Damit kann das Risiko für die fördernde(n) Stelle(n) reduziert werden und die KünstlerInnen erhalten die Chance, die Qualität ihrer

Arbeit unter Beweis zu stellen. Der Zeitraum sollte ausreichend Spielraum für die Entwicklung und Artikulation erster Umsetzungsschritte geben und kann eine qualitätssichernde Maßnahme darstellen. Nach diesem Meilenstein kann eine Ausweitung des Projektvolumens und ein weitgehend offener und flexibler Arbeitsauftrag erfolgen. Durch die Konkretisierung und gesammelten Erfahrungen im Projektverlauf sollte die Möglichkeiten, auf geänderte Rahmenbedingungen entsprechend flexibel reagieren zu können. Voraussetzung sollte immer der Grundsatz sein, dass alle Beteiligten ein vitales Interesse am Erfolg des Projektes haben!

Die dargestellten Kunst- und Kulturprojekte bestehen immer aus einzelnen Aktivitäten, Veranstaltungsreihen, etc., die in ihrem Zusammenspiel die gewünschte Wirkung erzielen. Einzeleinreichungen für jede Aktivität würden der konzeptiven Idee widersprechen.

Ein hemmender Faktor für die künstlerische Arbeit besteht in der Vereinnahmung der Projekte durch externe Interessen, bzw. durch Eigeninteressen der fördernden Stellen.

Die Kooperation mit Wirtschaftstreibenden und Immobilienentwicklern hat sich in einigen Projekten als tragfähig und befruchtend für beide Seiten erwiesen. Der wirtschaftliche Profit aus künstlerischen Aufwertungsprojekten kann als Motivation für eine substantielle Beteiligung und Förderung durch diese Branchen gesehen werden. Nach Maßgabe einzelner Projekte kann beispielsweise das Zurverfügungstellen räumlicher Ressourcen für die künstlerische Bespielung in Erwägung gezogen werden.

Auch bei temporär angelegten Projekten ist es wichtig, den Aufwand für die Organisation, Koordination und Vorbereitung zu berücksichtigen. SOHO IN OTTAKRING etwa wird nur über Projektförderungen finanziert, sodass die Aufrechterhaltung bzw. Ausbau der notwendigen Struktur von den Projekten getragen werden muss. Diese ‚unsichtbare Basisarbeit' müsste stärker berücksichtigt werden. Von Seiten der Kulturabteilung der Stadt Wien wird prinzipiell keine Strukturförderung gewährt, was angesichts der Bedeutung, die Kunst- und Kulturprojekte für die Quartiersentwicklung annehmen können, zu hinterfragen ist. Hier müsste ein Förderungsinstrumentarium ansetzen, das den übergreifenden Charakter von Kunst und Quartiersentwicklung anerkennt und dementsprechend geschäftsgruppenübergreifend agiert und finanziert.

Netzwerk

Das soziale Netzwerk bildet einen wesentlichen Erfolgsfaktor für Kunst- und Kulturprojekte. Dabei geht es sowohl darum, auf bestehende Netzwerke aufzubauen, wie neue zu entwickeln. In jedem Quartier gibt es lokale AkteurInnen - so genannte ‚community leaders‘, die nicht nur über lokale Diskurse Bescheid wissen und sie zum Teil auch beeinflussen, sondern auch die Funktion von Türöffnern spielen können. Gerade zur Erschließung weniger zugänglicher Netzwerke wie beispielsweise in migrantischen Zusammenhängen spielen solche Türöffner eine wesentliche Rolle.

Ein weiterer wesentlicher Faktor besteht in der Unterstützung durch die lokale Wirtschaft, die Handelstreibenden, Geschäftsbesitzer, Dienstleister, auch die Kreativen und KünstlerInnen vor Ort. Letztere können zwar zu einer Verstärkung von Kunst- und Kulturinitiativen beitragen, indem Ergänzungen angeboten werden, sind aus den Projekterfahrungen, jedoch nicht unbedingt Voraussetzung für ein erfolgreiches Projekt. Die Unterstützung kann sowohl finanziell, personell und räumlich, wie auch institutionell erfolgen.

Die Einbindung der lokalen AkteurInnen, ihre Vernetzung und die Etablierung des Kunst- und Kulturprojektes als eigener Netzwerkknoten stellen einen Faktor für den kurzfristigen wie für den langfristigen Erfolg eines Projektes dar. Die Einbettung, Aktivierung und Entwicklung des sozialen Netzwerks ist insbesondere für die Nachhaltigkeit eines erfolgreichen Projektes relevant. Dafür sind ressourcenintensive Arbeiten auf der ortsbezogenen Mikroebene notwendig. Die soziale Netzwerkbildung wird insbesondere von partizipativ angelegten Kunstprojekten stark gefördert.

Projektstruktur

Kleine Teamstrukturen bringen das Risiko mit sich, dass diese im Projektverlauf Gefahr laufen, vom Arbeitsaufkommen bzw. bei Ausfall einzelner Personen überlastet zu sein. Insbesondere bei interdisziplinären Teams ist damit auch die inhaltliche Bearbeitung einzelner thematischer Felder gefährdet.

Für die Projektrealisierung sind nicht nur durchdachte, ausgefeilte Konzepte im inhaltlich-künstlerischen Bereich notwendig, sondern auch aus Sicht der Betriebswirtschaft (Budgetierung, Projektablauf, Meilensteine, erwartete Ergebnisse...) ist eine professionelle Einreichung zu erwarten.

Eine Unterstützung für die Konzepterstellung könnte in einer professionellen Beratung in den Themenfeldern Projektmanagement, Öffentlichkeitsarbeit, etc. angeboten werden. Dafür könnten von der öffentlichen Verwaltung oder der Interessensvertretungen Angebote geschaffen werden.

Menschen

Den ProjektinitiatorInnen wird eine Fülle von fachlichen und persönlichen Qualifikationen und Eigenschaften abverlangt. Das Qualifikationsprofil besteht in außergewöhnlicher Kommunikationsfähigkeit, im Vorhandensein und Eingebundensein in persönliche und professionelle Netzwerke, sowie die Fähigkeit zur interdisziplinären Zusammenarbeit. Wesentliche Faktoren stellen eine gute Frustrationstoleranz, Ausdauer sowie das Selbstbewusstsein, dass das eigene Projekt und die eigenen Fähigkeiten unterstützenswert sind, dar.

Alle untersuchten Projekte haben die Eigeninitiative der Projektverantwortlichen als Ausgangspunkt. Damit ist eine persönliche Betroffenheit verbunden, meist die eigenständige Formulierung einer Lösungsstrategie und oftmals eine genaue Kenntnis der zu bearbeitenden Orte und Zusammenhänge.

Bei der Förderung von *bottom-up* Initiativen besteht das Spannungsfeld zwischen der künstlerischen Kritik an den herrschenden Zuständen und der erwarteten Förderung durch jene Strukturen, die sich für diese Zustände verantwortlich fühlen. Das gegenseitige Verständnis als kooperierende PartnerInnen würde die Dichotomie zwischen Verwaltung und Kritik auflösen können und sowohl das Gefühl des ‚Kampfs gegen Windmühlen' und der Position des ‚da kunnt jo jeder kumman' ad absurdum führen.

Ein hemmender Faktor kann zwischen Verwaltung und InitiatorInnen entstehen, indem zusätzliche Themenfelder oder andere als übliche Bearbeitungsstrategien vorgeschlagen werden. Gerade die distanzierte Problemsicht der KünstlerInnen bringt allerdings alternative Wahrnehmungsmuster ein und macht die Entwicklung spezifischer, qualitativer Lösungen wahrscheinlich.

Literaturverzeichnis

AMANN, E. / RUIS, B. (2006): Kunstprojekte im öffentlichen Raum als Möglichkeit städtischer Aufwertungsprozesse? - vier aktuelle Beispiele aus Wien. Diplomarbeit Universität für angewandte Kunst, Wien.

ANTALOVSKY, E., BARTIK, H., HERZOG, S., PERCHINIG, B., WOLFFHARDT, A. (2008): Neue Sichtbarkeit von MigrantInnen und veränderte städtische Identität. Die Entwicklung des Brunnenviertels vom Problemgebiet zur Trendzone. Wien.

ARLT, P. (2006): Stadtplanung und Zwischennutzung. in: HAYDN, F. / TEMEL, R. (Hg.) (2006): Temporäre Räume - Konzepte zur Stadtnutzung. Birkhäuser, Basel - Boston - Berlin.

AU YOUNG, P. (1999): Die Kultur Privatisieren, den Wünschen ein Image geben; IN: HOFFMAN, J., VON OSTEN, M. (1999): Das Phantom sucht seinen Mörder – Ein Reader zur Kulturalisierung der Ökonomie, b_books, Berlin

BALDAUF, A. /WEINGARTNER, J. (2008): Sanfte Gentrifizierung: Das Verhältnis von Kunst, Raum und Ökonomie in Wiens Brunnenviertel. in: SCHNEIDER, U., ZOBL, B. (Hg.): SOHO IN OTTAKRING – What's up? Was ist hier los?, Springer Verlag, Wien

BENJAMIN, W. (1979): Das Kunstwerk im Zeitalter seiner technischen Reproduzierbarkeit - drei Studien zur Kunstsoziologie. Suhrkamp, Frankfurt / Main.

BENJAMIN, W. (1983): Das Passagenwerk. Suhrkamp, Frankfurt / Main.

BERGER, H. (1984): Gebietserneuerung 1974-1984 - das Wiener Modell. Beiträge zur Stadtforschung, Stadtentwicklung und Stadtgestaltung, Wien.

BLASIUS/ DANGSCHAT (1990): Gentrification – die Aufwertung innenstadtnaher Wohnviertel. Campus, Frankfurt / New York.

BOURDIEU; P (1982): Die feinen Unterschiede – Kritik der gesellschaftlichen Urteilskraft. Suhrkamp, Frankfurt am Main.

BUSINESS WORLD MAGAZINE (4/2004): Der Wiener Augarten.

COLEMAN, J. (1988): Social Capital in the Creation of Human Capital. American Journal of Sociology. Vol. 94, pp. 95-120, University of Chicago Press, Chicago.

DANESCH, E., MOKRE, M. (2008): Reden über SOHO IN OTTAKRING oder was macht den öffentlichen Raum öffentlich?; IN: SCHNEIDER, U., ZOBL, B. (Hg.): SOHO IN OTTAKRING – What's up? Was ist hier los?, Springer Verlag, Wien

DANGSCHAT, J. (1998): Warum ziehen sich Gegensätze nicht an? Zu einer Mehrebenen Theorie ethnischer und rassistischer Konflikte um den städtischen Raum. In: Heitmeyer / Dollase / Backes (Hg.) (1998): Die Krise der Städte. Suhrkamp, Frankfurt am Main.

DANGSCHAT, J. (2001): Gentrification – Die Aufwertung innenstadtnaher Wohnstand-orte; in: JWI-Kulturverein zur Förderung der Interdisziplinarität (Hg.): Dérive 4/2001, Wien

DAVIES, A. (2001): Vom Wunsch, Kultur und Wirtschaft zu Verbinden; IN: JWI-Kulturverein zur Förderung der Interdisziplinarität (Hg.): Dérive 6/2001, Wien.

EUROCITIES (2004): The PEGASUS Files - A practical guide to integrated area- based urban planning, Brussels.

EUROPÄISCHE KOMMISSION (Hg., 1999): URBAN Community Initiative 1994-1999; in: http://ec.europa.eu/regional_policy/urban2/urban/initiative/src/frame1.htm, abgerufen am 04.08.2008.

FASSBINDER, H. (Hg.): Strategien der Stadtentwicklung in europäischen Metropolen – Berichte aus Barcelona, Berlin, Hamburg, Madrid, Rotterdam und Wien; Confront, Hamburg 1992.

FASSELT, J. / ZIMMER-HEGMANN, R. (2008): Ein neues Image für benachteiligte Quartiere: Neighbourhood Branding als wirksamer Ansatz? in: SCHNUR, O. (Hg.) (2008): Quartiersforschung - Zwischen Theorie und Praxis. Verlag für Sozialwissenschaften, Wiesbaden.

FLORIDA, R. (2005): Cities and the Creative Class. Routledge, London / New York.

FÖRSTER, W., PEUTL, S. (2008): Poseidon – eine europäische Reise. Picus Verlag, Wien.

GEBHARDT, D. (2008): Lebensstile in der Quartiersforschung. in: SCHNUR, O. (Hg.) (2008): Quartiersforschung - Zwischen Theorie und Praxis. Verlag für Sozialwissenschaften, Wiesbaden.

GEBIETSBETREUUNG OTTAKRING (2008): Brunnenviertel; in: http://www.gebietsbetreuungen. wien.at/gbdocs/gb16/projekte.html, abgerufen am 15.08.2008.

GEBIETSBETREUUNG OTTAKRING (2008): laufende Dokumentation der Sanierungstätigkeiten in Ottakring.

GIFFINGER R., KALASEK R., MÜLLER D. (2007): Kleinräumige Konzentrations- und Segregationsprozesse in Wien – Trends und Perspektiven der sozialräumlichen Dynamik, Studie im Auftrag der Magistratsabteilung 18 der Stadt Wien, Wien

GOLLNER, C. (2001): Ethnische Ökonomien als Beitrag zur Stadtteilentwicklung, Diplomarbeit am Institut für Regionalforschung der Technischen Universität Wien, Wien

GRABLER, M. (2000): Urban Büro - Der Endbericht, Wien.

GRIMM-PRETNER, D. (2000): Im Freiraum gespiegelt; in: IWI-Kulturverein zur Förderung der Interdisziplinarität (Hg.): Dérive 2/2000, Wien.

GRIMM-PRETNER, D. / RODE, P. (2002): Die dichte Stadt - Nachverdichtung, Aufwertungsprozesse und soziale Folgewirkungen in gründerzeitlichen Stadtgebieten. AK Wien, Wien.

GRIMM-PRETNER/ RODE (2005): Upgrading Densely Built-Up City Quarters – Urban Renewal and Social Change in Vienna. In: Wastl-Walter / Staeheli / Dowler (Eds.) (2005): Rights to the City. Societá Geografica Italiana, Roma.

GRUNDSTEIN (2007): sammlung dichter 2007 – part I+II – to be continued. Unveröffentlichte Ausstellungsdokumentation zum ‚Dichter Herbst' in der Grundsteingasse. Wien.

HABERFELLNER R., BETZ, F. (1999): Ethnische Ökonomien las Lebens-, Arbeits- und Ausbildungsstätten, Zentrum für soziale Innovation (Hg.1999), Wien

HAYDN, F. / TEMEL, R. (Hg.) (2006): Temporäre Räume - Konzepte zur Stadtnutzung. Birkhäuser, Basel - Boston - Berlin.

HEIDLER, R. (2008): Zur Evolution sozialer Netzwerke - Theoretische Implikationen einer akteursbasierten Methode. in: STEGBAUER, C. (2008) (Hg.): Netzwerkanalyse und Netzwerktheorie - Ein neues Paradigma in den Sozialwissenschaften. VS - Verlag für Sozialwissenschaften, Wiesbaden.

JACOB, M. J. / BRENSON, M. / OLSON, E. (Eds.) (1995): Culture in action . a public art program of Sculpture Chicago. Bay-Press, Seattle.

LEBHART, G., MARIK-LEBECK, S., KLOTZ, J. (2007): Kleinräumige Bevölkerungsprognose für Wien 2005 bis 2035, Werkstattbericht Nr. 86, Magistratsabteilung 18 - Stadtentwicklung und Stadtplanung der Stadt Wien, Wien

LEITNER, K., u.a. (1994): STEP 1994 – Stadtentwicklungsplan für Wien, Beiträge zur Stadtforschung, Stadtentwicklung, Stadtgestaltung Nr.53, Magistrat der Stadt Wien – Stadtentwicklung und Stadtplanung, Wien

LEWITZKY, U. (2005): Kunst für alle? Kunst im öffentlichen Raum zwischen Partizipation, Intervention und neuer Urbanität. transcript Bielefeld.

MA 18 – STADTENTWICKLUNG UND STADTPLANUNG (Hg., 2000): WIEN URBION – URBAN INTERVENTION GÜRTEL WEST – Der Stand der Dinge, Wien.

MA 18 - STADTENTWICKLUNG WIEN (2005): STEP 05 - Stadtentwicklungsplan Wien 2005, Wien.

MA 25 (2007): Geschäftsmietenerhebung Wien (Stand 1.6.2007), Wien

MADREITER, T. (2000): Rahmenplanung Yppenplatz; Stadtplanung Wien, Magistratsabteilung 18, Werkstattberichte, Wien.

MADERTHANER, W. / MUSNER, L. (2000): Die Anarchie der Vorstadt - das andere Wien um 1900. Campus Verlag, Frankfurt - New York.

MANZANO, C. (1986): Stadterneuerung und Grünpolitik. in: FÖRSTER; W. / WIMMER, H. (Hg.): Stadterneuerung in Wien - Tendenzen, Initiativen, Perspektiven. Campus, Frankfurt - New York.

MASSEY, D. (1994): Space, Place and Gender. Polity Press, Cambridge.

MATTL., S., ÖTTL, F. (2000): Harte Moderne und Migration City: Der Gürtel als Problem und Potential; in: MA 18 – STADTENTWICKLUNG UND STADTPLANUNG (Hg., 2000): WIEN URBION – URBAN INTERVENTION GÜRTEL WEST – Der Stand der Dinge, Wien

MAYERHOFER, E. / MOKREM. (2008): Projektionen, Bilder, Repräsentationen: Projekte zu Migration. In: In: Schneider / Zobel (2008): SOHO IN OTTAKRING-What's Up? Was ist hier wirklich los? Springer, Wien / New York.

MEINHARTER / RODE (2001): Gentrification - ein langer angloamerikanischer Diskurs. in: Dérive 4/2001, Wien

NEUHOFER / RODE (2005): Dokumentation PEGASUS - ZIELGEBIET Gürtel (unveröffentlicher Bericht), MA 21A, Wien.

NIESZERY, A. (2008): Class, race, gender... neighbourhood? Zur Bedeutung von Quartierseffekten in der europäischen Stadtforschung; in: SCHNUR, O. (Hg.) (2008):

Quartiersforschung - Zwischen Theorie und Praxis. Verlag für Sozialwissenschaften, Wiesbaden.

OKRESEK,. M. (2008): SOHO-Halay – Bewegung im öffentlichen Raum: Künstlerische Intervention im Spannungsfeld zwischen Städtebau und Architektur; in: SCHNEIDER, U., ZOBL, B. (Hg.): SOHO IN OTTAKRING – What's up? Was ist hier los?, Springer Verlag, Wien

PFEFFERKORN, W., ROSINAK, W. (1997): Rahmenplanung Yppenplatz und Markt, IN: FORUM LANDSCHAFTSPLANUNG (Hg.): Zolltexte 26/1997, Wien

PIRHOFER / FREY / KOTYZA (2000): Strategieplan für Wien – strategische Projekte, Wien.

RATZENBÖCK,. V., HARAUER, R., FALK, R., u.A. (2004): Untersuchung des Potentials der „Creative Industries" in Wien, Studie im Auftrag der Magistratsabteilung 27 der Stadt Wien, der Wirtschaftskammer Wien und des Filmfonds Wien; in: www.creativeindustries.at, abgerufen am 14.08.2008

REPUBLIK ÖSTERREICH (Hg. 2008): Elektronisches Grundbuch; in: www.bundesdienste.at, abgerufen am 07.05.2008

RODE P., BRODNER, B. (2004): Aufwertung des Brunnenviertels, Werkstattbericht Nr. 67, Magistratsabteilungen 21A und 25 der Stadt Wien, Wien

RONNEBERGER, K. / LANZ, S. / JAHN, W. (1999): Die Stadt als Beute. Dietz, Bonn.

www.sammlungdichter.com (2008): Säulen der Erinnerung. Presseunterlagen zur Begegnung von Kunst und Zeitgeschichte im öffentlichen Raum mit den Zeitzeugen Prof. Walter Arlen und Edith Arlen Wachtel, Wien.

SCHNEIDER, U., ZOBL, B. (Hg., 2008): SOHO IN OTTAKRING – What's up? Was ist hier los?, Springer Verlag, Wien.

SCHNUR, O. (Hg.) (2008): Quartiersforschung - Zwischen Theorie und Praxis. Verlag für Sozialwissenschaften, Wiesbaden.

SENNETT, R. (1998). Der flexible Mensch - die Kultur des neuen Kapitalismus. Berlin Verlag, Berlin.

SIMMEL, G. (2006): Die Großstädte und das Geistesleben. Suhrkamp, Frankfurt / Main.

SMITH, N. (1996): The New Urban Frontier – Gentrification and the Revanchist City. Routledge, London / New York.

SPRINGER, B. (2007): Artful Transformation – Kunst als Medium urbaner Aufwertung, Kadmos. Berlin

STADT WIEN – MAGISTRATSABTEILUNG 5 (2008): Wien auf einen Blick – Statistiken; IN: http://www.wien.gv.at/statistik/daten/aktuell.html, abgerufen am 08.07.2008

STADT WIEN – MAGISTRATSABTEILUNG 21A (2008): Zielgebiet Gürtel; in: http://www.wien.gv.at/stadtentwicklung/guertel/wg1-projekte.htm, abgerufen am 04.08.2008

STADT WIEN – MAGISTRATSABTEILUNG 41 (2008): Digitale Mehrzweckkarte Stand Februar 2008, Wien

STADT WIEN – MAGISTRATSABTEILUNG 41 (2008): Digitale Flächenmehrzweckkarte Stand Februar 2008, Wien

STATISTIK AUSTRIA (1991): Volkszählung 1991, Wien; zur Verfügung gestellt von der Magistratsabteilung 18 der Stadt Wien

STATISTIK AUSTRIA (1991): Gebäude- und Wohnungszählung 1991, Wien; zur Verfügung gestellt von der Magistratsabteilung 18 der Stadt Wien.

STATISTIK AUSTRIA (1997): Bevölkerungsevidenz 1997, Wien; zur Verfügung gestellt von der Magistratsabteilung 18 der Stadt Wien

STATISTIK AUSTRIA (2001): Volkszählung 2001, Wien; zur Verfügung gestellt von der Magistratsabteilung 18 der Stadt Wien

STATISTIK AUSTRIA (2001): Gebäude- und Wohnungszählung 2001; zur Verfügung gestellt von der Magistratsabteilung 18 der Stadt Wien.

STATISTIK AUSTRIA (2005): Bevölkerungsevidenz 2005, Wien; zur Verfügung gestellt von der Magistratsabteilung 18 der Stadt Wien

STATISTIK AUSTRIA (2008): Bevölkerung; IN: http://www.statistik.at, abgerufen am 8.7.2008

STEGBAUER, C. (2008) (Hg.): Netzwerkanalyse und Netzwerktheorie - Ein neues Paradigma in den Sozialwissenschaften. VS - Verlag für Sozialwissenschaften, Wiesbaden.

VATTER / WIALA-ZIMM (2001): ZIELGEBIET GÜRTEL – operationelles Programm. Stadtentwicklung Wien (Hg.); Wien

WEINGARTNER, J. (2007): Sanfte Restrukturierung als Brennpunkt urbaner Reterritorialisierung im Wiener Brunnenviertel, Diplomarbeit an der Fakultät für Sozialwissenschaften der Universität Wien, Wien

WOHNSERVICE WIEN (2008): Projektbeschreibung des Wohnbaus der EIGENTUM gemeinnützigen Wohnungs- und Siedlungsges.m.b.H. in der Brunnengasse 38; IN: http://www.wohnservice-wien.at

ZÖCH, P. (2002): Yppenplatz, Wien; In: Topos – European Landscape Magazine 39/2002, Callwey Verlag, MüncheN

Internetquellen

http://www.aktionsradius.at, letzter Zugriff 08.12.2008

http://www.brunnenpassage.at, letzter Zugriff 03.08.2008

http://www.bundesdienste.at, letzter Zugriff 07.05.2008

http://www.creativeindustries.at, letzter Zugriff 14.08.2008

http://deriveaufreisen.blogspot.com/2007_08_12_archive.html; letzter Zugriff 21.08.2008

http://ec.europa.eu/regional_policy/urban2/urban/initiative/src/frame1.htm, letzter Zugriff 04.08.2008

http://www.gebietsbetreuungen.wien.at/gbdocs/gb16/projekte.html, letzter Zugriff 15.8.2008

http://www.gebietsbetreuungen.wien.at/gbdocs/gbstern16/wiederbelebung.html; letzter Zugriff 21.08.2008

http://www.grundstein.cc, letzter Zugriff 14.9.2008

http://www.herndlgrafik.at/grundstein/Dichterherbst_08.pdf, letzter Zugriff 17. 9. 2008

http://www.heumuehlviertel.at/html/downloads/viertel4_wkw.doc, letzter Zugriff 21.8.2008

http://ireds.wkw.at/online/page.php?P=51&PWVERGESSEN=1; letzter Zugriff
   21.08.2008

http://www.kaiserstrasse.at, letzter Zugriff 13.08.2008

http://www.melt-europe.eu/verein-soho-in-ottakring.html, letzter Zugriff 21.11.2008

http://www.noi.at.vu/; letzter Zugriff 21.08.2008

http://www.sammlungdichter.com, letzter Zugriff 15.08.2008

http://www.sohoinottakring.at, letzter Zugriff 4.9.2008

http://www.sohoinottakring.at/2003/proj_detail.php?l_number=2; letzter Zugriff
   21.08.2008

http://www.sohoinottakring.at/2008/proj_detail.php?pid=486; letzter Zugriff 21.08.2008

http://www.statistik.at, letzter Zugriff 08.07.2008

http://www.wien.gv.at/stadtentwicklung/guertel/, letzter Zugriff 04.08.2008

http://www.wien.gv.at/stadtentwicklung/guertel/downloads.htm, letzter Zugriff
   15.09.2008

http://www.wien.gv.at/stadtplan/, letzter Zugriff 14.08.2008

http://www.wien.gv.at/statistik/daten/aktuell.html, letzter Zugriff 08.07.2008

http://www.wohnservice-wien.at, letzter Zugriff 15.08.2008

http://www.wolke7.at, letzter Zugriff 13.08.2008

Abbildungsnachweis

Abb. 1: Grundlage: www.wien.gv.at/stadtplan/, eigene Bearbeitung.
Abb. 2: Grundlage: www.wien.gv.at/stadtplan/, eigene Bearbeitung.
Abb. 3: Grundlage: Mehrzweckkarte, MA41 - Stadtvermessung; eigene Bearbeitung.
Abb. 4: Grundlage: Mehrzweckkarte, MA41 - Stadtvermessung; Quelle: www.sohoinottakring.at; eigene Bearbeitung.
Abb. 5: eigene Quellen.
Abb. 6: eigene Quellen.
Abb. 7: Grundlage: Mehrzweckkarte, MA41 - Stadtvermessung; eigene Bearbeitung.
Abb. 8: Grundlage: Mehrzweckkarte, MA41 - Stadtvermessung; eigene Bearbeitung.
Abb. 9: Grundlage: Mehrzweckkarte, MA41 - Stadtvermessung; eigene Bearbeitung.
Abb. 10: Grundlage: Mehrzweckkarte, MA41 - Stadtvermessung; eigene Bearbeitung.
Abb. 11: Grundlage: Mehrzweckkarte, MA41 - Stadtvermessung; Quelle: www.sohoinottakring.at, eigene Bearbeitung.
Abb. 12: Grundlage: Mehrzweckkarte, MA41 - Stadtvermessung; eigene Quellen.
Abb. 13: Grundlage: Mehrzweckkarte, MA41 - Stadtvermessung; Quellen: Gebietsbetreuung Ottakring, Wohnfonds Wien; eigene Bearbeitung.
Abb. 14: Grundlage: Mehrzweckkarte, MA41 - Stadtvermessung; eigene Quellen.
Abb. 15: Grundlage: Mehrzweckkarte, MA41 - Stadtvermessung; eigene Quellen.
Abb. 16: Grundlage: Mehrzweckkarte, MA41 - Stadtvermessung; eigene Quellen.
Abb. 17: Grundlage: Mehrzweckkarte, MA41 - Stadtvermessung; Quellen: www.sohoinottakring.at und eigene; eigene Bearbeitung.
Abb. 18: Grundlage: Mehrzweckkarte, MA41 - Stadtvermessung; Quellen: www.sohoinottakring.at und eigene; eigene Bearbeitung.
Abb. 19: eigene Quellen.
Abb. 20: Grundlage: Mehrzweckkarte, MA41 - Stadtvermessung; eigene Bearbeitung.
Abb. 21: Grundlage: Mehrzweckkarte, MA41 - Stadtvermessung; Quellen: Bevölkerungsevidenzen 1997 und 2005, MA18 - Stadtentwicklung und Stadtplanung; eigene Bearbeitung.
Abb. 22: Grundlage: Mehrzweckkarte, MA41 - Stadtvermessung; Quellen: Bevölkerungsevidenzen 1997 und 2005, MA18 - Stadtentwicklung und Stadtplanung; eigene Bearbeitung.
Abb. 23: Grundlage: Mehrzweckkarte, MA41 - Stadtvermessung; Quellen: Bevölkerungsevidenzen 1997 und 2005, MA18 - Stadtentwicklung und Stadtplanung; eigene Bearbeitung.

Abb. 24: Grundlage: Mehrzweckkarte, MA41 - Stadtvermessung; Quellen: Bevölkerungsevidenzen 1997 und 2005, MA18 - Stadtentwicklung und Stadtplanung;
www.soho-inottakring; eigene Quellen; eigene Bearbeitung.

Abb. 25: Grundlage: Mehrzweckkarte, MA41 - Stadtvermessung; Quellen: Bevölkerungsevidenzen 1997 und 2005, MA18 - Stadtentwicklung und Stadtplanung;
www.soho-inottakring; eigene Quellen; eigene Bearbeitung.

Abb. 26: Grundlage: Mehrzweckkarte, MA41 - Stadtvermessung; Quellen: Bevölkerungsevidenzen 1997 und 2005, MA18 - Stadtentwicklung und Stadtplanung;
www.soho-inottakring; eigene Quellen; eigene Bearbeitung.

Abb. 27: Grundlage: Mehrzweckkarte, MA41 - Stadtvermessung; Quellen: Bevölkerungsevidenzen 1997 und 2005, MA18 - Stadtentwicklung und Stadtplanung; Gebietsbetreuung Ottakring, Wohnfonds Wien; eigene Bearbeitung.

Abb. 28: Grundlage: Mehrzweckkarte, MA41 - Stadtvermessung; Quellen: Bevölkerungsevidenzen 1997 und 2005, MA18 - Stadtentwicklung und Stadtplanung; Gebietsbetreuung Ottakring, Wohnfonds Wien; eigene Bearbeitung.

Abb. 29: eigene Quellen.

Abb. 30: Grundlagen: www.wien.gv.at/stadtplan/; Mehrzweckkarte, MA41 – Stadtvermessung; Quellen: www.aktionsradius.at; eigene Bearbeitung.

Abb. 31: eigene Quellen.

Abb. 32: Grundlagen: www.wien.gv.at/stadtplan/; Mehrzweckkarte, MA41 - Stadtvermessung; eigene Quellen; eigene Bearbeitung.

Abb. 33: eigene Quellen.

Abb. 34: Grundlagen: www.wien.gv.at/stadtplan/; Mehrzweckkarte, MA41 - Stadtvermessung; Quellen: www.wolke7.at; eigene Bearbeitung.

Abb. 35: eigene Quellen.

Abb. 36: eigene Quellen.

Anhang

Resonanzgruppe:

Beranek Ingrid: Bezirksvorstehung Ottakring
Berger Gerhard: Magistratsdirektion, Baudirektion - geschäftsgruppenübergreifende
      Koordination in Fragen der Stadt(teil)erneuerung
Brodner Birgit: Stadtratbüro Mailath-Pokorny (Stadtrat für Kunst)
Förster Wolfgang: Magistratsdienststelle 50 / Referat Wohnbauforschung
Häberlin Udo: Magistratsdienststelle 18 / Referat Stadtforschung, Raumanalysen
Jäger Peter: Bezirksvorstehung Fünfhaus
Kleedorfer Jutta: Magistratsdienststelle 18 / Referat Stadtentwicklung, Stadtplanung,
      Projektkoordination für Mehrfachnutzung
Leitner Elisabeth: TU Wien, Institut für Städtebau
Raith Erich: TU Wien, Institut für Städtebau
Rebel-Burget Michaela: Leiterin der Gebietsbetreuung 14/15 Stadterneuerung
Smetana Kurt: Leiter der Gebietsbetreuung 16 Stadterneuerung
Tunç Nelin: Mitarbeiterin Gebietsbetreuung 16 Stadterneuerung

Siglenverzeichnis

bm:ukk: Bundesministerium für Unterricht, Kunst und Kultur.
GB 16: Gebietsbetreuung für den 16. Wiener Gemeindebezirk Ottakring.
GB 20: Gebietsbetreuung für den 20. Wiener Gemeindebezirk Brigittenau.
INTERREG-Projekt: Gemeinschaftsinitiative des Europäischen Fonds für regionale
      Entwicklung (EFRE).
IP.TWO: Impulszentrum Zwei, Gewerbezentrum für kreativ-Dienstleistungen.
MA 7: Magistratsabteilung der Stadt Wien für Kultur.
MA 18: Magistratsabteilung der Stadt Wien für Stadtentwicklung und Stadtplanung.
MA 25: Magistratsabteilung der Stadt Wien für Stadterneuerung und Prüfstelle für
      Wohnhäuser.
MA 47: Magistratsabteilung der Stadt Wien für Pflege und Betreuung.
MA 50: Magistratsabteilung der Stadt Wien für Wohnbauförderung und Schlichtungsstel-
      le für wohnrechtliche Angelegenheiten.
STEP05: Stadtentwicklungsplan 2005 für Wien, Instrument einer generellen, voraus-
      schauenden Stadtplanung, hat Leitliniencharakter.
Verein C.I.: Verein Club International.

Erdgeschossnutzungen im Bearbeitungsgebiet Stand März 2008		
Nutzung	Anzahl	%-Anteil
Kurzfristbedarf	51	5,13 %
Auswahlbedarf	191	19,20 %
Dienstleistungen	89	8,94 %
Banken	6	0,60 %
Gastronomie	125	12,56 %
Kunst- und Kulturnutzung	15	1,51 %
Gewerbe	42	4,22 %
Lagerräume	35	3,52 %
Garagen und Stellplätze	75	7,54 %
Wohnungen	197	19,80 %
Öffentliche, soziale und Gesundheitseinrichtungen	23	2,31 %
Leerstand	146	14,67 %
Gesamt 995		**100,00 %**

Tabelle 2:   Erdgeschossnutzung im Bearbeitungsgebiet (Stand März 2008)

Leitbetriebe im Bearbeitungsgebiet	
Kategorisierung	Anzahl
Creative Industries Kunst, Kultur, Architektur, IT, Werbung, etc…	39
Dienstleistung, Consulting Hochqualifizierte Dienstleistungs- und Consultingunternehmen, Juristen, etc…	21
Gastronomie, Kurzfristbedarf Szenegastronomie, hochpreisige Gastronomie, Bioläden, Delikatessen, etc…	13
Fachgeschäfte Szeneaffine und hochpreisige Fachgeschäfte	7
Wellness, Lifestyle Wellness, Entspannung, Persönlichkeitsberatung, etc…	7
Gesamt 87	

Tabelle 3:   Anzahl und Kategorisierung der aufwertungsrelevanten Leitbetriebe (Stand März 2008).

höchste Abgeschlossene Bildung	1991	Anteil 2001		Anteil	Saldo	1991=100%
Universität, Hochschule, Fachhochschule	588	4,44 %	920	7,39 %	332	+56,46 %
Hochschulverwandte Ausbildung (Pädag, Kolleg,...)	109	0,82 %	204	1,64 %	95	+87,16 %
	697	**5,26 %**	**1.124**	**9,03 %**	**427**	**+61,26 %**
Berufsbildende höhere Schulen	553	4,17 %	542	4,35 %	-11	-1,99 %
Allgemeinbildende höhere Schulen	984	7,43 %	885	7,11 %	-99	-10,06 %
	1.537	**11,60 %**	**1.427**	**11,46 %**	**-110**	**-7,16 %**
Fachschule, Berufsbildende mittlere Schule	**1.246**	**9,41 %**	**903**	**7,25 %**	**-343**	**-27,53 %**
Lehrlingsausbildung	**3.225**	**24,35 %**	**2.793**	**22,43 %**	**-432**	**-13,40 %**
Pflichtschule	**4.616**	**34,85 %**	**4.792**	**38,48 %**	**176**	**+3,81 %**
Rest (keine Angabe, nicht erfasst, kein Abschluss)	**1.925**	**14,53 %**	**1.413**	**11,35 %**	**-512**	**-26,60 %**

Tabelle 4: Vergleich des Bildungsniveaus von 1991 und 2001 für Zählgebiet Neulerchenfeld (Quelle VZ 1991, 2001).